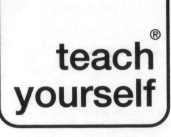

teach
yourself®

D1150400

For over 60 years, more than 40 million people have learnt over 750 subjects the **teach yourself** way, with impressive results.

be where you want to be
with **teach yourself**

For UK order enquiries: please contact Bookpoint Ltd, 130 Milton Park, Abingdon, Oxon OX14 4SB. Telephone: +44 (0) 1235 827720. Fax: +44 (0) 1235 400454. Lines are open 09.00–18.00, Monday to Saturday, with a 24-hour message answering service. Details about our titles and how to order are available at www.teachyourself.co.uk

For USA order enquiries: please contact McGraw-Hill Customer Services, PO Box 545, Blacklick, OH 43004-0545, USA. Telephone: 1-800-722-4726. Fax: 1-614-755-5645.

For Canada order enquiries: please contact McGraw-Hill Ryerson Ltd, 300 Water St, Whitby, Ontario L1N 9B6, Canada. Telephone: 905 430 5000. Fax: 905 430 5020.

Long renowned as the authoritative source for self-guided learning – with more than 40 million copies sold worldwide – the **teach yourself** series includes over 300 titles in the fields of languages, crafts, hobbies, business, computing and education.

*British Library Cataloguing in Publication Data*: a catalogue record for this title is available from the British Library.

*Library of Congress Catalog Card Number*: on file.

First published in UK 1994 by Hodder Education, 338 Euston Road, London, NW1 3BH.

First published in US 1994 by Contemporary Books, a Division of the McGraw-Hill Companies, 1 Prudential Plaza, 130 East Randolph Street, Chicago, IL 60601 USA.

This edition published 2003.

The **teach yourself** name is a registered trade mark of Hodder Headline.

Copyright © 1994, 2003 Hodder & Stoughton
Advisory Editor: Paul Coggle

Typeset by Transet Limited, Coventry, England.
Printed in Great Britain for Hodder Education, a division of Hodder Headline, 338 Euston Road, London NW1 3BH, by Cox & Wyman Ltd, Reading, Berkshire.

Hodder Headline's policy is to use papers that are natural, renewable and recyclable products and made from wood grown in sustainable forests. The logging and manufacturing processes are expected to conform to the environmental regulations of the country of origin.

Impression number     10 9 8 7 6 5
Year                   2007 2006 2005

# contents

**introduction**

## Aim of this book

The aim of this book is to offer you the opportunity to improve your command of Italian by focusing on one aspect of language learning that invariably causes difficulties – verbs and the way they behave. Whether you are a complete beginner or a relatively advanced learner, you can consult this book when you need to know the form of a certain verb, or you can increase your command of the foreign language by browsing through. Whatever your approach, you should find *Teach Yourself Italian Verbs* a valuable support to your language learning.

## How to use this book

**Read the section on verbs and how they work.** This starts on page 2.

**Look up the verb you want to use in the verb list at the back of the book.** You will need what is known as the *infinitive*, the equivalent to the *to ...* form in English (e.g. **venire** *to come*).

The verbs have been allocated a number between 1 and 200. If the number is in **bold print**, the verb is one of the 200 presented in the verb tables; if it is not among the 200, the reference number (in ordinary print) will direct you to a verb that behaves in the same way as the verb you want to use.

**Turn to the verb referred to for details of your verb.** If you are not sure which verb form to use in a given context, turn to the relevant section of 'What are verbs and how do they work?'

The examples listed with the 200 verbs show basic uses of the verb, some well-known phrases and idiomatic expressions and, lastly, words sharing the same origin.

# 1 What is a verb?

It is difficult to define precisely what a verb *is*. Definitions usually include the concepts of actions, states and sensations. For instance, *to play* expresses an action, *to exist* expresses a state and *to see* expresses a sensation. A verb may also be defined by its role in the sentence or clause. It is in general the key to the meaning of the sentence and the element that can least afford to be omitted. Examine the sentence:

*My neighbour works excessively hard every day of the week.*

The elements *excessively hard* and/or *every day of the week* can be omitted with no problem whatsoever. In an informal conversation even *My neighbour* could, with a nod in the direction of the neighbour in question, be omitted; it would, however, not be possible to omit the verb *work*. The same is true of the verb in Italian sentences – you could not take **lavora** out of the following sentence.

Il mio vicino **lavora** molto    *My neighbour works hard*
  tutti i giorni della settimana.  *every day of the week.*

# 2 I, you, he, she, it ...: person

You will recall that the form of the verb given in dictionaries, the *to ...* form in English, or one of the forms (**-are, -ere, -ire**) in Italian, is called the infinitive. However, the verb is normally used in connection with a given person or persons (e.g. *I work, she works*). Traditionally, these persons are numbered as follows:

| | | |
|---|---|---|
| First person singular | **io** | *I* |
| Second person singular | **tu** | *you* (familiar) |
| Third person singular | **lui, lei, Lei** | *he, she, you* (polite) |
| | **esso, essa** | *it* |
| First person plural | **noi** | *we* |
| Second person plural | **voi** | *you* (familiar) |
| Third person plural | **loro, Loro** | *they, you* (polite) |

In Italian these personal pronouns are often left out because the verb endings show *who* or *what* is doing the action. However, the pronouns can be retained for emphasis.

Italian has two pronouns for both *you* singular and *you* plural. This is because Italian has retained the familiar and polite forms (a distinction lost in English with the disappearance of *thou* and *ye*).

The second persons singular and plural, **tu** and **voi**, are used for members of one's family, friends and children.

**Lei** (always written with a capital letter) is the polite form for *you* in the singular. It is generally used to address persons with a title (i.e. Mr Rossi, Miss Brown, Mrs Smith, etc.). It is regarded as the third person, rather than the usual second person, since it is rather like saying the equivalent of *Does Sir/Madam (i.e. you) speak English?*

The formal address to more than one person is **Loro** (always written with a capital letter). This form nowadays is often replaced by the less formal **voi**.

| | |
|---|---|
| Signor Rossi, Lei da dove viene? | *Mr Rossi, where do you come from?* |
| Signori Rossi, Loro da dove vengono? | *Mr and Mrs Rossi, where do you come from?* |
| Signori Rossi, voi da dove venite? | *Mr and Mrs Rossi, where do you come from?* |

## 3 Past, present, future ...: tense

### a What is tense?

Most languages use changes in the verb form to indicate an aspect of time. These changes in the verb are traditionally referred to as *tense*, and the tenses may be *present*, *past* or *future*. It is, of course, perfectly possible to convey a sense of time without applying the concept of tense to the verb. Nobody would, for instance, have any trouble understanding:

*Yesterday I work all day.*
*Today I work hard.*
*Tomorrow I work for only one hour.*

Here the sense of time is indicated by the words *yesterday*, *today* and *tomorrow* rather than in changes to the verb *work*. But on the whole, you should make changes to the verb (and thereby make use of *tense*) to convey a sense of time:

| | |
|---|---|
| *He works hard as a rule.* | = Present tense |
| *I worked for eight hours non-stop.* | = Past tense |

With most verbs, in most languages, including English, this involves adding different endings to what is called the *stem* of the verb. In the examples above, the stem is *work*. You add -*s* to make the third person singular present form of the verb; -*ed* is added to make the past tense, whatever the person. In Italian, the same principle applies. To form the stem, you take the -are, -ire or -ere off the infinitive, and add the appropriate endings. For example, the stem of **parlare** is **parl-**, the stem of **partire** is **part-**.

Note, by the way, that English has both the *simple* (*I work, you work, she works* ...) and the *continuous* (*I am working, you are working, she is working* ...) forms of the present tense; whereas in Italian, the simple present can be used for both the simple and continuous uses. For example: **lavoro, lavora** and so on.

### b Auxiliary verbs

A verb used to support the main verb, for example, *I am working, you are working* is called an *auxiliary* verb. *Working* tells us what activity is going on; *am/are* tell us that it is continuous.

The most important auxiliary verbs in English are *to be, to have* and *to do*. You use *do*, for example, to ask questions and to negate statements:

> *Do you work on Saturdays?*
> *Yes, but I do not work on Sundays.*

Italian does not use **fare** (*to do*) as an auxiliary for asking questions or for negating statements. However, it has three auxiliaries: **essere** and **stare** (*to be*) and **avere** (*to have*) which are used to form compound tenses, as you will see below.

### c Simple and compound tenses

Tenses formed by adding endings to the verb stem are called *simple* tenses, for example, in the sentence:

> *I worked in a factory last summer.*

the ending *-ed* has been added to the stem *work* to form the simple past tense.

English and Italian also have *compound* tenses where an auxiliary verb is used as well as the main verb, for example:

> *I have worked in a factory every summer for five years.*

The auxiliary verb *to have* has been introduced to form what is usually known as the perfect tense.

For more details about these and other tenses, and for guidance on when to use which tense in Italian, see Section 5 below.

### d Participles

In the above examples of compound tenses, the auxiliary verbs *to have* or *to be* are used with a form of the main verb known as a *participle*. The *past participle* is used to form the perfect tense in both Italian and English:

| | |
|---|---|
| (io) ho **finito** | *I have finished* |
| (io) ho **parlato** | *I have spoken* |
| (io) ho **deciso** | *I have decided* |

In English, the *present participle* is used to form the continuous tenses:

> *I am working, eating and sleeping*
> *I was working, eating and sleeping*
> *I have been working, eating and sleeping*

In Italian the gerund (e.g. insegn**ando**, divert**endo**) is used to form the continuous tenses (see **5a** below), whilst the present participle (e.g. insegn**ante**, divert**ente**) is used as an adjective or a noun.

Inserisci le parole **mancanti**.  *Insert the **missing** words.*

## 4 Regular and irregular verbs

All European languages have verbs which do not behave according to a set pattern and which are referred to as *irregular* verbs.

In English, the verb *to work* is regular because it does conform to a certain pattern. The verb *to be*, however, does not.

Fortunately, most Italian verbs are regular, forming their tenses according to a set pattern. There are three types of verb, or *conjugations*. (The word *conjugation* simply refers to the way in which verbs behave.) Every regular verb is conjugated according to the model verb of its conjugation.

- First conjugation verbs end in -**are**. The model for this type of verb is **lavor*are*** (*to work*) (no. **97**). Note that the stem of some of these verbs can be irregular – see **mangiare**, **cominciare**, where the stem loses an -**i** in the future indicative and present conditional tenses.
- Second conjugation verbs end in -**ere**. The model for this type of verb is **tem*ere*** (*to fear*) (no. **178**). Many of these verbs are irregular, e.g. **essere** (*to be*).
- Third conjugation verbs end in -**ire**. The model for this type of verb is **part*ire*** (*to leave, depart*) (no. **117**). A lot of -**ire** verbs add -**isc** between the stem and the ending in some forms of the present indicative (see **5a** below), the imperative and the present subjunctive.

## 5 Formation and use of tenses

### a The present

To form the present tense, simply take off the -are, -ere or -ire part of the infinitive to get the stem and add the endings:

|  | **-are** verbs | **-ere** verbs | **-ire** verbs |
|---|---|---|---|
| (io) | lavor**o** | tem**o** | part**o** |
| (tu) | lavor**i** | tem**i** | part**i** |
| (lui/lei/Lei) | lavor**a** | tem**e** | part**e** |
| (noi) | lavor**iamo** | tem**iamo** | part**iamo** |
| (voi) | lavor**ate** | tem**ete** | part**ite** |
| (loro/Loro) | lavor**ano** | tem**ono** | part**ono** |

The present tense of -ire verbs adding -isc, e.g. **capire** (*to understand*) (no. 28), is as follows:

capisco, capisci, capisce, capiamo, capite, capiscono.

The present tense (**presente**) is used:

- to express facts and events which are always true.
    Il sole tramonta a ovest. *The sun sets in the west.*
    L'acqua bolle a 100 gradi. *Water boils at 100 degrees.*
- to express habitual or routine actions.
    (Lui) lavora in banca. *He works in a bank.*
    Guardo la TV la sera. *I watch TV in the evenings.*
- to express actions which are happening at this moment.
    Lui dorme mentre *He's sleeping while*
       io lavoro. *I'm working.**
- to express the future. The appropriate future expression is added to the sentence.
    (Io) lavoro domani. *I will work/will be working*
                             *tomorrow.*
- to express an action that started in the past and is still going on. This use relies on expressions of time preceded by **da** (*since, for*).
    (Io) lavoro da ieri. *I have been working since*
                             *yesterday.*
    (Lui) dorme da due ore. *He has been sleeping for*
                               *two hours.*
* The present continuous (*I'm working*) can also be expressed by the present tense of **stare** plus the gerund of the main verb.
    -are verbs    (Io) sto lavor**ando**. *I'm working.*
    -ere verbs    (Tu) stai legg**endo**. *You're reading.*
    -ire verbs    (Noi) stiamo part**endo**. *We're leaving.*

## b The imperfect

This tense is formed by adding the appropriate imperfect ending, for -are, -ere or -ire verbs, to the stem.

|           | -are verbs | -ere verbs | -ire verbs |
|-----------|------------|------------|------------|
| (io)      | lavoravo   | temevo     | partivo    |
| (tu)      | lavoravi   | temevi     | partivi    |
| (lui/lei/Lei) | lavorava | temeva    | partiva    |
| (noi)     | lavoravamo | temevamo   | partivamo  |
| (voi)     | lavoravate | temevate   | partivate  |
| (loro/Loro) | lavoravano | temevano | partivano  |

The imperfect (**imperfetto**) is used:

- to describe something that used to happen.
  Lavoravo a Roma.          *I used to work in Rome.*
- to describe something that was ongoing at a certain moment in the past. In this sense, it is often used after **mentre** (*while*).
  Lavoravo quando sei        *I was working\* when you*
    arrivato.                *arrived.*
  Mentre leggevo, lui        *While I was reading, he was*
    dormiva.                 *sleeping.*
- to describe a scene or a situation in the past.
  Faceva caldo e la gente    *It was hot and people were*
    prendeva il sole.        *sunbathing.*
- to express an action that started in the past and was still going on when something else happened.
  Lo conoscevo da due anni   *I had known him for two*
    quando ci siamo sposati.   *years when we got married.*

\* The imperfect continuous (*I was working*) can also be expressed by the imperfect tense of **stare** plus the gerund of the main verb.
  Stavo lavorando quando     *I was working when you*
    sei arrivato.            *arrived.*

## c The perfect

The perfect (**passato prossimo**) is a compound tense formed by the present tense of the auxiliary verb and the past participle of the main verb. The auxiliary verb is either **avere** (*to have*) or, especially for verbs expressing a movement to/from a place or a change of condition, **essere** (*to be*).

Note that, when the auxiliary verb is **essere** in compound tenses, the past participle changes its ending depending on whether the subject of the verb is masculine or feminine, singular or plural.

The past participles of regular verbs are formed adding **–ato**, **-uto**, **-ito** to the verb stem:

| -**are** verbs | lavor**ato** | *worked* |
| -**ere** verbs | tem**uto** | *feared* |
| -**ire** verbs | part**ito** | *left, departed* |

|  | **lavorare** *to work* | **andare** *to go* |
|---|---|---|
| (io) | **ho** lavorato | **sono** andato/a |
| (tu) | **hai** lavorato | **sei** andato/a |
| (lui/lei/Lei) | **ha** lavorato | **è** andato/a |
| (noi) | **abbiamo** lavorato | **siamo** andati/e |
| (voi) | **avete** lavorato | **siete** andati/e |
| (loro/Loro) | **hanno** lavorato | **sono** andati/e |

The perfect is used:

- to express an action completed in the distant or recent past.
  Note that in English the past simple is used.

  | L'anno scorso mio figlio è andato a Roma e ha visitato il Colosseo. | *Last year my son went to Rome and visited the Colosseum.* |
  | Ieri sono andato a scuola a piedi. | *Yesterday I walked to school.* |

- to express a completed action which is related to the present.

  | È arrivato Mario. Eccolo! | *Mario has arrived. Here he is!* |

- to express an action which lasted some time and has just finished.

  | Ho lavorato due ore. | *I've been working two hours.* |
  | Ha camminato tutto il giorno. | *She's been walking all day.* |

### d The pluperfect

The pluperfect (**trapassato prossimo**) is formed by using the imperfect tense of the auxiliary verb and the past participle of the main verb.

|  | **mangiare** (*to eat*) | **restare** (*to stay*) |
|---|---|---|
| (io) | **avevo** mangiato | **ero** restato/a |
| (tu) | **avevi** mangiato | **eri** restato/a |
| (lui/lei/Lei) | **aveva** mangiato | **era** restato/a |
| (noi) | **avevamo** mangiato | **eravamo** restati/e |
| (voi) | **avevate** mangiato | **eravate** restati/e |
| (loro/Loro) | **avevano** mangiato | **erano** restati/e |

It is used in English to express an action in the past that was completed before another one started.

Quando sono arrivato, tu
eri già uscito.

*When I arrived, you had
already gone out.*

## e The past historic

|         | -are verbs | -ere verbs         | -ire verbs |
|---------|------------|--------------------|------------|
| (io)    | lavorai    | temei (-etti)      | partii     |
| (tu)    | lavorasti  | temesti            | partisti   |
| (lui/lei/Lei) | lavorò | temè (-ette)     | partì      |
| (noi)   | lavorammo  | tememmo            | partimmo   |
| (voi)   | lavoraste  | temeste            | partiste   |
| (loro/Loro) | lavorarono | temerono (-ettero) | partirono |

Many verbs are irregular in the past historic. Their **io, lui/lei** and **loro** forms end in **-i, -e, -ero** and the stem is anomalous, e.g. **leggere** (*to read*) (no. 98): **lessi,** leggesti, **lesse,** leggemmo, leggeste, **lessero.**

The past historic (**passato remoto**) is used in formal written Italian to describe a historic event or a completed action in the past with no link to the present. In speech it is usually replaced by the perfect.

Dante **nacque** a Firenze.　　*Dante was born in Florence.*

## f The past anterior
The past anterior (**trapassato remoto**) is formed by using the past historic tense of the auxiliary verb and the past participle of the main verb.

|         | **lavorare** (*to work*) | **partire** (*to leave*) |
|---------|--------------------------|--------------------------|
| (io)    | ebbi lavorato            | fui partito/a            |
| (tu)    | avesti lavorato          | fosti partito/a          |
| (lui/lei/Lei) | ebbe lavorato      | fu partito/a             |
| (noi)   | avemmo lavorato          | fummo partiti/e          |
| (voi)   | aveste lavorato          | foste partiti/e          |
| (loro/Loro) | ebbero lavorato      | furono partiti/e         |

This tense is used in formal written Italian after **quando** (*when*), **appena** (*as soon as*), **dopo che** (*after*), when there is a past historic in the main part of the sentence.

Quando **ebbe bevuto** il caffè,
lasciò la stanza.

*When he had finished drinking
his coffee, he left the room.*

### g The future

|          | -are verbs   | -ere verbs | -ire verbs |
|----------|--------------|------------|------------|
| (io)     | lavorerò     | temerò     | partirò    |
| (tu)     | lavorerai    | temerai    | partirai   |
| (lui/lei/Lei) | lavorerà | temerà     | partirà    |
| (noi)    | lavoreremo   | temeremo   | partiremo  |
| (voi)    | lavorerete   | temerete   | partirete  |
| (loro/Loro) | lavoreranno | temeranno | partiranno |

This tense is formed by adding the appropriate future ending to the stem of the verb. It has two main uses:

* to express an action which will take place in the future.
  Domani lavorerò.          *Tomorrow I will work.*
* to express probability.
  Saranno le tre.           *It must be three o'clock.*

### h The future perfect

This tense is formed by using the future tense of the auxiliary verb and the past participle of the main verb.

|          | **lavorare** (*to work*) | **partire** (*to leave*) |
|----------|--------------------------|--------------------------|
| (io)     | avrò lavorato            | sarò partito/a           |
| (tu)     | avrai lavorato           | sarai partito/a          |
| (lui/lei/Lei) | avrà lavorato       | sarà partito/a           |
| (noi)    | avremo lavorato          | saremo partiti/e         |
| (voi)    | avrete lavorato          | sarete partiti/e         |
| (loro/Loro) | avranno lavorato      | saranno partiti/e        |

This tense is used exactly as in English to express an action that will have been completed by a certain time in the future.

Quando **saranno arrivati**,     *When they have arrived,*
   andrò a casa.                 *I will go home.*

Note that Italian uses the equivalent of *when they **will** have arrived ...* as this action is also in the future.

## 6 Indicative, subjunctive, imperative ...: mood

The term *mood* is used to group verb phrases into three broad categories according to the general kind of meaning they convey.

### a The indicative mood

This is used for making statements or asking questions of a factual kind.

*We are not going today.*
*Does he work here?*

All the tenses we have seen so far are in the indicative mood.

## b The conditional

This is sometimes regarded as a tense and sometimes as a mood in its own right. It is often closely linked with the subjunctive and is used to express conditions or possibilities.

*I would accept her offer, if …*

In Italian, the present conditional is formed by adding the appropriate endings to the stem of the verb.

|  | -are verbs | -ere verbs | -ire verbs |
|---|---|---|---|
| (io) | lavor**erei** | tem**erei** | part**irei** |
| (tu) | lavor**eresti** | tem**eresti** | part**iresti** |
| (lui/lei/Lei) | lavor**erebbe** | tem**erebbe** | part**irebbe** |
| (noi) | lavor**eremmo** | tem**eremmo** | part**iremmo** |
| (voi) | lavor**ereste** | tem**ereste** | part**ireste** |
| (loro/Loro) | lavor**erebbero** | tem**erebbero** | part**irebbero** |

The present conditional is used:

- to express desire, request or intention.

  Vorrei un caffè.          *I would like a coffee.*
  Verrei, ma non posso.     *I would come but I cannot.*

- to express personal opinion.

  Direi che è una buona idea. *I think* (Lit. I would say) *it is*
                              *a good idea.*

- to describe an unlikely event, in conjunction with an *if* phrase.

  Se avessi i soldi,          *If I had the money,*
    farei il giro del mondo.    *I would go round the world.*

The conditional perfect is formed by using the present conditional form of the auxiliary with the past participle of the verb.

|  | mangiare | andare |
|---|---|---|
| (io) | **avrei** mangiato | **sarei** andato/a |
| (tu) | **avresti** mangiato | **saresti** andato/a |
| (lui/lei/Lei) | **avrebbe** mangiato | **sarebbe** andato/a |
| (noi) | **avremmo** mangiato | **saremmo** andati/e |
| (voi) | **avreste** mangiato | **sareste** andati/e |
| (loro/Loro) | **avrebbero** mangiato | **sarebbero** andati/e |

It is used:

- to express desire, request or intention related to the past.

  Avrei voluto un caffè.   *I would have liked a coffee.*
  Avrei voluto venire…   *I would have liked to come…*

- to express a personal opinion related to the past.

  Avrei detto che sarebbe   *I would have said that it*
    stata una buona idea.   *would have been a good idea.*

- to describe what didn't happen, in conjunction with an *if* phrase.

  Se fossi uscito,   *If I had gone out,*
    avrei preso freddo.   *I would have caught cold.*

### c The subjunctive mood

This is used for expressing wishes, conditions and non-factual matters.

*It is* **my** *wish that John* **be** *allowed to come.*
*If I* **were** *you …*
**Be** *that as it may …*

The use of the subjunctive in English is rare, but it is still frequent in Italian. There is a subjunctive form for the tenses given below.

**Present subjunctive**

| | | | |
|---|---|---|---|
| (io) | lavori | tema | parta |
| (tu) | lavori | tema | parta |
| (lui/lei/Lei) | lavori | tema | parta |
| (noi) | lavoriamo | temiamo | partiamo |
| (voi) | lavoriate | temiate | partiate |
| (loro/Loro) | lavorino | temano | partano |

**Imperfect subjunctive**

| | | | |
|---|---|---|---|
| (io) | lavorassi | temessi | partissi |
| (tu) | lavorassi | temessi | partissi |
| (lui/lei/Lei) | lavorasse | temesse | partisse |
| (noi) | lavorassimo | temessimo | partissimo |
| (voi) | lavoraste | temeste | partiste |
| (loro/Loro) | lavorassero | temessero | partissero |

**Perfect subjunctive**

| | | |
|---|---|---|
| (io) | abbia lavorato | sia partito/a |
| (tu) | abbia lavorato | sia partito/a |
| (lui/lei/Lei) | abbia lavorato | sia partito/a |
| (noi) | abbiamo lavorato | siamo partiti/e |
| (voi) | abbiate lavorato | siate partiti/e |
| (loro/Loro) | abbiano lavorato | siano partiti/e |

**Pluperfect subjunctive**

| | | |
|---|---|---|
| (io) | avessi lavorato | fossi partito/a |
| (tu) | avessi lavorato | fossi partito/a |
| (lui/lei/Lei) | avesse lavorato | fosse partito/a |
| (noi) | avessimo lavorato | fossimo partiti/e |
| (voi) | aveste lavorato | foste partiti/e |
| (loro/Loro) | avessero lavorato | fossero partiti/e |

The subjunctive is used:

- after verbs expressing probability, uncertainty, doubt, hope and desire.

  Supponiamo che tu abbia ragione. *Let's suppose you are right.*

  Pensavo che lei arrivasse. *I thought she was coming.*

  Non voglio che lui ci vada. *I don't want him to go there.*

- after impersonal verbs and expressions like **sembra, bisogna, è necessario/importante + che.**

  Bisogna/È necessario che tu ci vada. *It's necessary for you to go.*

  Sembra che la festa sia finita. *It seems that the party is over.*

- after conjunctions like **prima che** (*before*), **benché** (*although*), **affinché** (*in order that*).

  Vado via prima che lui arrivi. *I'll go away before he arrives.*

- after **se** (*if*) when it describes an unlikely or impossible event.

  Se fosse in te, lo farei. *If I were you, I would do it.*

#### d The imperative mood

This is used to give directives or commands.

*Jane, **help** Sharon with her homework!*
*Boys, **give** me a hand!*

There is only one *you* form in English, and therefore only one form of the second person imperative. Italian is more complicated. Before you give a command in Italian you have to think whether you are on familiar or polite terms and whether you are addressing one or more persons.

| | | | |
|---|---|---|---|
| familiar form | **Vai!** | *Go!* | (*you* singular) |
| polite form | **Vada!** | *Go!* | (*you* singular) |
| familiar form | **Andate!** | *Go!* | (*you* plural) |
| polite form | **Vadano!** | *Go!* | (*you* plural) |

The negative form of the familiar imperative (second person singular) is formed by putting **non** before the infinitive. e.g. **Non andare!** *Don't go!*

Italian also has a first person plural of the imperative which corresponds to the English *Let's ...*

Andiamo. *Let's go.*
No, restiamo ancora un po'. *No, let's stay a bit longer.*

In the verb tables, all five imperative forms are given.

# 7 The active and passive voice

Most actions can be viewed in one of two ways:

*The dog bit the postman.*
*The postman was bitten by the dog.*

Both sentences express the idea that the dog does the action and the postman receives or suffers the action. But in the first sentence the emphasis is on the dog (the doer of the action): the dog is the grammatical subject and the verb is in the *active voice* (*bit*). In the second sentence the emphasis is on the postman (the sufferer of the action): the postman is the grammatical subject and the verb is in the passive voice (*was bitten*).

In Italian, the passive is formed by the appropriate tense of **essere** and the past participle of the main verb. The past participle changes according to whether the subject is masculine or feminine, singular or plural. Note that in compound tenses, the past participle of **essere** must also change e.g. Maria è stata lodata. *Maria has been praised.*

Here are the first person forms of the main tenses for **essere amato,** *to be loved*:

| | |
|---|---|
| sono amato/a | (present passive) |
| ero amato/a | (imperfect passive) |
| sono stato/a amato/a | (perfect passive) |
| ero stato/a amato/a | (pluperfect passive) |
| fui amato/a | (past historic passive) |
| sarò amato/a | (future passive) |
| sarò stato/a amato/a | (future perfect passive) |
| sarei amato/a | (present conditional passive) |
| sarei stato/a amato/a | (perfect conditional passive) |
| sia amato/a | (present subjunctive passive) |
| fossi amato/a | (imperfect subjunctive passive) |
| sia stato/a amato/a | (perfect subjunctive passive) |
| fossi stato/a amato/a | (pluperfect subjunctive passive) |

# 8 Transitive and intransitive verbs

To a large extent the verb you choose determines what other elements can or must be used with it. With the verb *to occur*, for instance, you have to say what occurred:

*The accident occurred.*

But you do not have to provide any further information. With a verb like *to give*, on the other hand, you have to state who or what did the giving and this time you also have to state *who* or *what* was given:

*Steven gave a compact disc.*

With this verb it would also be very common to state the recipient of the giving.

*Steven gave a CD to Tracey.* or *Steven gave Tracey a CD.*

In the above examples a *CD* is said to be the *direct object* of the verb *to give* because it is what is actually given. *To Tracey* or *Tracey* is said to be the *indirect object*, since this element indicates who the *CD* was given to.

Verbs which do not require a direct object are said to be *intransitive*, e.g.:

| | |
|---|---|
| *to die* | The old man died. |
| *to wait* | I waited. |
| *to fall* | The child fell. |

Verbs which do require a direct object are said to be *transitive*, e.g.:

| | |
|---|---|
| *to enjoy* | Jane enjoys **a swim**. |
| *to need* | Gary needs **some help**. |
| *to like* | Quentin likes **sailing**. |

Because many verbs can be used either with or without a direct object, depending on the precise meaning of the verb, it is safer to talk of transitive and intransitive **uses** of verbs:

| **Intransitive use** | **Transitive use** |
|---|---|
| I'm eating. | I'm eating my dinner. |
| She's writing. | She's writing an essay. |

Even the verb *to enjoy* can be used intransitively nowadays in the exhortation: *Enjoy!*

Like English, the Italian language has transitive and intransitive verbs. These are identified by the abbreviation tr. and intr. in the main list of 200 verbs and in the verb list at the back of the book.

# 9 Reflexive verbs

The term *reflexive* is used when the initiator of an action (or *subject*) and the sufferer of the action (or *object*) are one and the same:

*She washed herself.*
*He shaved himself.*

Italian has many more reflexive verbs than English, so it is important to understand the concept. For instance, Italian says the equivalent of *The door opened itself* where English simply says *the door opened*.

In Italian, it is also possible to find the reflexive pronoun used as an indirect object, for instance:

**Mi** sto lavando i denti.    *I'm cleaning my teeth.*
    (Lit. **To myself** I'm cleaning
    the teeth.)
**Si** è rotto il braccio.    *He has broken his arm.*
    (Lit. **To himself** he has broken
    the arm.)

In Italian, the infinitive of a reflexive verb has the reflexive pronoun attached to the end, e.g. **alzarsi** (*to get up, rise*) and **interessarsi a** (*to be interested in*).

## 10 The special *si*

**Si** is widely used in Italian to mean *one, anyone, you* in general. It is used with the third person singular of the verb.

Come **si** dice?    *How does **one**/do **you** say it?*
Con il treno **si** arriva prima.    *By train one gets there earlier.*

**Si** is also used to express the passive voice in the third person singular or plural of the verb.

Qui **si parla** italiano.    *Italian is spoken here.*
Qui **si vendono** francobolli.    *Stamps are sold here.*

## 11 Modal verbs

Verbs which are used to express concepts such as permission, obligation, ability, possibility and so on (*can, must, may*) are referred to as *modal verbs*. Verbs in this category cannot, in general, stand on their own and therefore also fall under the general heading of auxiliary verbs.

Italian modal verbs cover a wide range of English verbs and therefore they need your special attention. The main ones are **volere** (*to want, wish*), **potere** (*to be able, can, may, might*) and **dovere** (*to have to, must, should, ought to*). These verbs are usually followed by an infinitive.

Voglio studiare l'italiano.    *I want to study Italian.*
Non hanno potuto pagare.    *They haven't been able to pay.*
Posso entrare?    *May I come in?*
Devono partire ora.    *They must leave now.*
Dovresti leggerlo.    *You should read it.*

**verb tables**

On the following pages you will find the various tenses of 200 Italian verbs presented in full, with examples of how to use them.

Sometimes only the first person singular form is given. These tenses are given in full in the section on verbs and how they work (pp. 2–16). You should also look back at this section if you are not sure when to use the different tenses.

| Abbreviations used in this book | | | |
|---|---|---|---|
| aux. | auxiliary | so | someone |
| intr. | intransitive | sth | something |
| r. | reflexive | tr. | transitive |

# 1 abitare *to live* intr.

## INDICATIVE

|  | Present | Imperfect | Perfect |
|---|---|---|---|
| io | abito | abitavo | ho abitato |
| tu | abiti | abitavi | hai abitato |
| lui/lei/Lei | abita | abitava | ha abitato |
| noi | abitiamo | abitavamo | abbiamo abitato |
| voi | abitate | abitavate | avete abitato |
| loro/Loro | abitano | abitavano | hanno abitato |
|  | **Future** | **Pluperfect** | **Past Historic** |
| io | abiterò | avevo abitato | abitai |
| tu | abiterai | avevi abitato | abitasti |
| lui/lei/Lei | abiterà | aveva abitato | abitò |
| noi | abiteremo | avevamo abitato | abitammo |
| voi | abiterete | avevate abitato | abitaste |
| loro/Loro | abiteranno | avevano abitato | abitarono |
|  | **Future Perfect** |  | **Past Anterior** |
| io | avrò abitato |  | ebbi abitato |

## CONDITIONAL    SUBJUNCTIVE

|  | Present | Present | Imperfect |
|---|---|---|---|
| io | abiterei | abiti | abitassi |
| tu | abiteresti | abiti | abitassi |
| lui/lei/Lei | abiterebbe | abiti | abitasse |
| noi | abiteremmo | abitiamo | abitassimo |
| voi | abitereste | abitiate | abitaste |
| loro/Loro | abiterebbero | abitino | abitassero |
|  | **Perfect** | **Perfect** | **Pluperfect** |
| io | avrei abitato | abbia abitato | avessi abitato |

| GERUND | PAST PARTICIPLE | IMPERATIVE |
|---|---|---|
| abitando | abitato | abita, abiti, abitiamo, abitate, abitino |

**Abitate a Londra?** *Do you live in London?*
**No, abitiamo in campagna.** *No, we live in the country.*
**Abitavano al quarto piano.** *They used to live on the fourth floor.*
**Voglio abitare in una piccola casa.** *I want to live in a small house.*
**Abitano con i loro genitori.** *They live with their parents.*
**Abitereste in centro città?** *Would you live in the city centre?*
**Avresti abitato con me?** *Would you have lived with me?*
**Il castello non è più abitato da molto tempo.** *The castle has not been occupied for a long time.*

**l'abitante** (m/f) *inhabitant*
**l'abitazione** (f) *residence, abode*

**abitabile** *inhabitable*
**disabitato** *uninhabited*
**inabitabile** *uninhabitable*

# accendere *to light, switch on* tr. **2**

## INDICATIVE

| | Present | Imperfect | Perfect |
|---|---|---|---|
| io | accendo | accendevo | ho acceso |
| tu | accendi | accendevi | hai acceso |
| lui/lei/Lei | accende | accendeva | ha acceso |
| noi | accendiamo | accendevamo | abbiamo acceso |
| voi | accendete | accendevate | avete acceso |
| loro/Loro | accendono | accendevano | hanno acceso |

| | Future | Pluperfect | Past Historic |
|---|---|---|---|
| io | accenderò | avevo acceso | accesi |
| tu | accenderai | avevi acceso | accendesti |
| lui/lei/Lei | accenderà | aveva acceso | accese |
| noi | accenderemo | avevamo acceso | accendemmo |
| voi | accenderete | avevate acceso | accendeste |
| loro/Loro | accenderanno | avevano acceso | accesero |

| | Future Perfect | | Past Anterior |
|---|---|---|---|
| io | avrò acceso | | ebbi acceso |

## CONDITIONAL    SUBJUNCTIVE

| | Present | Present | Imperfect |
|---|---|---|---|
| io | accenderei | accenda | accendessi |
| tu | accenderesti | accenda | accendessi |
| lui/lei/Lei | accenderebbe | accenda | accendesse |
| noi | accenderemmo | accendiamo | accendessimo |
| voi | accendereste | accendiate | accendeste |
| loro/Loro | accenderebbero | accendano | accendessero |

| | Perfect | Perfect | Pluperfect |
|---|---|---|---|
| io | avrei acceso | abbia acceso | avessi acceso |

| GERUND | PAST PARTICIPLE | IMPERATIVE |
|---|---|---|
| abitando | acceso | accendi, accenda, accendiamo, accendete, accendano |

**Paolo accende la pipa.** *Paolo lights his pipe.*
**Accenderemo la radio.** *We will switch on the radio.*
**Accendi la luce, per favore.** *Switch the light on, please.*
**Non hai acceso il fuoco.** *You have not lit the fire.*
**Mi fa accendere?** *Do you have a light?*
**La ragazza si accese in volto.** *The girl blushed.*
**Il suo viso si accende di gioia.** *Her face lights up with joy.*

**l'accendigas** (m) *lighter*
**l'accendino** (m) *cigarette lighter*
**l'accensione** (f) *ignition*

# 3 accettare *to accept* tr.

## INDICATIVE

| | Present | Imperfect | Perfect |
|---|---|---|---|
| io | accetto | accettavo | ho accettato |
| tu | accetti | accettavi | hai accettato |
| lui/lei/Lei | accetta | accettava | ha accettato |
| noi | accettiamo | accettavamo | abbiamo accettato |
| voi | accettate | accettavate | avete accettato |
| loro/Loro | accettano | accettavano | hanno accettato |

| | Future | Pluperfect | Past Historic |
|---|---|---|---|
| io | accetterò | avevo accettato | accettai |
| tu | accetterai | avevi accettato | accettasti |
| lui/lei/Lei | accetterà | aveva accettato | accettò |
| noi | accetteremo | avevamo accettato | accettammo |
| voi | accetterete | avevate accettato | accettaste |
| loro/Loro | accetteranno | avevano accettato | accettarono |

| | Future Perfect | | Past Anterior |
|---|---|---|---|
| io | avrò accettato | | ebbi accettato |

## CONDITIONAL  SUBJUNCTIVE

| | Present | Present | Imperfect |
|---|---|---|---|
| io | accetterei | accetti | accettassi |
| tu | accetteresti | accetti | accettassi |
| lui/lei/Lei | accetterebbe | accetti | accettasse |
| noi | accetteremmo | accettiamo | accettassimo |
| voi | accettereste | acettiate | accettaste |
| loro/Loro | accetterebbero | accettino | accettassero |

| | Perfect | Perfect | Pluperfect |
|---|---|---|---|
| io | avrei accettato | avessi accettato | avessi accettato |

| GERUND | PAST PARTICIPLE | IMPERATIVE |
|---|---|---|
| accettando | accettato | accetta, accetti, accettiamo, accettate, accettino |

**Ho accettato la sua proposta.** *I have accepted his/her proposal.*
**Il Signor Rossi non accetta scuse.** *Mr Rossi does not accept excuses.*
**Accettano una cambiale.** *They accept a bill of exchange.*
**Ha accettato di fare da interprete.** *He agreed to act as an interpreter.*
**L'insegnante accettò la proposta.** *The teacher agreed to the proposal.*
**Lo studente accetterà la sfida.** *The student will take up the challenge.*
**Voi eravate ben accetti a tutti.** *You were well liked by everybody.*

**l'accettazione** (f) *acceptance*
**l'accettazione bagagli** *check-in desk*
**l'ufficio** (m) **accettazione** *reception*
**bene accetto** *welcome*
**male accetto** *unwelcome*

# accorgersi *to perceive, realize* r. **4**

## INDICATIVE

| | Present | Imperfect | Perfect |
|---|---|---|---|
| io | mi accorgo | mi accorgevo | mi sono accorto/a |
| tu | ti accorgi | ti accorgevi | ti sei accorto/a |
| lui/lei/Lei | si accorge | si accorgeva | si è accorto/a |
| noi | ci accorgiamo | ci accorgevamo | ci siamo accorti/e |
| voi | vi accorgete | vi accorgevate | vi siete accorti/e |
| loro/Loro | si accorgono | si accorgevano | si sono accorti/e |
| | **Future** | **Pluperfect** | **Past Historic** |
| io | mi accorgerò | mi ero accorto/a | mi accorsi |
| tu | ti accorgerai | ti eri accorto/a | ti accorgesti |
| lui/lei/Lei | si accorgerà | si era accorto/a | si accorse |
| noi | ci accorgeremo | ci eravamo accorti/e | ci accorgemmo |
| voi | vi accorgerete | vi eravate accorti/e | vi accorgeste |
| loro/Loro | si accorgeranno | si erano accorti/e | si accorsero |
| | **Future Perfect** | | **Past Anterior** |
| io | mi sarò accorto/a | | mi fui accorto/a |

## CONDITIONAL    SUBJUNCTIVE

| | Present | Present | Imperfect |
|---|---|---|---|
| io | mi accorgerei | mi accorga | mi accorgessi |
| tu | ti accorgeresti | ti accorga | ti accorgessi |
| lui/lei/Lei | si accorgerebbe | si accorga | si accorgesse |
| noi | ci accorgeremmo | ci accorgiamo | ci accorgessimo |
| voi | vi accorgereste | vi accorgiate | vi accorgeste |
| loro/Loro | si accorgerebbero | si accorgano | si accorgessero |
| | **Perfect** | **Perfect** | **Pluperfect** |
| io | mi sarei accorto/a | mi sia accorto/a | mi fossi accorto/a |

| GERUND | PAST PARTICIPLE | IMPERATIVE |
|---|---|---|
| accorgendomi | accorto/a/i/e | accorgiti, si accorga, accorgiamoci, accorgetevi, si accorgano |

**Mi sono accorta che Paolo è sempre in ritardo.** *I have realized that Paolo is always late.*
**Luigi lo disse senza accorgersene.** *Luigi said it without realizing.*
**Non si accorsero del tuo arrivo.** *They did not notice your arrival.*
**Vi siete accorti di qualcosa?** *Did you notice anything?*
**non accorgersi di qualcosa** *to overlook something*
**Il ragazzo si accorgerà dell'errore.** *The boy will become aware of the mistake.*

**l'accorgimento** (m) *shrewdness*    **stare accorto** *to be on the alert*
**accortamente** *shrewdly, wisely*    **l'accortezza** (f) *prudence*
**usare ogni accorgimento** *to use all one's cunning*

# 5 affittare *to let, lease, rent* tr.

## INDICATIVE

| | Present | Imperfect | Perfect |
|---|---|---|---|
| io | affitto | affittavo | ho affittato |
| tu | affitti | affittavi | hai affitato |
| lui/lei/Lei | affitta | affittava | ha affittato |
| noi | affittiamo | affittavamo | abbiamo affittato |
| voi | affittate | affittavate | avete affittato |
| loro/Loro | affittano | affittavano | hanno affittato |

| | Future | Pluperfect | Past Historic |
|---|---|---|---|
| io | affitterò | avevo affittato | affittai |
| tu | affitterai | avevi affittato | affittasti |
| lui/lei/Lei | affitterà | aveva affittato | affittò |
| noi | affitteremo | avevamo affittato | affittammo |
| voi | affitterete | avevate affittato | affittaste |
| loro/Loro | affitteranno | avevano affittato | affittarono |

| | Future Perfect | | Past Anterior |
|---|---|---|---|
| io | avrò affittato | | ebbi affittato |

## CONDITIONAL    SUBJUNCTIVE

| | Present | Present | Imperfect |
|---|---|---|---|
| io | affitterei | affitti | affittassi |
| tu | affitteresti | affitti | affittassi |
| lui/lei/Lei | affitterebbe | affitti | affittasse |
| noi | affitteremmo | affittiamo | affittassimo |
| voi | affittereste | affittiate | affittaste |
| loro/Loro | affitterebbero | affittino | affittassero |

| | Perfect | Perfect | Pluperfect |
|---|---|---|---|
| io | avrei affittato | abbia affittato | avessi affittato |

| GERUND | PAST PARTICIPLE | IMPERATIVE |
|---|---|---|
| affittando | affittato | affitta, affitti, affittiamo, affittate, affittino |

**Affitto il mio appartamento a mio zio.** *I let my flat to my uncle.*
**Affittiamo una casa al mare.** *We rent a house by the sea.*
**Questo palazzo ha camere da affittare.** *This building has rooms to let.*
**Affitteranno una camera in città.** *They will rent a room in the city.*
**affittare un terreno** *to lease a plot of land*
**prendere in affitto** *to rent*
**Maria darà in affitto la sua casa.** *Maria will let her house.*
**La Signora Rossi paga sempre l'affitto.** *Mrs Rossi always pays the rent.*

**l'affitto** (m) *rent*
**affitto a vita** *life tenancy*
**l'affittuario** (m) *tenant*

**'affittasi'** *'to let'*
**l'affittacamere** (m/f) *landlord/landlady*

## INDICATIVE

| | Present | Imperfect | Perfect |
|---|---|---|---|
| io | agisco | agivo | ho agito |
| tu | agisci | agivi | hai agito |
| lui/lei/Lei | agisce | agiva | ha agito |
| noi | agiamo | agivamo | abbiamo agito |
| voi | agite | agivate | avete agito |
| loro/Loro | agiscono | agivano | hanno agito |

| | Future | Pluperfect | Past Historic |
|---|---|---|---|
| io | agirò | avevo agito | agii |
| tu | agirai | avevi agito | agisti |
| lui/lei/Lei | agirà | aveva agito | agì |
| noi | agiremo | avevamo agito | agimmo |
| voi | agirete | avevate agito | agiste |
| loro/Loro | agiranno | avevano agito | agirono |

| | Future Perfect | | Past Anterior |
|---|---|---|---|
| io | avrò agito | | ebbi agito |

## CONDITIONAL  SUBJUNCTIVE

| | Present | Present | Imperfect |
|---|---|---|---|
| io | agirei | agisca | agissi |
| tu | agiresti | agisca | agissi |
| lui/lei/Lei | agirebbe | agisca | agisse |
| noi | agiremmo | agiamo | agissimo |
| voi | agireste | agiate | agiste |
| loro/Loro | agirebbero | agiscano | agissero |

| | Perfect | Perfect | Pluperfect |
|---|---|---|---|
| io | avrei agito | abbia agito | avessi agito |

| GERUND | PAST PARTICIPLE | IMPERATIVE |
|---|---|---|
| agendo | agito | agisci, agisca, agiamo, agite, agiscano |

**Agiscono secondo le loro convinzioni.** *They act according to their convictions.*
**Paolo ha agito per conto proprio.** *Paolo has acted on his own behalf (account).*
**Agiamo di comune accordo.** *We act by mutual consent.*
**Luigi avrebbe dovuto agire proprio come te.** *Luigi should have acted precisely as you did.*
**agire bene/male** *to behave well/badly*
**Paolo agirebbe in buona fede.** *Paolo would act in good faith.*
**Lui agisce in modo onesto.** *He behaves honestly.*

**l'agente** (m) *agent, representative*
**agente di pubblica sicurezza** *policeman, policewoman*
**l'agenzia** (f) *agency*

**agenzia di viaggi** *travel agency*
**agenzia d'informazioni** *information bureau*

# 7 aiutare *to help* tr.

## INDICATIVE

| | Present | Imperfect | Perfect |
|---|---|---|---|
| io | aiuto | aiutavo | ho aiutato |
| tu | aiuti | aiutavi | hai aiutato |
| lui/lei/Lei | aiuta | aiutava | ha aiutato |
| noi | aiutiamo | aiutavamo | abbiamo aiutato |
| voi | aiutate | aiutavate | avete aiutato |
| loro/Loro | aiutano | aiutavano | hanno aiutato |

| | Future | Pluperfect | Past Historic |
|---|---|---|---|
| io | aiuterò | avevo aiutato | aiutai |
| tu | aiuterai | avevi aiutato | aiutasti |
| lui/lei/Lei | aiuterà | aveva aiutato | aiutò |
| noi | aiuteremo | avevamo aiutato | aiutammo |
| voi | aiuterete | avevate aiutato | aiutaste |
| loro/Loro | aiuteranno | avevano aiutato | aiutarono |

| | Future Perfect | | Past Anterior |
|---|---|---|---|
| io | avrò aiutato | | ebbi aiutato |

## CONDITIONAL / SUBJUNCTIVE

| | Present | Present | Imperfect |
|---|---|---|---|
| io | aiuterei | aiuti | aiutassi |
| tu | aiuteresti | aiuti | aiutassi |
| lui/lei/Lei | aiuterebbe | aiuti | aiutasse |
| noi | aiuteremmo | aiutiamo | aiutassimo |
| voi | aiutereste | aiutiate | aiutaste |
| loro/Loro | aiuterebbero | aiutino | aiutassero |

| | Perfect | Perfect | Pluperfect |
|---|---|---|---|
| io | avrei aiutato | abbia aiutato | avessi aiutato |

| GERUND | PAST PARTICIPLE | IMPERATIVE |
|---|---|---|
| aiutando | aiutato | aiuta, aiuti, aiutiamo, aiutate, aiutino |

**Maria mi aiuta nel mio lavoro.** *Maria assists me with my work.*
**Paolo mi ha aiutato nel pericolo.** *Paolo has helped me in danger.*
**Questa bevanda aiuta la digestione.** *This drink aids digestion.*
**Mi aiuteranno a fare i compiti.** *They will help me with my homework.*
**Aiutati che Dio ti aiuta.** *God helps those who help themselves.*
**Loro si aiutano come possono.** *They do their best.*
**Invocavano aiuto.** *They were calling for help.*

**l'aiuto** (m) *help*
**l'aiutante** (m/f) *assistant*
**essere di aiuto** *to be of assistance.*

# alzarsi *to get up* r.

## INDICATIVE

| | Present | Imperfect | Perfect |
|---|---|---|---|
| io | mi alzo | mi alzavo | mi sono alzato/a |
| tu | ti alzi | ti alzavi | ti sei alzato/a |
| lui/lei/Lei | si alza | si alzava | si è alzato/a |
| noi | ci alziamo | ci alzavamo | ci siamo alzati/e |
| voi | vi alzate | vi alzavate | vi siete alzati/e |
| loro/Loro | si alzano | si alzavano | si sono alzati/e |

| | Future | Pluperfect | Past Historic |
|---|---|---|---|
| io | mi alzerò | mi ero alzato/a | mi alzai |
| tu | ti alzerai | ti eri alzato/a | ti alzasti |
| lui/lei/Lei | si alzerà | si era alzato/a | si alzò |
| noi | ci alzeremo | ci eravamo alzati/e | ci alzammo |
| voi | vi alzerete | vi eravate alzati/e | vi alzaste |
| loro/Loro | si alzeranno | si erano alzati/e | si alzarono |

| | Future Perfect | | Past Anterior |
|---|---|---|---|
| io | mi sarò alzato/a | | mi fui alzato/a |

## CONDITIONAL  SUBJUNCTIVE

| | Present | Present | Imperfect |
|---|---|---|---|
| io | mi alzerei | mi alzi | mi alzassi |
| tu | ti alzeresti | ti alzi | ti alzassi |
| lui/lei/Lei | si alzerebbe | si alzi | si alzasse |
| noi | ci alzeremmo | ci alziamo | ci alzassimo |
| voi | vi alzereste | vi alziate | vi alzaste |
| loro/Loro | si alzerebbero | si alzino | si alzassero |

| | Perfect | Perfect | Pluperfect |
|---|---|---|---|
| io | mi sarei alzato/a | mi sia alzato/a | mi fossi alzato/a |

| GERUND | PAST PARTICIPLE | IMPERATIVE |
|---|---|---|
| alzandomi | alzato/a/i/e | alzati, si alzi, alziamoci, alzatevi, si alzino |

---

**Mi alzo presto la mattina.** *I get up early in the morning.*
**Tua sorella si è alzata?** *Is your sister up?*
**Si alzarono in piedi quando Lei entrò.** *They stood up when you came in.*
**Paolo si alza sempre tardi.** *Paolo always gets up late.*
**alzare i tacchi** *to flee*
**alzare gli occhi** *to look up*
**Ieri sera Giovanni ha alzato il gomito.** *Last night Giovanni drank too much.*
**L'insegnante alza la voce.** *The teacher raises her voice.*

**alzato/a** *up/out of bed*
**l'alzata di mano** *show of hands*
**l'alzata di spalle** *shrug of the shoulders*

# 9 amare *to love* tr.

## INDICATIVE

| | Present | Imperfect | Perfect |
|---|---|---|---|
| io | amo | amavo | ho amato |
| tu | ami | amavi | hai amato |
| lui/lei/Lei | ama | amava | ha amato |
| noi | amiamo | amavamo | abbiamo amato |
| voi | amate | amavate | avete amato |
| loro/Loro | amano | amavano | hanno amato |

| | Future | Pluperfect | Past Historic |
|---|---|---|---|
| io | amerò | avevo amato | amai |
| tu | amerai | avevi amato | amasti |
| lui/lei/Lei | amerà | aveva amato | amò |
| noi | ameremo | avevamo amato | amammo |
| voi | amerete | avevate amato | amaste |
| loro/Loro | ameranno | avevano amato | amarono |

| | Future Perfect | | Past Anterior |
|---|---|---|---|
| io | avrò amato | | ebbi amato |

## CONDITIONAL    SUBJUNCTIVE

| | Present | Present | Imperfect |
|---|---|---|---|
| io | amerei | ami | amassi |
| tu | ameresti | ami | amassi |
| lui/lei/Lei | amerebbe | ami | amasse |
| noi | ameremmo | amiamo | amassimo |
| voi | amereste | amiate | amaste |
| loro/Loro | amerebbero | amino | amassero |

| | Perfect | Perfect | Pluperfect |
|---|---|---|---|
| io | avrei amato | abbia amato | avessi amato |

| GERUND | PAST PARTICIPLE | IMPERATIVE |
|---|---|---|
| amando | amato | ama, ami, amiamo, amate, amino |

**Amo la mia famiglia.** *I love my family.*
**Luigi ama lo studio.** *Luigi is fond of studying.*
**Amavamo questa musica.** *We used to love this music.*
**Amano il quieto vivere.** *They like the quiet life.*
**Chi mi ama mi segua.** *Let those who love me follow me.*
**Ama chi ti consiglia, non chi ti loda.** *Love the person who advises you, not the person who praises you.*
**Giovanni è innamorato di sua moglie.** *Giovanni is in love with his wife.*

**l'amatore** (m)/**l'amatrice** (f)  *lover of, connoisseur*
**l'amato** (m)  *one's beloved*
**d'amore e d'accordo**  *in full agreement*
**Per amor di Dio!**  *For God's sake!*

# andare *to go* intr.

## INDICATIVE

| | Present | Imperfect | Perfect |
|---|---|---|---|
| io | vado | andavo | sono andato/a |
| tu | vai | andavi | sei andato/a |
| lui/lei/Lei | va | andava | è andato/a |
| noi | andiamo | andavamo | siamo andati/e |
| voi | andate | andavate | siete andati/e |
| loro/Loro | vanno | andavano | sono andati/e |

| | Future | Pluperfect | Past Historic |
|---|---|---|---|
| io | andrò | ero andato/a | andai |
| tu | andrai | eri andato/a | andasti |
| lui/lei/Lei | andrà | era andato/a | andò |
| noi | andremo | eravamo andati/e | andammo |
| voi | andrete | eravate andati/e | andaste |
| loro/Loro | andranno | erano andati/e | andarono |

| | Future Perfect | | Past Anterior |
|---|---|---|---|
| io | sarò andato/a | | fui andato/a |

## CONDITIONAL    SUBJUNCTIVE

| | Present | Present | Imperfect |
|---|---|---|---|
| io | andrei | vada | andassi |
| tu | andresti | vada | andassi |
| lui/lei/Lei | andrebbe | vada | andasse |
| noi | andremmo | andiamo | andassimo |
| voi | andreste | andiate | andaste |
| loro/Loro | andrebbero | vadano | andassero |

| | Perfect | Perfect | Pluperfect |
|---|---|---|---|
| io | sarei andato/a | sia andato/a | fossi andato/a |

| GERUND | PAST PARTICIPLE | IMPERATIVE |
|---|---|---|
| andando | andato/a/i/e | va/vai/va', vada, andiamo, andate, vadano |

**Andiamo a casa.** *Let's go home.*
**Questa strada va a Roma.** *This road leads to Rome.*
**Ti andrebbe di andare al mare?** *Would you like to go to the seaside?*
**Andarono in Francia l'anno scorso.** *Last year they went to France.*
**andare a fondo** *to sink, to be ruined*
**Va' all'inferno!** *Go to hell!*
**Come va la vita?** *How are things?*
**Questa gonna ti va a pennello.** *This skirt suits you to a T.*

**l'andatura** (f) *walk, gait*
**andato** *gone by*
**viaggio di andata** *outward journey*
**l'andirivieni** (m) *coming and going*

# 11 appendere *to hang* tr.

## INDICATIVE

| | Present | Imperfect | Perfect |
|---|---|---|---|
| io | appendo | appendevo | ho appeso |
| tu | appendo | appendevi | hai appeso |
| lui/lei/Lei | appende | appendeva | ha appeso |
| noi | appendiamo | appendevamo | abbiamo appeso |
| voi | appendete | appendevate | avete appeso |
| loro/Loro | appendono | appendevano | hanno appeso |

| | Future | Pluperfect | Past Historic |
|---|---|---|---|
| io | appenderò | avevo appeso | appesi |
| tu | appenderai | avevi appeso | appendesti |
| lui/lei/Lei | appenderà | aveva appeso | appese |
| noi | appenderemo | avevamo appeso | appendemmo |
| voi | appenderete | avevate appeso | appendeste |
| loro/Loro | appenderanno | avevano appeso | appesero |

| | Future Perfect | | Past Anterior |
|---|---|---|---|
| io | avrò appeso | | ebbi appeso |

## CONDITIONAL   SUBJUNCTIVE

| | Present | Present | Imperfect |
|---|---|---|---|
| io | appenderei | appenda | appendessi |
| tu | appenderesti | appenda | appendessi |
| lui/lei/Lei | appenderebbe | appenda | appendesse |
| noi | appenderemmo | appendiamo | appendessimo |
| voi | appendereste | appendiate | appendeste |
| loro/Loro | appenderebbero | appendano | appendessero |

| | Perfect | Perfect | Pluperfect |
|---|---|---|---|
| io | avrei appeso | abbia appeso | avessi appeso |

| GERUND | PAST PARTICIPLE | IMPERATIVE |
|---|---|---|
| appendendo | appeso | appendi, appenda, appendiamo, appendete, appendano |

**Appendete i vostri cappotti.** *Hang your coats up.*
**Appendo lo specchio al muro.** *I am hanging the mirror on the wall.*
**appendersi al braccio di...** *to lean on the arm of...*
**Hai appeso la lampada nello studio?** *Have you hung the lamp in the study?*

**l'appendiabiti** (m) *coathanger, peg, hall stand*
**l'appendice** (f) *appendix*
**l'appendicite** (f) *appendicitis*

# aprire _to open_ tr. 12

## INDICATIVE

|  | Present | Imperfect | Perfect |
|---|---|---|---|
| io | apro | aprivo | ho aperto |
| tu | apri | aprivi | hai aperto |
| lui/lei/Lei | apre | apriva | ha aperto |
| noi | apriamo | aprivamo | abbiamo aperto |
| voi | aprite | aprivate | avete aperto |
| loro/Loro | aprono | aprivano | hanno aperto |

|  | Future | Pluperfect | Past Historic |
|---|---|---|---|
| io | aprirò | avevo aperto | aprii (apersi) |
| tu | aprirai | avevi aperto | apristi |
| lui/lei/Lei | aprirà | aveva aperto | aprì (aperse) |
| noi | apriremo | avevamo aperto | aprimmo |
| voi | aprirete | avevate aperto | apriste |
| loro/Loro | apriranno | avevano aperto | aprirono (apersero) |

|  | Future Perfect |  | Past Anterior |
|---|---|---|---|
| io | avrò aperto |  | ebbi aperto |

## CONDITIONAL    SUBJUNCTIVE

|  | Present | Present | Imperfect |
|---|---|---|---|
| io | aprirei | apra | aprissi |
| tu | apriresti | apra | aprissi |
| lui/lei/Lei | aprirebbe | apra | aprisse |
| noi | apriremmo | apriamo | aprissimo |
| voi | aprireste | apriate | apriste |
| loro/Loro | aprirebbero | aprano | aprissero |

|  | Perfect | Perfect | Pluperfect |
|---|---|---|---|
| io | avrei aperto | abbia aperto | avessi aperto |

| GERUND | PAST PARTICIPLE | IMPERATIVE |
|---|---|---|
| aprendo | aperto | apri, apra, apriamo aprite, aprano |

**Apri la porta, per favore.** _Open the door, please._
**Non aprire il rubinetto.** _Do not turn on the tap._
**Ieri Paolo ha aperto la discussione.** _Yesterday Paolo opened the debate._
**La banca è aperta tutti i giorni.** _The bank is open every day._
**aprire le porte al nemico** _to surrender_ (Lit. open the doors to the enemy)
**Aprirono le braccia all'amico.** _They welcome their friends with open arms._
**aprire le orecchie** _to be all ears_ (Lit. to open your ears)
**non aprire bocca** _not to say a word_

**l'apertura** (f) _opening_
**l'apriscatole** (m) _tin-opener_
**Apriti cielo!** _Heavens above!_

# 13 **arrivare** *to arrive* intr.

## INDICATIVE

| | Present | Imperfect | Perfect |
|---|---|---|---|
| io | arrivo | arrivavo | sono arrivato/a |
| tu | arrivi | arrivavi | sei arrivato/a |
| lui/lei/Lei | arriva | arrivava | è arrivato/e |
| noi | arriviamo | arrivavamo | siamo arrivati/e |
| voi | arrivate | arrivavate | siete arrivati/e |
| loro/Loro | arrivano | arrivavano | sono arrivati/e |

| | Future | Pluperfect | Past Historic |
|---|---|---|---|
| io | arriverò | ero arrivato/a | arrivai |
| tu | arriverai | eri arrivato/a | arrivasti |
| lui/lei/Lei | arriverà | era arrivato/a | arrivò |
| noi | arriveremo | eravamo arrivati/e | arrivammo |
| voi | arriverete | eravate arrivati/e | arrivaste |
| loro/Loro | arriveranno | erano arrivati/e | arrivarono |

| | Future Perfect | | Past Anterior |
|---|---|---|---|
| io | sarò arrivato/a | | fui arrivato/a |

## CONDITIONAL    SUBJUNCTIVE

| | Present | Present | Imperfect |
|---|---|---|---|
| io | arriverei | arrivi | arrivassi |
| tu | arriveresti | arrivi | arrivassi |
| lui/lei/Lei | arriverebbe | arrivi | arrivasse |
| noi | arriveremmo | arriviamo | arrivassimo |
| voi | arrivereste | arriviate | arrivaste |
| loro/Loro | arriverebbero | arrivino | arrivassero |

| | Perfect | Perfect | Pluperfect |
|---|---|---|---|
| io | sarei arrivato/a | sia arrivato/a | fossi arrivato/a |

| GERUND | PAST PARTICIPLE | IMPERATIVE |
|---|---|---|
| arrivando | arrivato/a/i/e | arriva, arrivi, arriviamo, arrivate, arrivino |

**Il treno arriva alle cinque.** *The train arrives at five o'clock.*
**Luigi arriverà a Milano domani.** *Luigi will be arriving in Milan tomorrow.*
**Sono arrivato a una decisione.** *I have arrived at a decision.*
**Ieri la temperatura è arrivata a trenta gradi.** *Yesterday the temperature went up to thirty degrees.*
**Arrivò al suo scopo.** *He/she reached his/her aim.*
**La mamma è arrivata a proposito.** *Mum has arrived at the right moment.*
**Dove vuoi arrivare?** *What are you getting at?*
**Chi tardi arriva, male alloggia.** *Last come, last served.*

**l'arrivo** (m) *arrival*
**arrivi e partenze** *arrivals and departures*

**arrivato** *successful*
**l'arrivismo** (m) *social climbing*
**l'arrivista** (m/f) *social climber*

## INDICATIVE

| | Present | Imperfect | Perfect |
|---|---|---|---|
| io | asciugo | asciugavo | ho asciugato |
| tu | asciughi | asciugavi | hai asciugato |
| lui/lei/Lei | asciuga | asciugava | ha asciugato |
| noi | asciughiamo | asciugavamo | abbiamo asciugato |
| voi | asciugate | asciugavate | avete asciugato |
| loro/Loro | asciugano | asciugavano | hanno asciugato |

| | Future | Pluperfect | Past Historic |
|---|---|---|---|
| io | asciugherò | avevo asciugato | asciugai |
| tu | asciugherai | avevi asciugato | asciugasti |
| lui/lei/Lei | asciugherà | aveva asciugato | asciugò |
| noi | asciugheremo | avevamo asciugato | asciugammo |
| voi | asciugherete | avevate asciugato | asciugaste |
| loro/Loro | asciugheranno | avevano asciugato | asciugarono |

| | Future Perfect | | Past Anterior |
|---|---|---|---|
| io | avrò asciugato | | ebbi asciugato |

## CONDITIONAL   SUBJUNCTIVE

| | Present | Present | Imperfect |
|---|---|---|---|
| io | asciugherei | asciughi | asciugassi |
| tu | asciugheresti | asciughi | asciugassi |
| lui/lei/Lei | asciugherebbe | asciughi | asciugasse |
| noi | asciugheremmo | asciughiamo | asciugassimo |
| voi | asciughereste | asciughiate | asciugaste |
| loro/Loro | asciugherebbero | asciughino | asciugassero |

| | Perfect | Perfect | Pluperfect |
|---|---|---|---|
| io | avrei asciugato | abbia asciugato | avessi asciugato |

| GERUND | PAST PARTICIPLE | IMPERATIVE |
|---|---|---|
| asciugando | asciugato | asciuga, asciughi, asciughiamo, asciugate, asciughino |

**La mamma asciuga sempre i piatti.** *Mum always dries the dishes.*
**Asciugati le lacrime.** *Wipe your tears.*
**Hanno appeso i panni ad asciugare?** *Have they hung the washing out to dry?*
**Asciugatevi le mani.** *Dry your hands.*
**Si asciugava il sudore dalla fronte.** *He was wiping the sweat from his forehead.*
**asciugare una bottiglia** *to empty a bottle*

**asciutto** *dry*
**Io sono all'asciutto.** *I am broke.*
**l'asciugamano** (m) *towel*
**l'asciugacapelli** (m) *hair-dryer*

**clima asciutto** *dry climate*
**persona asciutta** *uncommunicative person*

# 15 ascoltare *to listen to* tr.

## INDICATIVE

| | Present | Imperfect | Perfect |
|---|---|---|---|
| io | ascolto | ascoltavo | ho ascoltato |
| tu | ascolti | ascoltavi | hai ascoltato |
| lui/lei/Lei | ascolta | ascoltava | ha ascoltato |
| noi | ascoltiamo | ascoltavamo | abbiamo ascoltato |
| voi | ascoltate | ascoltavate | avete ascoltato |
| loro/Loro | ascoltano | ascoltavano | hanno ascoltato |

| | Future | Pluperfect | Past Historic |
|---|---|---|---|
| io | ascolterò | avevo ascoltato | ascoltai |
| tu | ascolterai | avevi ascoltato | ascoltasti |
| lui/lei/Lei | ascolterà | aveva ascoltato | ascoltò |
| noi | ascolteremo | avevamo ascoltato | ascoltammo |
| voi | ascolterete | avevate ascoltato | ascoltaste |
| loro/Loro | ascolteranno | avevano ascoltato | ascoltarono |

| | Future Perfect | | Past Anterior |
|---|---|---|---|
| io | avrò ascoltato | | ebbi ascoltato |

## CONDITIONAL    SUBJUNCTIVE

| | Present | Present | Imperfect |
|---|---|---|---|
| io | ascolterei | ascolti | ascoltassi |
| tu | ascolteresti | ascolti | ascoltassi |
| lui/lei/Lei | ascolterebbe | ascolti | ascoltasse |
| noi | ascolteremmo | ascoltiamo | ascoltassimo |
| voi | ascoltereste | ascoltiate | ascoltaste |
| loro/Loro | ascolterebbero | ascoltino | ascoltassero |

| | Perfect | Perfect | Pluperfect |
|---|---|---|---|
| io | avrei ascoltato | abbia ascoltato | avessi ascoltato |

| GERUND | PAST PARTICIPLE | IMPERATIVE |
|---|---|---|
| ascoltando | ascoltato | ascolta, ascolti, ascoltiamo, ascoltate, ascoltino |

**Mi piace ascoltare la radio.** *I like listening to the radio.*
**Ascoltavamo sempre la Messa.** *We always used to hear Mass.*
**Ascoltate la voce della vostra coscienza!** *Listen to the voice of your conscience!*
**Paolo ha ascoltato all'insaputa.** *Paolo overheard.*
**ascoltare la preghiera di qualcuno** *to hear someone's prayer*
**Non ascoltatela!** *Never mind her!*
**Ascolta il mio consiglio.** *Follow my advice.*
**I ragazzi ascolteranno la lezione.** *The boys will attend class.*

**l'ascoltatore** (m)/**l'ascoltatrice** (f) *listener*
**l'ascolto** (m) *listening*
**l'indice di ascolto** *audience rating*
**essere in ascolto** *to be listening*
**dare ascolto** *to pay attention*

# aspettare *to wait for* tr. 16

## INDICATIVE

|  | Present | Imperfect | Perfect |
|---|---|---|---|
| io | aspetto | aspettavo | ho aspettato |
| tu | aspetti | aspettavi | hai aspettato |
| lui/lei/Lei | aspetta | aspettava | ha aspettato |
| noi | aspettiamo | aspettavamo | abbiamo aspettato |
| voi | aspettate | aspettavate | avete aspettato |
| loro/Loro | aspettano | aspettavano | hanno aspettato |

|  | Future | Pluperfect | Past Historic |
|---|---|---|---|
| io | aspetterò | avevo aspettato | aspettai |
| tu | aspetterai | avevi aspettato | aspettasti |
| lui/lei/Lei | aspetterà | aveva aspettato | aspettò |
| noi | aspetteremo | avevamo aspettato | aspettammo |
| voi | aspetterete | avevate aspettato | aspettaste |
| loro/Loro | aspetteranno | avevano aspettato | aspettarono |

|  | Future Perfect | | Past Anterior |
|---|---|---|---|
| io | avrò aspettato | | ebbi aspettato |

## CONDITIONAL   SUBJUNCTIVE

|  | Present | Present | Imperfect |
|---|---|---|---|
| io | aspetterei | aspetti | aspettassi |
| tu | aspetteresti | aspetti | aspettassi |
| lui/lei/Lei | aspetterebbe | aspetti | aspettasse |
| noi | aspetteremmo | aspettiamo | aspettassimo |
| voi | aspettereste | aspettiate | aspettaste |
| loro/Loro | aspetterebbero | aspettino | aspettassero |

|  | Perfect | Perfect | Pluperfect |
|---|---|---|---|
| io | avrei aspettato | abbia aspettato | avessi aspettato |

| GERUND | PAST PARTICIPLE | IMPERATIVE |
|---|---|---|
| aspettando | aspettato | aspetta, aspetti, aspettiamo, aspettate, aspettino |

**Aspetto il treno delle due.** *I am waiting for the two o'clock train.*
**Luigi ti aspetta da più di un'ora.** *Luigi has been waiting for you for more than an hour.*
**Sua sorella aspetta un bambino.** *His/her sister is expecting a baby.*
**Non fatermi aspettare!** *Do not keep me waiting!*
**Non mi aspettavo che venisse.** *I didn't expect him to come.*
**quando meno te l'aspetti** *when you least expect it*
**Chi ha tempo non aspetti tempo.** *Strike while the iron is hot.* (Lit. He who has time shouldn't wait.)
**Aspetta cavallo che l'erba cresce.** *You will have to wait a long time.*

**l'aspetto** (m) *appearance*
**sala d'aspetto** *waiting room*
**l'aspettativa** (f) *expectation*

**corrispondere alle aspettative** *to come up to one's expectations*

# 17 assistere  to *assist*  intr./tr.

## INDICATIVE

| | Present | Imperfect | Perfect |
|---|---|---|---|
| io | assisto | assistevo | ho assistito |
| tu | assisti | assistevi | hai assistito |
| lui/lei/Lei | assiste | assisteva | ha assistito |
| noi | assistiamo | assistevamo | abbiamo assistito |
| voi | assistete | assistevate | avete assistito |
| loro/Loro | assistono | assistevano | hanno assistito |

| | Future | Pluperfect | Past Historic |
|---|---|---|---|
| io | assisterò | avevo assistito | assistei (assistetti) |
| tu | assisterai | avevi assistito | assistesti |
| lui/lei/Lei | assisterà | aveva assistito | assistè (assistette) |
| noi | assisteremo | avevamo assistito | assistemmo |
| voi | assistereste | avevate assistito | assisteste |
| loro/Loro | assisteranno | avevano assistito | assisterono (assistettero) |

| | Future Perfect | | Past Anterior |
|---|---|---|---|
| io | avrò assistito | | ebbi assistito |

## CONDITIONAL   SUBJUNCTIVE

| | Present | Present | Imperfect |
|---|---|---|---|
| io | assisterei | assista | assistessi |
| tu | assisteresti | assista | assistessi |
| lui/lei/Lei | assisterebbe | assista | assistesse |
| noi | assisteremmo | assistiamo | assistessimo |
| voi | assistereste | assistiate | assisteste |
| loro/Loro | assisterebbero | assistano | assistessero |

| | Perfect | Perfect | Pluperfect |
|---|---|---|---|
| io | avrei assistito | abbia assistito | avessi assistito |

| GERUND | PAST PARTICIPLE | IMPERATIVE |
|---|---|---|
| assistendo | assistito | assisti, assista, assistiamo, assistete, assistano |

**Gli studenti assisteranno alla sua lezione.** *The students will attend his lecture.*
**Il bambino ha assistito a un incidente.** *The child was witness to an accident.*
**Le infermiere assistevano i malati.** *The nurses were looking after the sick.*
**Assistilo con i tuoi consigli.** *Give him the benefit of your advice.*
**Che la fortuna ci assista!** *May fortune smile on us!*

**l'assistente** (m/f) *assistant*
**assistente sociale** *social worker*
**assistente universitario** *assistant lecturer*
**assistente di volo** *air steward/ess*

**l'assistenza** (f) *assistance, attendance*
**prestare assistenza** *to assist*
**assistenza legale** *legal aid*
**assistenza sanitaria** *health care*

# assumere *to assume* tr. **18**

## INDICATIVE

|  | Present | Imperfect | Perfect |
|---|---|---|---|
| io | assumo | assumevo | ho assunto |
| tu | assumi | assumevi | hai assunto |
| lui/lei/Lei | assume | assumeva | ha assunto |
| noi | assumiamo | assumevamo | abbiamo assunto |
| voi | assumete | assumevate | avete assunto |
| loro/Loro | assumono | assumevano | hanno assunto |

|  | Future | Pluperfect | Past Historic |
|---|---|---|---|
| io | assumerò | avevo assunto | assunsi |
| tu | assumerai | avevi assunto | assumesti |
| lui/lei/Lei | assumerà | aveva assunto | assunse |
| noi | assumeremo | avevamo assunto | assumemmo |
| voi | assumerete | avevate assunto | assumeste |
| loro/Loro | assumeranno | avevano assunto | assunsero |

|  | Future Perfect | | Past Anterior |
|---|---|---|---|
| io | avrò assunto | | ebbi assunto |

## CONDITIONAL    SUBJUNCTIVE

|  | Present | Present | Imperfect |
|---|---|---|---|
| io | assumerei | assuma | assumessi |
| tu | assumeresti | assuma | assumessi |
| lui/lei/Lei | assumerebbe | assuma | assumesse |
| noi | assumeremmo | assumiamo | assumessimo |
| voi | assumereste | assumiate | assumeste |
| loro/Loro | assumerebbero | assumano | assumessero |

|  | Perfect | Perfect | Pluperfect |
|---|---|---|---|
| io | avrei assunto | abbia assunto | avessi assunto |

| GERUND | PAST PARTICIPLE | IMPERATIVE |
|---|---|---|
| assumendo | assunto | assumi, assuma, assumiamo, assumete, assumano |

**Il Signor Rossi assunse la carica.** *Mr Rossi took office.*
**Sto assumendo informazioni.** *I am making enquiries.*
**Paolo ha assunto questo incarico?** *Has Paolo undertaken this task?*
**Assunsero due nuovi segretari.** *They appointed two new secretaries.*
**assumere in prova** *to employ on a trial basis*
**assumersi la responsabilità di** *to take responsibility for*
**assumere un titolo** *to take up a title*
**assumere un tono di superiorità** *to put on/adopt an air of superiority*
**Paolo assumerà un impegno.** *Paolo will undertake an obligation.*

**l'assunto** (m) *undertaking, task*
**l'assunzione** (f) *appointment*
**l'Assunzione** *Assumption (of the Virgin)*

# 19 aumentare *to increase* intr./tr

## INDICATIVE

| | Present | Imperfect | Perfect |
|---|---|---|---|
| io | aumento | aumentavo | ho aumentato |
| tu | aumenti | aumentavi | hai aumentato |
| lui/lei/Lei | aumenta | aumentava | ha aumentato |
| noi | aumentiamo | aumentavamo | abbiamo aumentato |
| voi | aumentate | aumentavate | avete aumentato |
| loro/Loro | aumentano | aumentavano | hanno aumentato |

| | Future | Pluperfect | Past Historic |
|---|---|---|---|
| io | aumenterò | avevo aumentato | aumentai |
| tu | aumenterai | avevi aumentato | aumentasti |
| lui/lei/Lei | aumenterà | aveva aumentato | aumentò |
| noi | aumenteremo | avevamo aumentato | aumentammo |
| voi | aumenterete | avevate aumentato | aumentaste |
| loro/Loro | aumenteranno | avevano aumentato | aumentarono |

| | Future Perfect | | Past Anterior |
|---|---|---|---|
| io | avrò aumentato | | ebbi aumentato |

## CONDITIONAL  SUBJUNCTIVE

| | Present | Present | Imperfect |
|---|---|---|---|
| io | aumenterei | aumenti | aumentassi |
| tu | aumenteresti | aumenti | aumentassi |
| lui/lei/Lei | aumenterebbe | aumenti | aumentasse |
| noi | aumenteremmo | aumentiamo | aumentassimo |
| voi | aumentereste | aumentiate | aumentaste |
| loro/Loro | aumenterebbero | aumentino | aumentassero |

| | Perfect | Perfect | Pluperfect |
|---|---|---|---|
| io | avrei aumentato | abbia aumentato | avessi aumentato |

| GERUND | PAST PARTICIPLE | IMPERATIVE |
|---|---|---|
| aumentando | aumentato | aumenta, aumenti, aumentiamo, aumentate, aumentino |

**Sono aumentato di due chili.** *I put on two kilos (in weight).*
**Il prezzo è aumentato.** *The price has risen.*
**La temperatura aumenta velocemente.** *The temperature is going up rapidly.*
**Le vostre difficoltà sono aumentate.** *Your difficulties have increased.*
**aumentare l'affitto** *to put up the rent*
**aumentare gli stipendi** *to raise the salaries*
**L'oro è aumentato di valore.** *Gold has increased in value.*

**l'aumento** (m) *increase*
**in aumento** *on the increase*
**Il costo della vita è in aumento.** *The cost of living is on the increase.*

**aumento di temperatura** *rise in temperature*

# avere *to have* tr. (aux.) 20

## INDICATIVE

| | Present | Imperfect | Perfect |
|---|---|---|---|
| io | ho | avevo | ho avuto |
| tu | hai | avevi | hai avuto |
| lui/lei/Lei | ha | aveva | ha avuto |
| noi | abbiamo | avevamo | abbiamo avuto |
| voi | avete | avevate | avete avuto |
| loro/Loro | hanno | avevano | hanno avuto |

| | Future | Pluperfect | Past Historic |
|---|---|---|---|
| io | avrò | avevo avuto | ebbi |
| tu | avrai | avevi avuto | avesti |
| lui/lei/Lei | avrà | aveva avuto | ebbe |
| noi | avremo | avevamo avuto | avemmo |
| voi | avrete | avevate avuto | aveste |
| loro/Loro | avranno | avevano avuto | ebbero |

| | Future Perfect | | Past Anterior |
|---|---|---|---|
| io | avrò avuto | | ebbi avuto |

## CONDITIONAL    SUBJUNCTIVE

| | Present | Present | Imperfect |
|---|---|---|---|
| io | avrei | abbia | avessi |
| tu | avresti | abbia | avessi |
| lui/lei/Lei | avrebbe | abbia | avesse |
| noi | avremmo | abbiamo | avessimo |
| voi | avreste | abbiate | aveste |
| loro/Loro | avrebbero | abbiano | *avessero |

| | Perfect | Perfect | Pluperfect |
|---|---|---|---|
| io | avrei avuto | abbia avuto | avessi avuto |

| GERUND | PAST PARTICIPLE | IMPERATIVE |
|---|---|---|
| avendo | avuto | abbi, abbia, abbiamo, abbiate, abbiano |

**Avevamo una casa in campagna.** *We used to have a house in the country.*
**Ho avuto la tua lettera oggi.** *I have had your letter today.*
**Non hanno molto da fare.** *They have not got much to do.*
**Luigi ha il raffreddore.** *Luigi has a cold.*
**avere freddo/caldo/fame/sete/sonno** *to be cold/warm/hungry/thirsty/sleepy*
**avere voglia di...** *to feel like...*
**Maria ha paura del buio.** *Maria is afraid of the dark.*
**L'insegnante ha ragione.** *The teacher is right.*

**avente diritto** *being entitled*          **il dare e l'avere** *debits and credits*
**l'avere** (m) *property, fortune*          **a vostro avere** *to your credit*

# 21 badare *to look after* intr.

## INDICATIVE

|  | Present | Imperfect | Perfect |
|---|---|---|---|
| io | bado | badavo | ho badato |
| tu | badi | badavi | hai badato |
| lui/lei/Lei | bada | badava | ha badato |
| noi | badiamo | badavamo | abbiamo badato |
| voi | badate | badavate | avete badato |
| loro/Loro | badano | badavano | hanno badato |

|  | Future | Pluperfect | Past Historic |
|---|---|---|---|
| io | baderò | avevo badato | badai |
| tu | baderai | avevi badato | badasti |
| lui/lei/Lei | baderà | aveva badato | badò |
| noi | baderemo | avevamo badato | badammo |
| voi | baderete | avevate badato | badaste |
| loro/Loro | baderanno | avevano badato | badarono |

|  | Future Perfect |  | Past Anterior |
|---|---|---|---|
| io | avrò badato |  | ebbi badato |

## CONDITIONAL     SUBJUNCTIVE

|  | Present | Present | Imperfect |
|---|---|---|---|
| io | baderei | badi | badassi |
| tu | baderesti | badi | badassi |
| lui/lei/Lei | baderebbe | badi | badasse |
| noi | baderemmo | badiamo | badassimo |
| voi | badereste | badiate | badaste |
| loro/Loro | baderebbero | badino | badassero |

|  | Perfect | Perfect | Pluperfect |
|---|---|---|---|
| io | avrei badato | abbia badato | avessi badato |

| GERUND | PAST PARTICIPLE | IMPERATIVE |
|---|---|---|
| badando | badato | bada, badi, badiamo, badate, badino |

**La madre bada ai bambini.** *Mother looks after the children.*
**Luigi badava ai propri interessi.** *Luigi used to look after his own interests.*
**Non badano a chiacchiere.** *They do not listen to gossip.*
**Bada a quel che dico!** *Pay attention to what I am saying!*
**Bada ai fatti tuoi.** *Mind your own business.*
**Bada di non fare tardi.** *Mind you're not late.*
**Badate a quello che dite.** *Watch what you say.*
**Senza badare a spese.** *Regardless of expense.*

**tenere a bada qualcuno** *to keep someone at bay*
**sbadato** *careless*
**sbadataggine** (f) *carelessness*

# bere *to drink* tr. 22

## INDICATIVE

|  | Present | Imperfect | Perfect |
|---|---|---|---|
| io | bevo | bevevo | ho bevuto |
| tu | bevi | bevevi | hai bevuto |
| lui/lei/Lei | beve | beveva | ha bevuto |
| noi | beviamo | bevevamo | abbiamo bevuto |
| voi | bevete | bevevate | avete bevuto |
| loro/Loro | bevono | bevevano | hanno bevuto |

|  | Future | Pluperfect | Past Historic |
|---|---|---|---|
| io | berrò | avevo bevuto | bevvi (bevetti) |
| tu | berrai | avevi bevuto | bevesti |
| lui/lei/Lei | berrà | aveva bevuto | bevve (bevette) |
| noi | berremo | avevamo bevuto | bevemmo |
| voi | berrete | avevate bevuto | beveste |
| loro/Loro | berranno | avevano bevuto | bevvero (bevettero) |

|  | Future Perfect |  | Past Anterior |
|---|---|---|---|
| io | avrò bevuto |  | ebbi bevuto |

## CONDITIONAL — SUBJUNCTIVE

|  | Present | Present | Imperfect |
|---|---|---|---|
| io | berrei | beva | bevessi |
| tu | berresti | beva | bevessi |
| lui/lei/Lei | berrebbe | beva | bevesse |
| noi | berremmo | beviamo | bevessimo |
| voi | berreste | beviate | beveste |
| loro/Loro | berrebbero | bevano | bevessero |

|  | Perfect | Perfect | Pluperfect |
|---|---|---|---|
| io | avrei bevuto | abbia bevuto | avessi bevuto |

| GERUND | PAST PARTICIPLE | IMPERATIVE |
|---|---|---|
| bevendo | bevuto | bevi, beva, beviamo, bevete, bevano |

**Lei beve troppo!** *You drink too much!*
**Il pubblico beveva le sue parole.** *The listeners took in (Lit. drank) his words.*
**Lui si è dato al bere.** *He took to drink.*
**Mi ha pagato da bere.** *He bought me a drink.*
**bere in un sorso** *to guzzle*
**bere per dimenticare** *to drown one's sorrow in drink*
**Questo uomo beve come una spugna.** *This man drinks like a fish. (Lit. like a sponge)*
**Beviamo alla tua salute.** *Let's drink to your health.*
**Questa non la bevo!** *I won't be taken in!*

**il bevitore/la bevitrice** *drinker*
**il beone** *drunkard*
**una bella bevuta** *a good, long drink*
**bevibile** *drinkable*

# 23 bollire *to boil* intr./tr.

## INDICATIVE

| | Present | Imperfect | Perfect |
|---|---|---|---|
| io | bollo | bollivo | ho bollito |
| tu | bolli | bollivi | hai bollito |
| lui/lei/Lei | bolle | bolliva | ha bollito |
| noi | bolliamo | bollivamo | abbiamo bollito |
| voi | bollite | bollivate | avete bollito |
| loro/Loro | bollono | bollivano | hanno bollito |

| | Future | Pluperfect | Past Historic |
|---|---|---|---|
| io | bollirò | avevo bollito | bollii |
| tu | bollirai | avevi bollito | bollisti |
| lui/lei/Lei | bollirà | aveva bollito | bollì |
| noi | bolliremo | avevamo bollito | bollimmo |
| voi | bollirete | avevate bollito | bolliste |
| loro/Loro | bolliranno | avevano bollito | bollirono |

| | Future Perfect | | Past Anterior |
|---|---|---|---|
| io | avrò bollito | | ebbi bollito |

## CONDITIONAL  SUBJUNCTIVE

| | Present | Present | Imperfect |
|---|---|---|---|
| io | bollirei | bolla | bollissi |
| tu | bolliresti | bolla | bollissi |
| lui/lei/Lei | bollirebbe | bolla | bollisse |
| noi | bolliremmo | bolliamo | bollissimo |
| voi | bollireste | bolliate | bolliste |
| loro/Loro | bollirebbero | bollano | bollissero |

| | Perfect | Perfect | Pluperfect |
|---|---|---|---|
| io | avrei bollito | abbia bollito | avessi bollito |

| GERUND | PAST PARTICIPLE | IMPERATIVE |
|---|---|---|
| bollendo | bollito | bolli, bolla, bolliamo, bollite, bollano |

**Lascia bollire il latte.** *Let the milk boil.*
**Bolli il brodo a fuoco lento.** *Simmer the broth.*
**bollire dal caldo** *to be boiling hot*
**Dentro di sé, Paolo bolliva.** *Inwardly, Paolo was seething* (Lit. *boiling*) *with anger.*
**Si sentì bollire il sangue nelle vene.** *It made her blood boil.* (Lit. *She felt her blood boil in her veins.*)
**sapere quello che bolle in pentola** *to know what's going on*

**la bollitura** *boiling*
**il bollitore** *kettle*
**il bollore** *intense heat*
**l'ebollizione** (f) *boiling point*

**bollito** *boiled*
**vitello bollito** *boiled veal*
**acqua bollente** *boiling water*

# buttare *to throw* tr. **24**

## INDICATIVE

|  | Present | Imperfect | Perfect |
|---|---|---|---|
| io | butto | buttavo | ho buttato |
| tu | butti | buttavi | hai buttato |
| lui/lei/Lei | butta | buttava | ha buttato |
| noi | buttiamo | buttavamo | abbiamo buttato |
| voi | buttate | buttavate | avete buttato |
| loro/Loro | buttano | buttavano | hanno buttato |

|  | Future | Pluperfect | Past Historic |
|---|---|---|---|
| io | butterò | avevo buttato | buttai |
| tu | butterai | avevi buttato | buttasti |
| lui/lei/Lei | butterà | aveva buttato | buttò |
| noi | butteremo | avevamo buttato | buttammo |
| voi | butterete | avevate buttato | buttaste |
| loro/Loro | butteranno | avevano buttato | buttarono |

|  | Future Perfect | | Past Anterior |
|---|---|---|---|
| io | avrò buttato | | ebbi buttato |

## CONDITIONAL    SUBJUNCTIVE

|  | Present | Present | Imperfect |
|---|---|---|---|
| io | butterei | butti | buttassi |
| tu | butteresti | butti | buttassi |
| lui/lei/Lei | butterebbe | butti | buttasse |
| noi | butteremmo | buttiamo | buttassimo |
| voi | buttereste | buttiate | buttaste |
| loro/Loro | butterebbero | buttino | buttassero |

|  | Perfect | Perfect | Pluperfect |
|---|---|---|---|
| io | avrei buttato | abbia buttato | avessi buttato |

| GERUND | PAST PARTICIPLE | IMPERATIVE |
|---|---|---|
| buttando | buttato | butta, butti, buttiamo, buttate, buttino |

**Non buttare la carta a terra!** *Do not throw the paper on the ground!*
**Buttale la palla, per favore.** *Throw her the ball, please.*
**Buttano via il loro tempo.** *They waste their time.*
**buttare all'aria** *to turn upside down, upset, ruin*
**Buttati!** *Take the plunge!*
**L'edificio è stato buttato giù.** *The building has been demolished.*
**L'alunno ha buttato giù un saggio.** *The pupil has dashed off an essay.*
**buttare la colpa addosso a qualcuno** *to lay the blame on somebody*
**roba da buttare via** *things to be thrown away*

**il buttafuori** *bouncer*

# 25 cadere *to fall* intr.

## INDICATIVE

| | Present | Imperfect | Perfect |
|---|---|---|---|
| io | cado | cadevo | sono caduto/a |
| tu | cadi | cadevi | sei caduto/a |
| lui/lei/Lei | cade | cadeva | è caduto/a |
| noi | cadiamo | cadevamo | siamo caduti/e |
| voi | cadete | cadevate | siete caduti/e |
| loro/Loro | cadono | cadevano | sono caduti/e |

| | Future | Pluperfect | Past Historic |
|---|---|---|---|
| io | cadrò | ero caduto/a | caddi |
| tu | cadrai | eri caduto/a | cadesti |
| lui/lei/Lei | cadrà | era caduto/a | cadde |
| noi | cadremo | eravamo caduti/e | cademmo |
| voi | cadrete | eravate caduti/e | cadeste |
| loro/Loro | cadranno | erano caduti/e | caddero |

| | Future Perfect | | Past Anterior |
|---|---|---|---|
| io | sarò caduto/a | | fui caduto/a |

## CONDITIONAL / SUBJUNCTIVE

| | Present | Present | Imperfect |
|---|---|---|---|
| io | cadrei | cada | cadessi |
| tu | cadresti | cada | cadessi |
| lui/lei/Lei | cadrebbe | cada | cadesse |
| noi | cadremmo | cadiamo | cadessimo |
| voi | cadreste | cadiate | cadeste |
| loro/Loro | cadrebbero | cadano | cadessero |

| | Perfect | Perfect | Pluperfect |
|---|---|---|---|
| io | sarei caduto/a | sia caduto/a | fossi caduto/a |

| GERUND | PAST PARTICIPLE | IMPERATIVE |
|---|---|---|
| cadendo | caduto/a/i/e | cadi, cada, cadiamo, cadete, cadano |

**Paolo è caduto dalla motocicletta.** *Paolo has fallen off his motorbike.*
**Le sono caduti tutti i capelli.** *All her hair fell out.*
**Mi ha fatto cadere.** *She knocked me over.*
**Hanno fatto cadere il governo.** *They brought down the government.*
**Paolo lasciò cadere l'argomento.** *Paolo dropped the subject.*
**La Pasqua cade sempre di domenica.** *Easter always falls on a Sunday.*
**cadere ammalato** *to fall ill*
**cadere in piedi** *to fall on one's feet*
**cadere dalle nuvole** *to be taken aback* (Lit. to fall from the clouds)

**la cadenza** *beat, cadence*
**la caduta** *fall, drop*

**la caduta dei prezzi** *drop in prices*
**cadente** *ruined, decrepit*

# cambiare *to change* tr./intr.

## INDICATIVE

|  | Present | Imperfect | Perfect |
|---|---|---|---|
| io | cambio | cambiavo | ho cambiato |
| tu | cambi | cambiavi | hai cambiato |
| lui/lei/Lei | cambia | cambiava | ha cambiato |
| noi | cambiamo | cambiavamo | abbiamo cambiato |
| voi | cambiate | cambiavate | avete cambiato |
| loro/Loro | cambiano | cambiavano | hanno cambiato |

|  | Future | Pluperfect | Past Historic |
|---|---|---|---|
| io | cambierò | avevo cambiato | cambiai |
| tu | cambierai | avevi cambiato | cambiasti |
| lui/lei/Lei | cambierà | aveva cambiato | cambiò |
| noi | cambieremo | avevamo cambiato | cambiammo |
| voi | cambierete | avevate cambiato | cambiaste |
| loro/Loro | cambieranno | avevano cambiato | cambiarono |

|  | Future Perfect | | Past Anterior |
|---|---|---|---|
| io | avrò cambiato | | ebbi cambiato |

## CONDITIONAL  SUBJUNCTIVE

|  | Present | Present | Imperfect |
|---|---|---|---|
| io | cambierei | cambi | cambiassi |
| tu | cambieresti | cambi | cambiassi |
| lui/lei/Lei | cambierebbe | cambi | cambiasse |
| noi | cambieremmo | cambiamo | cambiassimo |
| voi | cambiereste | cambiate | cambiaste |
| loro/Loro | cambierebbero | cambino | cambiassero |

|  | Perfect | Perfect | Pluperfect |
|---|---|---|---|
| io | avrei cambiato | abbia cambiato | avessi cambiato |

| GERUND | PAST PARTICIPLE | IMPERATIVE |
|---|---|---|
| cambiando | cambiato | cambia, cambi, cambiamo, cambiate, cambino |

**La mamma cambiò idea.** *Mum changed her mind.*
**Cambiate treno a Milano.** *Change trains at Milan.*
**Hai cambiato indirizzo?** *Have you changed your address?*
**cambiare aspetto** *to take on a different appearance*
**tanto per cambiare** *just for a change*
**L'anno scorso abbiamo cambiato casa.** *We moved last year.*
**Voi cambiate sempre argomento.** *You are always changing the subject.*
**Come sei cambiata!** *How you have changed!*
**Il mondo cambia.** *The world is changing.*

**il cambiamento** *change*
**il cambio** *exchange*
**fare cambio** *to swap*

**agente di cambio** *stockbroker*
**tasso di cambio** *rate of exchange*
**in cambio di** *in exchange for*

# 27 **camminare** *to walk* intr.

## INDICATIVE

| | Present | Imperfect | Perfect |
|---|---|---|---|
| io | cammino | camminavo | ho camminato |
| tu | cammini | camminavi | hai camminato |
| lui/lei/Lei | cammina | camminava | ha camminato |
| noi | camminiamo | camminavamo | abbiamo camminato |
| voi | camminate | camminavate | avete camminato |
| loro/Loro | camminano | camminavano | hanno camminato |

| | Future | Pluperfect | Past Historic |
|---|---|---|---|
| io | camminerò | avevo camminato | camminai |
| tu | camminerai | avevi camminato | camminasti |
| lui/lei/Lei | camminerà | aveva camminato | camminò |
| noi | cammineremo | avevamo camminato | camminammo |
| voi | camminerete | avevate camminato | camminaste |
| loro/Loro | cammineranno | avevano camminato | camminarono |

| | Future Perfect | | Past Anterior |
|---|---|---|---|
| io | avrò camminato | | ebbi camminato |

## CONDITIONAL    SUBJUNCTIVE

| | Present | Present | Imperfect |
|---|---|---|---|
| io | camminerei | cammini | camminassi |
| tu | cammineresti | cammini | camminassi |
| lui/lei/Lei | camminerebbe | cammini | camminasse |
| noi | cammineremmo | camminiamo | camminassimo |
| voi | camminereste | camminiate | camminaste |
| loro/Loro | camminerebbero | camminino | camminassero |

| | Perfect | Perfect | Pluperfect |
|---|---|---|---|
| io | avrei camminato | abbia camminato | avessi camminato |

## GERUND    PAST PARTICIPLE    IMPERATIVE

| GERUND | PAST PARTICIPLE | IMPERATIVE |
|---|---|---|
| camminando | camminato | cammina, cammini, camminiamo, camminate, camminino |

**Camminiamo sempre di buon passo.** *We always walk at a good pace.*
**La ragazza camminava zoppicando.** *The girl was limping.*
**Cammina!** *Hurry up!*
**I bambini camminano in fila indiana.** *The children walk in single file.*
**Mi piace camminare in punta di piedi.** *I like to tiptoe.*
**camminare carponi** *to crawl*
**camminare sulle uova** *to walk cautiously*

**la camminata** *walk*
**il camminatore/la camminatrice** *walker*
**il cammino** *way, walk*
**essere in cammino** *to be on one's way*

# capire  *to understand*  tr.  **28**

## INDICATIVE

| | Present | Imperfect | Perfect |
|---|---|---|---|
| io | capisco | capivo | ho capito |
| tu | capisci | capivi | hai capito |
| lui/lei/Lei | capisce | capiva | ha capito |
| noi | capiamo | capivamo | abbiamo capito |
| voi | capite | capivate | avete capito |
| loro/Loro | capiscono | capivano | hanno capito |

| | Future | Pluperfect | Past Historic |
|---|---|---|---|
| io | capirò | avevo capito | capii |
| tu | capirai | avevi capito | capisti |
| lui/lei/Lei | capirà | aveva capito | capì |
| noi | capiremo | avevamo capito | capimmo |
| voi | capirete | avevate capito | capiste |
| loro/Loro | capiranno | avevano capito | capirono |

| | Future Perfect | | Past Anterior |
|---|---|---|---|
| io | avrò capito | | ebbi capito |

## CONDITIONAL  SUBJUNCTIVE

| | Present | Present | Imperfect |
|---|---|---|---|
| io | capirei | capisca | capissi |
| tu | capiresti | capisca | capissi |
| lui/lei/Lei | capirebbe | capisca | capisse |
| noi | capiremmo | capiamo | capissimo |
| voi | capireste | capiate | capiste |
| loro/Loro | capirebbero | capiscano | capissero |

| | Perfect | Perfect | Pluperfect |
|---|---|---|---|
| io | avrei capito | abbia capito | avessi capito |

| GERUND | PAST PARTICIPLE | IMPERATIVE |
|---|---|---|
| capendo | capito | capisci, capisca, capiamo, capite, capiscano |

**Può ripetere per favore? Non capisco.** *Can you repeat that please? I do not understand.*
**Il ragazzo capiva l'italiano.** *The boy used to understand Italian.*
**Non ci capiamo più.** *We do not understand each other any more.*
**Non vogliono capirla.** *They refuse to understand.*
**capire male** *to misunderstand*
**Si capisce!** *Of course!*
**Capisco l'antifona.** *I take the hint.*
**Loro capiranno al volo.** *They will catch on quickly.*

**farsi capire** *to make oneself understood*

# 29 cercare *to look for, try* tr./intr.

## INDICATIVE

|  | Present | Imperfect | Perfect |
|---|---|---|---|
| io | cerco | cercavo | ho cercato |
| tu | cerchi | cercavi | hai cercato |
| lui/lei/Lei | cerca | cercava | ha cercato |
| noi | cerchiamo | cercavamo | abbiamo cercato |
| voi | cercate | cercavate | avete cercato |
| loro/Loro | cercano | cercavano | hanno cercato |

|  | Future | Pluperfect | Past Historic |
|---|---|---|---|
| io | cercherò | avevo cercato | cercai |
| tu | cercherai | avevi cercato | cercasti |
| lui/lei/Lei | cercherà | aveva cercato | cercò |
| noi | cercheremo | avevamo cercato | cercammo |
| voi | cercherete | avevate cercato | cercaste |
| loro/Loro | cercheranno | avevano cercato | cercarono |

|  | Future Perfect |  | Past Anterior |
|---|---|---|---|
| io | avrò cercato |  | ebbi cercato |

## CONDITIONAL    SUBJUNCTIVE

|  | Present | Present | Imperfect |
|---|---|---|---|
| io | cercherei | cerchi | cercassi |
| tu | cercheresti | cerchi | cercassi |
| lui/lei/Lei | cercherebbe | cerchi | cercasse |
| noi | cercheremmo | cerchiamo | cercassimo |
| voi | cerchereste | cerchiate | cercaste |
| loro/Loro | cercherebbero | cerchino | cercassero |

|  | Perfect | Perfect | Pluperfect |
|---|---|---|---|
| io | avrei cercato | abbia cercato | avessi cercato |

| GERUND | PAST PARTICIPLE | IMPERATIVE |
|---|---|---|
| cercando | cercato | cerca, cerchi, cerchiamo, cercate, cerchino |

**Dove lo hai cercato?** *Where have you looked for him?*
**L'ho cercato dappertutto.** *I have looked for him everywhere.*
**Lo studente cercò la parola nel dizionario.** *The student looked the word up in the dictionary.*
**Cerca di finire oggi.** *Try to finish today.*
**cercare per mare e per terra** *to look everywhere for something*
**Chi cerca trova!** *Seek and you will find!*
**Quest'uomo cerca sempre il pelo nell'uovo.** *This man is always fussy about everything.*

**il cercatore/la cercatrice** *seeker*
**cercatore d'oro** *gold-digger*

**in cerca di ...** *in search of ...*
**Il ragazzo è in cerca di guai.**
*The boy is looking for trouble.*

# chiamare *to call* tr.

## INDICATIVE

|  | Present | Imperfect | Perfect |
|---|---|---|---|
| io | chiamo | chiamavo | ho chiamato |
| tu | chiami | chiamavi | hai chiamato |
| lui/lei/Lei | chiama | chiamava | ha chiamato |
| noi | chiamiamo | chiamavamo | abbiamo chiamato |
| voi | chiamate | chiamavate | avete chiamato |
| loro/Loro | chiamano | chiamavano | hanno chiamato |

|  | Future | Pluperfect | Past Historic |
|---|---|---|---|
| io | chiamerò | avevo chiamato | chiamai |
| tu | chiamerai | avevi chiamato | chiamasti |
| lui/lei/Lei | chiamerà | aveva chiamato | chiamò |
| noi | chiameremo | avevamo chiamato | chiamammo |
| voi | chiamerete | avevate chiamato | chiamaste |
| loro/Loro | chiameranno | avevano chiamato | chiamarono |

|  | Future Perfect |  | Past Anterior |
|---|---|---|---|
| io | avrò chiamato |  | ebbi chiamato |

## CONDITIONAL    SUBJUNCTIVE

|  | Present | Present | Imperfect |
|---|---|---|---|
| io | chiamerei | chiami | chiamassi |
| tu | chiameresti | chiami | chiamassi |
| lui/lei/Lei | chiamerebbe | chiami | chiamasse |
| noi | chiameremmo | chiamiamo | chiamassimo |
| voi | chiamereste | chiamiate | chiamaste |
| loro/Loro | chiamerebbero | chiamino | chiamassero |

|  | Perfect | Perfect | Pluperfect |
|---|---|---|---|
| io | avrei chiamato | abbia chiamato | avessi chiamato |

## GERUND    PAST PARTICIPLE    IMPERATIVE

| GERUND | PAST PARTICIPLE | IMPERATIVE |
|---|---|---|
| chiamando | chiamato | chiama, chiami, chiamiamo, chiamate, chiamino |

**Come si chiama? Mi chiamo Paolo.** *What is your name? My name is Paolo.*
**Come ti chiami? Mi chiamo Maria.** *What is your name? My name is Maria.*
**Il dovere lo chiama.** *Duty calls (him).*
**Chiamavano aiuto da ore.** *They had been calling for help for hours.*
**Chiamami alle sette.** *Wake me up at seven.*
**Ti chiamerò dopo cena.** *I'll phone you after dinner.*
**essere chiamati alla ribalta** *to take a curtain call*
**chiamare in causa** *to involve someone*
**Mi hai mandato a chiamare?** *Did you send for me?*
**Perché non chiami le cose con il loro nome?** *Why don't you call a spade a spade?*

**la chiamata** *call*                              **chiamata alle armi** *call-to-arms*
**chiamata telefonica** *telephone call*

# 31 chiedere *to ask* tr.

## INDICATIVE

| | Present | Imperfect | Perfect |
|---|---|---|---|
| io | chiedo | chiedevo | ho chiesto |
| tu | chiedi | chiedevi | hai chiesto |
| lui/lei/Lei | chiede | chiedeva | ha chiesto |
| noi | chiediamo | chiedevamo | abbiamo chiesto |
| voi | chiedete | chiedevate | avete chiesto |
| loro/Loro | chiedono | chiedevano | hanno chiesto |

| | Future | Pluperfect | Past Historic |
|---|---|---|---|
| io | chiederò | avevo chiesto | chiesi |
| tu | chiederai | avevi chiesto | chiedesti |
| lui/lei/Lei | chiederà | aveva chiesto | chiese |
| noi | chiederemo | avevamo chiesto | chiedemmo |
| voi | chiederete | avevate chiesto | chiedeste |
| loro/Loro | chiederanno | avevano chiesto | chiesero |

| | Future Perfect | | Past Anterior |
|---|---|---|---|
| io | avrò chiesto | | ebbi chiesto |

## CONDITIONAL / SUBJUNCTIVE

| | Present | Present | Imperfect |
|---|---|---|---|
| io | chiederei | chieda | chiedessi |
| tu | chiederesti | chieda | chiedessi |
| lui/lei/Lei | chiederebbe | chieda | chiedesse |
| noi | chiederemmo | chiediamo | chiedessimo |
| voi | chiedereste | chiediate | chiedeste |
| loro/Loro | chiederebbero | chiedano | chiedessero |

| | Perfect | Perfect | Pluperfect |
|---|---|---|---|
| io | avrei chiesto | abbia chiesto | avessi chiesto |

| GERUND | PAST PARTICIPLE | IMPERATIVE |
|---|---|---|
| chiedendo | chiesto | chiedi, chieda, chiediamo, chiedete, chiedano |

**Mio fratello mi ha chiesto un consiglio.** *My brother has asked me for my advice.*
**Paolo le chiese di non lasciarlo.** *Paolo urged her not to leave him.*
**Chiedile di sua madre.** *Ask her about her mother.*
**Luigi chiede venti sterline per quel quadro.** *Luigi is asking twenty pounds for that picture.*
**chiedere scusa** *to apologize*
**chiedere la mano di una ragazza** *to ask a girl for her hand in marriage*
**chiedere l'elemosina** *to beg*
**Maria gli chiese perdono.** *Maria begged his pardon.*
**Mi chiedo se verrà.** *I wonder if he/she will come.*

**richiedere** *to request, to apply for*
**la richiesta** *request, application*
**su richiesta** *on request*

# chiudere *to close* tr.

## INDICATIVE

| | Present | Imperfect | Perfect |
|---|---|---|---|
| io | chiudo | chiudevo | ho chiuso |
| tu | chiudi | chiudevi | hai chiuso |
| lui/lei/Lei | chiude | chiudeva | ha chiuso |
| noi | chiudiamo | chiudevamo | abbiamo chiuso |
| voi | chiudete | chiudevate | avete chiuso |
| loro/Loro | chiudono | chiudevano | hanno chiuso |

| | Future | Pluperfect | Past Historic |
|---|---|---|---|
| io | chiuderò | avevo chiuso | chiusi |
| tu | chiuderai | avevi chiuso | chiudesti |
| lui/lei/Lei | chiuderà | aveva chiuso | chiuse |
| noi | chiuderemo | avevamo chiuso | chiudemmo |
| voi | chiuderete | avevate chiuso | chiudeste |
| loro/Loro | chiuderanno | avevano chiuso | chiusero |

| | Future Perfect | | Past Anterior |
|---|---|---|---|
| io | avrò chiuso | | ebbi chiuso |

## CONDITIONAL    SUBJUNCTIVE

| | Present | Present | Imperfect |
|---|---|---|---|
| io | chiuderei | chiuda | chiudessi |
| tu | chiuderesti | chiuda | chiudessi |
| lui/lei/Lei | chiuderebbe | chiuda | chiudesse |
| noi | chiuderemmo | chiudiamo | chiudessimo |
| voi | chiudereste | chiudiate | chiudeste |
| loro/Loro | chiuderebbero | chiudano | chiudessero |

| | Perfect | Perfect | Pluperfect |
|---|---|---|---|
| io | avrei chiuso | abbia chiuso | avessi chiuso |

| GERUND | PAST PARTICIPLE | IMPERATIVE |
|---|---|---|
| chiudendo | chiuso | chiudi, chiuda, chiudiamo, chiudete, chiudano |

**La banca chiude alle tre.** *The bank shuts at three o'clock.*
**Chiudi la porta, fa freddo.** *Shut the door, it is cold.*
**Hai chiuso le tende?** *Have you drawn the curtains?*
**La ragazza chiuderà la porta a chiave?** *Will the girl lock the door?*
**chiudere un occhio** *to turn a blind eye*
**Chiudi la bocca!** *Shut up!*
**Hai chiuso il rubinetto?** *Have you turned off the tap?*
**Chiusero la lettera prima di spedirla.** *They sealed the letter before posting it.*

**la chiusura** *closing*
**orario di chiusura** *closing time*
**chiusura di sicurezza** *safety catch*
**la chiusura lampo** *zip*

**ad occhi chiusi** *with complete confidence*
**tempo chiuso** *overcast weather*

# 33 cogliere *to pick, gather* tr.

## INDICATIVE

|  | Present | Imperfect | Perfect |
|---|---|---|---|
| io | colgo | coglievo | ho colto |
| tu | cogli | coglievi | hai colto |
| lui/lei/Lei | coglie | coglieva | ha colto |
| noi | cogliamo | coglievamo | abbiamo colto |
| voi | cogliete | coglievate | avete colto |
| loro/Loro | colgono | coglievano | hanno colto |

|  | Future | Pluperfect | Past Historic |
|---|---|---|---|
| io | coglierò | avevo colto | colsi |
| tu | coglierai | avevi colto | cogliesti |
| lui/lei/Lei | coglierà | aveva colto | colse |
| noi | coglieremo | avevamo colto | cogliemmo |
| voi | coglierete | avevate colto | coglieste |
| loro/Loro | coglieranno | avevano colto | colsero |

|  | Future Perfect | | Past Anterior |
|---|---|---|---|
| io | avrò colto | | ebbi colto |

## CONDITIONAL   SUBJUNCTIVE

|  | Present | Present | Imperfect |
|---|---|---|---|
| io | coglierei | colga | cogliessi |
| tu | coglieresti | colga | cogliessi |
| lui/lei/Lei | coglierebbe | colga | cogliesse |
| noi | coglieremmo | cogliamo | cogliessimo |
| voi | cogliereste | cogliate | coglieste |
| loro/Loro | coglierebbero | colgano | cogliessero |

|  | Perfect | Perfect | Pluperfect |
|---|---|---|---|
| io | avrei colto | abbia colto | avessi colto |

| GERUND | PAST PARTICIPLE | IMPERATIVE |
|---|---|---|
| cogliendo | colto | cogli, colga, cogliamo, cogliete, colgano |

**Maria coglie i fiori in giardino.** *Maria is picking flowers in the garden.*
**Loro coglierebbero il senso del discorso.** *They would grasp the sense of the speech.*
**Hai colto nel segno.** *You have hit the target.*
**cogliere l'occasione per** *to take the opportunity to*
**cogliere la palla al balzo** *to be quick off the mark*
**Lo colsero sul fatto.** *They caught him in the act.*
**Mi hai colto di sorpresa.** *You took me by surprise.*
**La notizia li ha colti alla sprovvista.** *The news caught them unawares/unprepared.*

**colto** *cultured*
**una persona colta** *a cultured person*
**un terreno incolto** *a piece of uncultivated land*

# cominciare  *to begin, start*  intr./tr. **34**

## INDICATIVE

|  | Present | Imperfect | Perfect |
|---|---|---|---|
| io | comincio | cominciavo | ho cominciato |
| tu | cominci | cominciavi | hai cominciato |
| lui/lei/Lei | comincia | cominciava | ha cominciato |
| noi | cominciamo | cominciavamo | abbiamo cominciato |
| voi | cominciate | cominciavate | avete cominciato |
| loro/Loro | cominciano | cominciavano | hanno cominciato |

|  | Future | Pluperfect | Past Historic |
|---|---|---|---|
| io | comincerò | avevo cominciato | cominciai |
| tu | comincerai | avevi cominciato | cominciasti |
| lui/lei/Lei | comincerà | aveva cominciato | cominciò |
| noi | cominceremo | avevamo cominciato | cominciammo |
| voi | comincerete | avevate cominciato | cominciaste |
| loro/Loro | cominceranno | avevano cominciato | cominciarono |

|  | Future Perfect |  | Past Anterior |
|---|---|---|---|
| io | avrò cominciato |  | ebbi cominciato |

## CONDITIONAL    SUBJUNCTIVE

|  | Present | Present | Imperfect |
|---|---|---|---|
| io | comincerei | cominci | cominciassi |
| tu | cominceresti | cominci | cominciassi |
| lui/lei/Lei | comincerebbe | cominci | cominciasse |
| noi | cominceremmo | cominciamo | cominciassimo |
| voi | comincereste | cominciate | cominciaste |
| loro/Loro | comincerebbero | comincino | cominciassero |

|  | Perfect | Perfect | Pluperfect |
|---|---|---|---|
| io | avrei cominciato | abbia cominciato | avessi cominciato |

## GERUND    PAST PARTICIPLE    IMPERATIVE

| GERUND | PAST PARTICIPLE | IMPERATIVE |
|---|---|---|
| cominciando | cominciato | comincia, cominci, cominciamo, cominciate, comincino |

**La gara comincia alle quattro.** *The race starts at four o'clock.*
**Cominciò col dire...** *He began by saying...*
**Cominciava a piovere.** *It was beginning to rain.*
**Lo studente ha cominciato a leggere quel libro mesi fa.** *The student began reading that book months ago.*
**a cominciare da oggi** *from today*
**Chi ben comincia è a metà dell'opera.** *Beginning is half the battle.*
**Cominciarono il loro viaggio il mese scorso.** *They set off on their trip last month.*
**Cominciamo da capo.** *Let's begin all over again.*

**il cominciare** *beginning, start*
**per cominciare** *to start with*

# 35 compiere *to fulfil, achieve* tr.

## INDICATIVE

|  | Present | Imperfect | Perfect |
|---|---|---|---|
| io | compio | compivo | ho compiuto |
| tu | compi | compivi | hai compiuto |
| lui/lei/Lei | compie | compiva | ha compiuto |
| noi | compiamo | compivamo | abbiamo compiuto |
| voi | compite | compivate | avete compiuto |
| loro/Loro | compiono | compivano | hanno compiuto |

|  | Future | Pluperfect | Past Historic |
|---|---|---|---|
| io | compirò | avevo compiuto | compii |
| tu | compirai | avevi compiuto | compisti |
| lui/lei/Lei | compirà | aveva compiuto | compì |
| noi | compiremo | avevamo compiuto | compimmo |
| voi | compirete | avevate compiuto | compiste |
| loro/Loro | compiranno | avevano compiuto | compirono |

|  | Future Perfect | | Past Anterior |
|---|---|---|---|
| io | avrò compiuto | | ebbi compiuto |

## CONDITIONAL    SUBJUNCTIVE

|  | Present | Present | Imperfect |
|---|---|---|---|
| io | compirei | compia | compissi |
| tu | compiresti | compia | compissi |
| lui/lei/Lei | compirebbe | compia | compisse |
| noi | compiremmo | compiamo | compissimo |
| voi | compireste | compiate | compiste |
| loro/Loro | compirebbero | compiano | compissero |

|  | Perfect | Perfect | Pluperfect |
|---|---|---|---|
| io | avrei compiuto | abbia compiuto | avessi compiuto |

| GERUND | PAST PARTICIPLE | IMPERATIVE |
|---|---|---|
| compiendo | compiuto | compi, compia, compiamo, compite, compiano |

**Maria ha compiuto vent'anni.** *Maria has had her twentieth birthday.*
**Quando compi gli anni?** *When is your birthday?*
**Compiremo il nostro dovere.** *We'll carry out our duty.*
**compiere una buona azione** *to do a good deed*

**compimento** *completion*
**portare a compimento** *to bring to fulfilment*
**compleanno** *birthday*
**compiuto** *finished*
**mettere di fronte al fatto compiuto** *to present with a fait accompli*

# concedere *to allow, grant, concede* tr. **36**

## INDICATIVE

| | Present | Imperfect | Perfect |
|---|---|---|---|
| io | concedo | concedevo | ho concesso |
| tu | concedi | concedevi | hai concesso |
| lui/lei/Lei | concede | concedeva | ha concesso |
| noi | concediamo | concedevamo | abbiamo concesso |
| voi | concedete | concedevate | avete concesso |
| loro/Loro | concedono | concedevano | hanno concesso |

| | Future | Pluperfect | Past Historic |
|---|---|---|---|
| io | concederò | avevo concesso | concessi |
| tu | concederai | avevi concesso | concedesti |
| lui/lei/Lei | concederà | aveva concesso | concesse |
| noi | concederemo | avevamo concesso | concedemmo |
| voi | concederete | avevate concesso | concedeste |
| loro/Loro | concederanno | avevano concesso | concessero |

| | Future Perfect | | Past Anterior |
|---|---|---|---|
| io | avrò concesso | | ebbi concesso |

## CONDITIONAL    SUBJUNCTIVE

| | Present | Present | Imperfect |
|---|---|---|---|
| io | concederei | conceda | concedessi |
| tu | concederesti | conceda | concedessi |
| lui/lei/Lei | concederebbe | conceda | concedesse |
| noi | concederemmo | concediamo | concedessimo |
| voi | concedereste | concediate | concedeste |
| loro/Loro | concederebbero | concedano | concedessero |

| | Perfect | Perfect | Pluperfect |
|---|---|---|---|
| io | avrei concesso | abbia concesso | avessi concesso |

| GERUND | PAST PARTICIPLE | IMPERATIVE |
|---|---|---|
| concedendo | concesso | concedi, conceda, concediamo, concedete, concedano |

**Non è concesso uscire durante lo spettacolo.** *It is not permitted to leave during the show.*
**Maria si è concessa una bella vacanza.** *Maria has allowed herself a lovely holiday.*
**Ti concedo di andare.** *I allow you to go.*
**Concedimi ancora una settimana.** *Give me another week.*
**concedere un favore** *to grant a favour*
**concedere un brevetto** *to issue a patent*
**concedere un rinvio** *to adjourn a suit*
**Mi concederai un'udienza?** *Will you grant me an audience?*

**la concessione** *concession*
**fare una concessione** *to make a concession*
**il concessionario** *agent, dealer*

# 37 confondere *to confuse* tr.

## INDICATIVE

|  | Present | Imperfect | Perfect |
|---|---|---|---|
| io | confondo | confondevo | ho confuso |
| tu | confondi | confondevi | hai confuso |
| lui/lei/Lei | confonde | confondeva | ha confuso |
| noi | confondiamo | confondevamo | abbiamo confuso |
| voi | confondete | confondevate | avete confuso |
| loro/Loro | confondono | confondevano | hanno confuso |

|  | Future | Pluperfect | Past Historic |
|---|---|---|---|
| io | confonderò | avevo confuso | confusi |
| tu | confonderai | avevi confuso | confondesti |
| lui/lei/Lei | confonderà | aveva confuso | confuse |
| noi | confonderemo | avevamo confuso | confondemmo |
| voi | confonderete | avevate confuso | confondeste |
| loro/Loro | confonderanno | avevano confuso | confusero |

|  | Future Perfect | | Past Anterior |
|---|---|---|---|
| io | avrò confuso | | ebbi confuso |

## CONDITIONAL · SUBJUNCTIVE

|  | Present | Present | Imperfect |
|---|---|---|---|
| io | confonderei | confonda | confondessi |
| tu | confonderesti | confonda | confondessi |
| lui/lei/Lei | confonderebbe | confonda | confondesse |
| noi | confonderemmo | confondiamo | confondessimo |
| voi | confondereste | confondiate | confondeste |
| loro/Loro | confonderebbero | confondano | confondessero |

|  | Perfect | Perfect | Pluperfect |
|---|---|---|---|
| io | avrei confuso | abbia confuso | avessi confuso |

| GERUND | PAST PARTICIPLE | IMPERATIVE |
|---|---|---|
| confondendo | confuso | confondi, confonda, confondiamo, confondete, confondano |

**Paolo mi confonde con mia sorella.** *Paolo confuses me with my sister.*
**Le loro chiacchiere mi confondono le idee.** *Their chatter confuses me.*
**Il loro comportamento mi confuse.** *Their behaviour confounded me.*
**Perché avete confuso tutti i libri?** *Why have you muddled up all the books?*
**Scusa, mi sono confuso.** *Sorry, I got mixed up/made a mistake.*
**Paolo si confonde tra la folla.** *Paolo mingles with the crowd.*
**Non confonderlo!** *Do not muddle him!*

**la confusione** *confusion, disorder*
**confusamente** *confusedly, in a muddled manner*
**essere un confusionario** *to be a muddler*

# conoscere *to know* tr.

## INDICATIVE

|  | Present | Imperfect | Perfect |
|---|---|---|---|
| io | conosco | conoscevo | ho conosciuto |
| tu | conosci | conoscevi | hai conosciuto |
| lui/lei/Lei | conosce | conosceva | ha conosciuto |
| noi | conosciamo | conoscevamo | abbiamo conosciuto |
| voi | conoscete | conoscevate | avete conosciuto |
| loro/Loro | conoscono | conoscevano | hanno conosciuto |

|  | Future | Pluperfect | Past Historic |
|---|---|---|---|
| io | conoscerò | avevo conosciuto | conobbi |
| tu | conoscerai | avevi conosciuto | conoscesti |
| lui/lei/Lei | conoscerà | aveva conosciuto | conobbe |
| noi | conosceremo | avevamo conosciuto | conoscemmo |
| voi | conoscerete | avevate conosciuto | conosceste |
| loro/Loro | conosceranno | avevano conosciuto | conobbero |

|  | Future Perfect |  | Past Anterior |
|---|---|---|---|
| io | avrò conosciuto |  | ebbi conosciuto |

## CONDITIONAL     SUBJUNCTIVE

|  | Present | Present | Imperfect |
|---|---|---|---|
| io | conoscerei | conosca | conoscessi |
| tu | conosceresti | conosca | conoscessi |
| lui/lei/Lei | conoscerebbe | conosca | conoscesse |
| noi | conosceremmo | conosciamo | conoscessimo |
| voi | conoscereste | conosciate | conosceste |
| loro/Loro | conoscerebbero | conoscano | conoscessero |

|  | Perfect | Perfect | Pluperfect |
|---|---|---|---|
| io | avrei conosciuto | abbia conosciuto | avessi conosciuto |

| GERUND | PAST PARTICIPLE | IMPERATIVE |
|---|---|---|
| conoscendo | conosciuto | conosci, conosca, conosciamo, conoscete, conoscano |

**Conosco Londra molto bene.** *I know London very well.*
**Luigi conosce l'italiano.** *Luigi knows Italian.*
**Hanno conosciuto mio fratello.** *They have met my brother.*
**Ci siamo conosciuti un anno fa.** *We met a year ago.*
**Conoscevamo la strada giusta.** *We knew the right way.*
**far conoscere** *to introduce*
**Conosci te stesso.** *Know yourself.*
**Maria conosce questo brano per filo e per segno.** *Maria knows this piece inside out.*
**Paolo conosceva il suo mestiere.** *Paolo knew his job.*

**il/la conoscente** *acquaintance*
**la conoscenza** *knowledge*
**venire a conoscenza di** *to find out about*

**il conoscitore/la conoscitrice** *connoisseur*
**conoscitore di vini** *wine connoisseur*

# 39 continuare  *to carry on*  intr./tr.

## INDICATIVE

| | Present | Imperfect | Perfect |
|---|---|---|---|
| io | continuo | continuavo | ho continuato |
| tu | continui | continuavi | hai continuato |
| lui/lei/Lei | continua | continuava | ha continuato |
| noi | continuiamo | continuavamo | abbiamo continuato |
| voi | continuate | continuavate | avete continuato |
| loro/Loro | continuano | continuavano | hanno continuato |

| | Future | Pluperfect | Past Historic |
|---|---|---|---|
| io | continuerò | avevo continuato | continuai |
| tu | continuerai | avevi continuato | continuasti |
| lui/lei/Lei | continuerà | aveva continuato | continuò |
| noi | continueremo | avevamo continuato | continuammo |
| voi | continuerete | avevate continuato | continuaste |
| loro/Loro | continueranno | avevano continuato | continuarono |

| | Future Perfect | | Past Anterior |
|---|---|---|---|
| io | avrò continuato | | ebbi continuato |

## CONDITIONAL   SUBJUNCTIVE

| | Present | Present | Imperfect |
|---|---|---|---|
| io | continuerei | continui | continuassi |
| tu | continueresti | continui | continuassi |
| lui/lei/Lei | continuerebbe | continui | continuasse |
| noi | continueremmo | continuiamo | continuassimo |
| voi | continuereste | continuiate | continuaste |
| loro/Loro | continuerebbero | continuino | continuassero |

| | Perfect | Perfect | Pluperfect |
|---|---|---|---|
| io | avrei continuato | abbia continuato | avessi continuato |

| GERUND | PAST PARTICIPLE | IMPERATIVE |
|---|---|---|
| continuando | continuato | continua, continui, continuiamo, continuate, continuino |

**Luigi continuò a parlare.** *Luigi carried on speaking.*
**Continueranno la tradizione.** *They will keep up the tradition.*
**La strada continua oltre la valle.** *The road goes on beyond the valley.*
**continua** *to be continued*
**La vita continua.** *Life goes on.*
**Il malato deve continuare la cura.** *The patient must keep up the treatment.*
**Continua pure, non interromperti.** *Carry on, don't stop.*

**continuamente** *non-stop*
**continuato** *uninterruped*
**orario continuato** *continuous working hours, all-day opening*
**la continuità** *continuity*

# convincere *to convince* tr. **40**

## INDICATIVE

| | Present | Imperfect | Perfect |
|---|---|---|---|
| io | convinco | convincevo | ho convinto |
| tu | convinci | convincevi | hai convinto |
| lui/lei/Lei | convince | convinceva | ha convinto |
| noi | convinciamo | convincevamo | abbiamo convinto |
| voi | convincete | convincevate | avete convinto |
| loro/Loro | convincono | convincevano | hanno convinto |

| | Future | Pluperfect | Past Historic |
|---|---|---|---|
| io | convincerò | avevo convinto | convinsi |
| tu | convincerai | avevi convinto | convincesti |
| lui/lei/Lei | convincerà | aveva convinto | convinse |
| noi | convinceremo | avevamo convinto | convincemmo |
| voi | convincerete | avevate convinto | convinceste |
| loro/Loro | convinceranno | avevano convinto | convisero |

| | Future Perfect | | Past Anterior |
|---|---|---|---|
| io | avrò convinto | | ebbi convinto |

## CONDITIONAL    SUBJUNCTIVE

| | Present | Present | Imperfect |
|---|---|---|---|
| io | convincerei | convinca | convincessi |
| tu | convinceresti | convinca | convincessi |
| lui/lei/Lei | convincerebbe | convinca | convincesse |
| noi | convinceremmo | convinciamo | convincessimo |
| voi | convincereste | convinciate | convinceste |
| loro/Loro | convincerebbero | convincano | convincessero |

| | Perfect | Perfect | Pluperfect |
|---|---|---|---|
| io | avrei convinto | abbia convinto | avessi convinto |

| GERUND | PAST PARTICIPLE | IMPERATIVE |
|---|---|---|
| convincendo | convinto | convinci, convinca, convinciamo, convincete, convincano |

**Lo convinsi a venire.** *I convinced him to come.*
**Mi hai convinto.** *You have talked me into it.*
**La convinsero del suo errore.** *They convinced her of her mistake.*
**Non mi convinco.** *I am not persuaded.*

**convincente** *convincing*
**argomento convincente** *convincing argument*
**una scusa poco convincente** *a lame excuse*
**Il tuo discorso è convincente.** *Your speech is convincing.*

**la convinzione** *conviction, persuasion*
**convinzioni religiose** *religious beliefs*
**avere la convinzione che...** *to be convinced that...*
**L'insegnante parla con convinzione.** *The teacher speaks with conviction.*

# 41 correre *to run* intr.

## INDICATIVE

| | Present | Imperfect | Perfect |
|---|---|---|---|
| io | corro | correvo | sono corso/a |
| tu | corri | correvi | sei corso/a |
| lui/lei/Lei | corre | correva | è corso/a |
| noi | corriamo | correvamo | siamo corsi/e |
| voi | correte | correvate | siete corsi/e |
| loro/Loro | corrono | correvano | sono corsi/e |

| | Future | Pluperfect | Past Historic |
|---|---|---|---|
| io | correrò | ero corso/a | corsi |
| tu | correrai | eri corso/a | corresti |
| lui/lei/Lei | correrà | era corso/a | corse |
| noi | correremo | eravamo corsi/e | corremmo |
| voi | correrete | eravate corsi/e | correste |
| loro/Loro | correranno | erano corsi/e | corsero |

| | Future Perfect | | Past Anterior |
|---|---|---|---|
| io | sarò corso/a | | fui corso/a |

## CONDITIONAL    SUBJUNCTIVE

| | Present | Present | Imperfect |
|---|---|---|---|
| io | correrei | corra | corressi |
| tu | correresti | corra | corressi |
| lui/lei/Lei | correrebbe | corra | corresse |
| noi | correremmo | corriamo | corressimo |
| voi | correreste | corriate | correste |
| loro/Loro | correrebbero | corrano | corressero |

| | Perfect | Perfect | Pluperfect |
|---|---|---|---|
| io | sarei corso/a | sia corso/a | fossi corso/a |

| GERUND | PAST PARTICIPLE | IMPERATIVE |
|---|---|---|
| correndo | corso/a/i/e | corri, corra, corriamo, correte, corrano |

**Non correre! Si scivola qui.** *Don't run! It's slippery here.*
**Corro a casa.** *I am running home.*
**L'auto correva veloce.** *The car was travelling fast.*
**Corri, è tardi!** *Hurry, it is late!*
**Il mio pensiero corre a te.** *My thoughts go out to you.*
**correre il rischio di** *to run the risk of*
**correre un pericolo** *to be in danger*
**Lascia correre.** *Let it go.*
**Corre voce che...** *There is a rumour that...*

**il corridore** *runner*                          **il corridoio** *corridor*
**corridore automobilista** *racing driver*        **il corriere** *messenger, courier*
**la corsa** *running, race*
**cavallo da corsa** *racehorse*

# credere  *to believe*  intr./tr.  **42**

## INDICATIVE

|  | Present | Imperfect | Perfect |
|---|---|---|---|
| io | credo | credevo | ho creduto |
| tu | credi | credevi | hai creduto |
| lui/lei/Lei | crede | credeva | ha creduto |
| noi | crediamo | credevamo | abbiamo creduto |
| voi | credete | credevate | avete creduto |
| loro/Loro | credono | credevano | hanno creduto |

|  | Future | Pluperfect | Past Historic |
|---|---|---|---|
| io | crederò | avevo creduto | credei (credetti) |
| tu | crederai | avevi creduto | credesti |
| lui/lei/Lei | crederà | aveva creduto | credè (credette) |
| noi | crederemo | avevamo creduto | credemmo |
| voi | crederete | avevate creduto | credeste |
| loro/Loro | crederanno | avevano creduto | crederono (credettero) |

|  | Future Perfect | | Past Anterior |
|---|---|---|---|
| io | avrò creduto | | ebbi creduto |

## CONDITIONAL   SUBJUNCTIVE

|  | Present | Present | Imperfect |
|---|---|---|---|
| io | crederei | creda | credessi |
| tu | crederesti | creda | credessi |
| lui/lei/Lei | crederebbe | creda | credesse |
| noi | crederemmo | crediamo | credessimo |
| voi | credereste | crediate | credeste |
| loro/Loro | crederebbero | credano | credessero |

|  | Perfect | Perfect | Pluperfect |
|---|---|---|---|
| io | avrei creduto | abbia creduto | avessi creduto |

| GERUND | PAST PARTICIPLE | IMPERATIVE |
|---|---|---|
| credendo | creduto | credi, creda, crediamo, credete, credano |

**Paolo ha creduto a tutto.** *Paolo has believed everything.*
**Credono in Dio.** *They believe in God.*
**Ti credono uno stupido.** *They consider you a fool.*
**Credi che farà bel tempo? Credo di sì.** *Do you think the weather will be fine?*
  *Yes, I think so.*
**Crede di sapere tutto.** *He thinks he knows everything.*
**Credevo che non fosse possibile.** *I thought it was not possible.*
**Ha creduto bene ignorarlo.** *She thought it best to ignore him.*
**dare a credere** *to get someone to believe something*
**Le credettero sulla parola.** *They trusted her word.*
**Paolo fa un po' quel che crede.** *Paolo does as he likes.*

**il/la credente** *believer*          **credibile** *believable, trustworthy*
**la credenza** *belief*

# 43 crescere *to grow* intr.

## INDICATIVE

| | Present | Imperfect | Perfect |
|---|---|---|---|
| io | cresco | crescevo | sono cresciuto/a |
| tu | cresci | crescevi | sei cresciuto/a |
| lui/lei/Lei | cresce | cresceva | è cresciuto/a |
| noi | cresciamo | crescevamo | siamo cresciuti/e |
| voi | crescete | crescevate | siete cresciuti/e |
| loro/Loro | crescono | crescevano | sono cresciuti/e |

| | Future | Pluperfect | Past Historic |
|---|---|---|---|
| io | crescerò | ero cresciuto/a | crebbi |
| tu | crescerai | eri cresciuto/a | crescesti |
| lui/lei/Lei | crescerà | era cresciuto/a | crebbe |
| noi | cresceremo | eravamo cresciuti/e | crescemmo |
| voi | crescerete | eravate cresciuti/e | cresceste |
| loro/Loro | cresceranno | erano cresciuti/e | crebbero |

| | Future Perfect | | Past Anterior |
|---|---|---|---|
| io | sarò cresciuto/a | | fui cresciuto/a |

## CONDITIONAL    SUBJUNCTIVE

| | Present | Present | Imperfect |
|---|---|---|---|
| io | crescerei | cresca | crecessi |
| tu | cresceresti | cresca | crescessi |
| lui/lei/Lei | crescerebbe | cresca | crescesse |
| noi | cresceremmo | cresciamo | crescessimo |
| voi | crescereste | cresciate | cresceste |
| loro/Loro | crescerebbero | crescano | crescessero |

| | Perfect | Perfect | Pluperfect |
|---|---|---|---|
| io | sarei cresciuto/a | sia cresciuto/a | fossi cresciuto/a |

| GERUND | PAST PARTICIPLE | IMPERATIVE |
|---|---|---|
| crescendo | cresciuto/a/i/e | cresci, cresca, cresciamo, crescete, crescano |

**I bambini crescono in fretta.** *Children grow up quickly.*
**I fiori sono cresciuti nel giardino.** *The flowers have grown in the garden.*
**La popolazione cresce costantemente.** *The population increases constantly.*
**Maria si fece crescere i capelli.** *Maria let her hair grow.*
**farsi crescere la barba** *to grow a beard*
**crescere in fama** *to become more famous*
**Sono cresciuta di peso.** *I have put on weight.*
**Il bambino cresceva a vista d'occhio.** *The child was growing quickly.*

**crescente** *growing*
**luna crescente** *waxing moon*
**la crescita** *growth*
**la crescita dei prezzi** *the rise in prices*

# cucire  *to sew*  tr.  **44**

## INDICATIVE

|  | Present | Imperfect | Perfect |
|---|---|---|---|
| io | cucio | cucivo | ho cucito |
| tu | cuci | cucivi | hai cucito |
| lui/lei/Lei | cuce | cuciva | ha cucito |
| noi | cuciamo | cucivamo | abbiamo cucito |
| voi | cucite | cucivate | avete cucito |
| loro/Loro | cuciono | cucivano | hanno cucito |

|  | Future | Pluperfect | Past Historic |
|---|---|---|---|
| io | cucirò | avevo cucito | cucii |
| tu | cucirai | avevi cucito | cucisti |
| lui/lei/Lei | cucirà | aveva cucito | cucì |
| noi | cuciremo | avevamo cucito | cucimmo |
| voi | cucirete | avevate cucito | cuciste |
| loro/Loro | cuciranno | avevano cucito | cucirono |

|  | Future Perfect | | Past Anterior |
|---|---|---|---|
| io | avrò cucito | | ebbi cucito |

## CONDITIONAL  SUBJUNCTIVE

|  | Present | Present | Imperfect |
|---|---|---|---|
| io | cucirei | cucia | cucissi |
| tu | cuciresti | cucia | cucissi |
| lui/lei/Lei | cucirebbe | cucia | cucisse |
| noi | cuciremmo | cuciamo | cucissimo |
| voi | cucireste | cuciate | cuciste |
| loro/Loro | cucirebbero | cuciano | cucissero |

|  | Perfect | Perfect | Pluperfect |
|---|---|---|---|
| io | avrei cucito | abbia cucito | avessi cucito |

## GERUND  PAST PARTICIPLE  IMPERATIVE

| | | |
|---|---|---|
| cucendo | cucito | cuci, cucia, cuciamo, cucite, cuciano |

**Hai cucito il mio vestito?**  *Have you sewn my dress?*
**La sarta lo cuce a mano.**  *The seamstress hand-sews it.*
**Paolo ha cucito un bottone alla sua camicia.**  *Paolo has sewn a button on to his shirt.*
**Cuciono a zig-zag.**  *They do zigzag stitching.*
**cucirsi la bocca**  *to keep one's mouth shut*
**cucire la bocca a qualcuno**  *to shut someone's mouth*
**Ho la bocca cucita.**  *My lips are sealed.*
**Il dottore cucirà la ferita.**  *The doctor will stitch the wound.*

**il cucitore/la cucitrice**  *sewer*
**la cucitrice**  *stapler*

**la cucitura**  *seam*
**la macchina da cucire**  *sewing machine*

# 45 cuocere *to cook* tr.

## INDICATIVE

| | Present | Imperfect | Perfect |
|---|---|---|---|
| io | cuocio | c(u)ocevo | ho cotto |
| tu | cuoci | c(u)ocevi | hai cotto |
| lui/lei/Lei | cuoce | c(u)oceva | ha cotto |
| noi | c(u)ociamo | c(u)ocevamo | abbiamo cotto |
| voi | c(u)ocete | c(u)ocevate | avete cotto |
| loro/Loro | cuociono | c(u)ocevano | hanno cotto |

| | Future | Pluperfect | Past Historic |
|---|---|---|---|
| io | c(u)ocerò | avevo cotto | cossi |
| tu | c(u)ocerai | avevi cotto | c(u)ocesti |
| lui/lei/Lei | c(u)ocerà | aveva cotto | cosse |
| noi | c(u)oceremo | avevamo cotto | c(u)ocemmo |
| voi | c(u)ocerete | avevate cotto | c(u)oceste |
| loro/Loro | c(u)oceranno | avevano cotto | cossero |

| | Future Perfect | | Past Anterior |
|---|---|---|---|
| io | avrò cotto | | ebbi cotto |

## CONDITIONAL  SUBJUNCTIVE

| | Present | Present | Imperfect |
|---|---|---|---|
| io | c(u)ocerei | cuocia | c(u)ocessi |
| tu | c(u)oceresti | cuocia | c(u)ocessi |
| lui/lei/Lei | c(u)ocerebbe | cuocia | c(u)ocesse |
| noi | c(u)oceremmo | c(u)ociamo | c(u)ocessimo |
| voi | c(u)ocereste | c(u)ociate | c(u)oceste |
| loro/Loro | c(u)ocerebbero | cuociano | c(u)ocessero |

| | Perfect | Perfect | Pluperfect |
|---|---|---|---|
| io | avrei cotto | abbia cotto | avessi cotto |

| GERUND | PAST PARTICIPLE | IMPERATIVE |
|---|---|---|
| c(u)ocendo | cotto | cuoci, cuocia, c(u)ociamo, c(u)ocete, cuociano |

**Sto cuocendo il riso.** *I am cooking rice.*
**La cena è cotta.** *Dinner is cooked.*
**Hanno cotto questa carne in umido.** *They have stewed this meat.*
**cuocere al forno** *to bake*
**Paolo sta cuocendo sulla spiaggia.** *Paolo is sunbathing on the beach.*
**Lasciala cuocere nel suo brodo.** *Let her stew in her own juice.*

**il cuoco/la cuoca** *cook*
**la cottura** *cooking*
**il grado di cottura** *cooking temperature*
**essere a mezza cottura** *to be half-baked*
**essere (innamorato) cotto** *to be head-over-heels in love*

# dare *to give* tr.

## INDICATIVE

|  | Present | Imperfect | Perfect |
|---|---|---|---|
| io | do | davo | ho dato |
| tu | dai | davi | hai dato |
| lui/lei/Lei | dà | dava | ha dato |
| noi | diamo | davamo | abbiamo dato |
| voi | date | davate | avete dato |
| loro/Loro | danno | davano | hanno dato |

|  | Future | Pluperfect | Past Historic |
|---|---|---|---|
| io | darò | avevo dato | diedi (detti) |
| tu | darai | avevi dato | desti |
| lui/lei/Lei | darà | aveva dato | diede (dette) |
| noi | daremo | avevamo dato | demmo |
| voi | darete | avevate dato | deste |
| loro/Loro | daranno | avevano dato | diedero (dettero) |

|  | Future Perfect | | Past Anterior |
|---|---|---|---|
| io | avrò dato | | ebbi dato |

## CONDITIONAL    SUBJUNCTIVE

|  | Present | Present | Imperfect |
|---|---|---|---|
| io | darei | dia | dessi |
| tu | daresti | dia | dessi |
| lui/lei/Lei | darebbe | dia | desse |
| noi | daremmo | diamo | dessimo |
| voi | dareste | diate | deste |
| loro/Loro | darebbero | diano | dessero |

|  | Perfect | Perfect | Pluperfect |
|---|---|---|---|
| io | avrei dato | abbia dato | avessi dato |

| GERUND | PAST PARTICIPLE | IMPERATIVE |
|---|---|---|
| dando | dato | da'/dai, dia, diamo, date, diano |

**Ti ho dato cinquanta euro.** *I have given you fifty euros.*
**Diede la vita per il suo amico.** *He gave his life for his friend.*
**Gli danno la colpa.** *They blame it on him.*
**Mi dai ragione? Non, ti do torto.** *Do you say I am right? No, I say you are wrong.*
**dare la mano a qualcuno** *to shake someone's hand*
**Quel vestito dà nell'occhio.** *That dress is eye-catching.*
**Mi diedero il benvenuto.** *They welcomed me.*
**La casa dà sul mare.** *The house looks out onto the sea.*

**la data** *date*
**data ultima** *deadline*
**il dare e l'avere** *debits and credits*

**il datore di lavoro** *employer*
**darsi al bere** *to take to drink*

# 47 decidere *to decide* tr.

## INDICATIVE

| | Present | Imperfect | Perfect |
|---|---|---|---|
| io | decido | decidevo | ho deciso |
| tu | decidi | decidevi | hai deciso |
| lui/lei/Lei | decide | decideva | ha deciso |
| noi | decidiamo | decidevamo | abbiamo deciso |
| voi | decidete | decidevate | avete deciso |
| loro/Loro | decidono | decidevano | hanno deciso |

| | Future | Pluperfect | Past Historic |
|---|---|---|---|
| io | deciderò | avevo deciso | decisi |
| tu | deciderai | avevi deciso | decidesti |
| lui/lei/Lei | deciderà | aveva deciso | decise |
| noi | decideremo | avevamo deciso | decidemmo |
| voi | deciderete | avevate deciso | decideste |
| loro/Loro | decideranno | avevano deciso | decisero |

| | Future Perfect | | Past Anterior |
|---|---|---|---|
| io | avrò deciso | | ebbi deciso |

## CONDITIONAL  SUBJUNCTIVE

| | Present | Present | Imperfect |
|---|---|---|---|
| io | deciderei | decida | decidessi |
| tu | decideresti | decida | decidessi |
| lui/lei/Lei | deciderebbe | decida | decidesse |
| noi | decideremmo | decidiamo | decidessimo |
| voi | decidereste | decidiate | decideste |
| loro/Loro | deciderebbero | decidano | decidessero |

| | Perfect | Perfect | Pluperfect |
|---|---|---|---|
| io | avrei deciso | abbia deciso | avessi deciso |

| GERUND | PAST PARTICIPLE | IMPERATIVE |
|---|---|---|
| decidendo | deciso | decidi, decida, decidiamo, decidete, decidano |

**Bisogna decidere ora.** *We must decide now.*
**Ho deciso oggi.** *I have decided today.*
**Gli operai decisero di scioperare.** *The workmen decided to strike.*
**Dobbiamo decidere la data.** *We must fix the date.*
**Deciditi.** *Make your mind up.*
**Non si decideva a dirglielo.** *He couldn't make up his mind to tell her.*
**Dobbiamo decidere la questione.** *We must settle the question.*

**la decisione** *decision*
**la decisione del tribunale** *the court's ruling*
**decisivo** *decisive*

**deciso** *definite, determined*
**deciso a tutto** *ready to do anything*
**un taglio deciso** *a clear-cut decision*

# difendere *to defend* tr. **48**

## INDICATIVE

| | Present | Imperfect | Perfect |
|---|---|---|---|
| io | difendo | difendevo | ho difeso |
| tu | difendi | difendevi | hai difeso |
| lui/lei/Lei | difende | difendeva | ha difeso |
| noi | difendiamo | difendevamo | abbiamo difeso |
| voi | difendete | difendevate | avete difeso |
| loro/Loro | difendono | difendevano | hanno difeso |

| | Future | Pluperfect | Past Historic |
|---|---|---|---|
| io | difenderò | avevo difeso | difesi |
| tu | difenderai | avevi difeso | difendesti |
| lui/lei/Lei | difenderà | aveva difeso | difese |
| noi | difenderemo | avevamo difeso | difendemmo |
| voi | difenderete | avevate difeso | difendeste |
| loro/Loro | difenderanno | avevano difeso | difesero |

| | Future Perfect | | Past Anterior |
|---|---|---|---|
| io | avrò difeso | | ebbi difeso |

## CONDITIONAL    SUBJUNCTIVE

| | Present | Present | Imperfect |
|---|---|---|---|
| io | difenderei | difenda | difendessi |
| tu | difenderesti | difenda | difendessi |
| lui/lei/Lei | difenderebbe | difenda | difendesse |
| noi | difenderemmo | difendiamo | difendessimo |
| voi | difendereste | difendiate | difendeste |
| loro/Loro | difenderebbero | difendano | difendessero |

| | Perfect | Perfect | Pluperfect |
|---|---|---|---|
| io | avrei difeso | abbia difeso | avessi difeso |

| GERUND | PAST PARTICIPLE | IMPERATIVE |
|---|---|---|
| difendendo | difeso | difendi, difenda, difendiamo, difendete, difendano |

**I soldati difesero la città.** *The soldiers defended the city.*
**Paolo difende i suoi interessi.** *Paolo looks after his own interests.*
**In italiano mi difendo.** *I get by in Italian.*
**Non posso difendere il suo atteggiamento.** *I cannot explain/tolerate his attitude.*
**difendersi dal freddo/caldo** *to protect oneself from the cold/heat*
**Paolo sa difendersi.** *Paolo knows how to look after himself.*
**Difesero la loro opinione.** *They stuck to their argument (opinion).*

**il difensore/la difenditrice** *defender*
**avvocato difensore** *counsel for the defense*
**la difesa** *defence*

**difesa personale** *self-defence*
**prendere le difese di qualcuno** *to take somebody's part*
**stare sulla difensiva** *to be on the defensive*

# 49 dimenticare *to forget* intr./tr.

## INDICATIVE

| | Present | Imperfect | Perfect |
|---|---|---|---|
| io | dimentico | dimenticavo | ho dimenticato |
| tu | dimentichi | dimenticavi | hai dimenticato |
| lui/lei/Lei | dimentica | dimenticava | ha dimenticato |
| noi | dimentichiamo | dimenticavamo | abbiamo dimenticato |
| voi | dimenticate | dimenticavate | avete dimenticato |
| loro/Loro | dimenticano | dimenticavano | hanno dimenticato |

| | Future | Pluperfect | Past Historic |
|---|---|---|---|
| io | dimenticherò | avevo dimenticato | dimenticai |
| tu | dimenticherai | avevi dimenticato | dimenticasti |
| lui/lei/Lei | dimenticherà | aveva dimenticato | dimenticò |
| noi | dimenticheremo | avevamo dimenticato | dimenticammo |
| voi | dimenticherete | avevate dimenticato | dimenticaste |
| loro/Loro | dimenticheranno | avevano dimenticato | dimenticarono |

| | Future Perfect | | Past Anterior |
|---|---|---|---|
| io | avrò dimenticato | | ebbi dimenticato |

## CONDITIONAL  SUBJUNCTIVE

| | Present | Present | Imperfect |
|---|---|---|---|
| io | dimenticherei | dimentichi | dimenticassi |
| tu | dimenticheresti | dimentichi | dimenticassi |
| lui/lei/Lei | dimenticherebbe | dimentichi | dimenticasse |
| noi | dimenticheremmo | dimentichiamo | dimenticassimo |
| voi | dimentichereste | dimentichiate | dimenticaste |
| loro/Loro | dimenticherebbero | dimentichino | dimenticassero |

| | Perfect | Perfect | Pluperfect |
|---|---|---|---|
| io | avrei dimenticato | abbia dimenticato | avessi dimenticato |

| GERUND | PAST PARTICIPLE | IMPERATIVE |
|---|---|---|
| dimenticando | dimenticato | dimentica, dimentichi, dimentichiamo, dimenticate, dimentichino |

**Ho dimenticato l'ombrello.** *I have forgotten my umbrella.*
**Non dimenticare i tuoi amici.** *Do not forget your friends.*
**Paolo si dimenticò tutto.** *Paolo forgot everything.*
**Vi siete dimenticati di telefonare?** *Did you forget to phone?*
**dimenticare un'offesa** *to forgive an offence*
**Dimentica il passato!** *Let bygones be bygones!*
**Non dimenticare i tuoi doveri.** *Do not neglect your duties.*
**Faremo dimenticare lo scandalo.** *We will live down the scandal.*

**la dimenticanza** *oversight*
**cadere in dimenticanza** *to be forgotten*
**dimenticato** *forgotten, neglected*

# dipendere *to depend* intr. **50**

## INDICATIVE

| | Present | Imperfect | Perfect |
|---|---|---|---|
| io | dipendo | dipendevo | sono dipeso/a |
| tu | dipendi | dipendevi | sei dipeso/a |
| lui/lei/Lei | dipende | dipendeva | è dipeso/a |
| noi | dipendiamo | dipendevamo | siamo dipesi/e |
| voi | dipendete | dipendevate | siete dipesi/e |
| loro/Loro | dipendono | dipendevano | sono dipesi/e |

| | Future | Pluperfect | Past Historic |
|---|---|---|---|
| io | dipenderò | ero dipeso/a | dipesi |
| tu | dipenderai | eri dipeso/a | dipendesti |
| lui/lei/Lei | dipenderà | era dipeso/a | dipese |
| noi | dipenderemo | eravamo dipesi/e | dipendemmo |
| voi | dipenderete | eravate dipesi/e | dipendeste |
| loro/Loro | dipenderanno | erano dipesi/e | dipesero |

| | Future Perfect | | Past Anterior |
|---|---|---|---|
| io | sarò dipeso/a | | fui dipeso/a |

## CONDITIONAL    SUBJUNCTIVE

| | Present | Present | Imperfect |
|---|---|---|---|
| io | dipenderei | dipenda | dipendessi |
| tu | dipenderesti | dipenda | dipendessi |
| lui/lei/Lei | dipenderebbe | dipenda | dipendesse |
| noi | dipenderemmo | dipendiamo | dipendessimo |
| voi | dipendereste | dipendiate | dipendeste |
| loro/Loro | dipenderebbero | dipendano | dipendessero |

| | Perfect | Perfect | Pluperfect |
|---|---|---|---|
| io | sarei dipeso/a | sia dipeso/a | fossi dipeso/a |

| GERUND | PAST PARTICIPLE | IMPERATIVE |
|---|---|---|
| dipendendo | dipeso/a/i/e | dipendi, dipenda, dipendiamo, dipendete, dipendano |

**Dipende dal tempo.** *It depends on the weather.*
**Paolo dipendeva da sua madre.** *Paolo used to depend upon his mother.*
**Il personale dipende da lui.** *He is in charge of the staff.*
**Questa banca dipende dall'ufficio centrale.** *This bank reports to the head office.*
**dipendere solo dall'ignoranza** *to be entirely due to ignorance*
**Dipende!** *It all depends!*
**Dipende da te.** *It is up to you.*
**Dipendesse da te...** *If it were up to you,...*

**il/la dipendente** *employee*
**la dipendenza** *dependence, addiction*
**in dipendenza di ciò** *as a consequence of this*
**essere alle dipendenze di qualcuno** *to be in somebody's employ*

# 51 dipingere *to paint, depict* tr.

## INDICATIVE

| | Present | Imperfect | Perfect |
|---|---|---|---|
| io | dipingo | dipingevo | ho dipinto |
| tu | dipingi | dipingevi | hai dipinto |
| lui/lei/Lei | dipinge | dipingeva | ha dipinto |
| noi | dipingiamo | dipingevamo | abbiamo dipinto |
| voi | dipingete | dipingevate | avete dipinto |
| loro/Loro | dipingono | dipingevano | hanno dipinto |

| | Future | Pluperfect | Past Historic |
|---|---|---|---|
| io | dipingerò | avevo dipinto | dipinsi |
| tu | dipingerai | avevi dipinto | dipingesti |
| lui/lei/Lei | dipingerà | aveva dipinto | dipinse |
| noi | dipingeremo | avevamo dipinto | dipingemmo |
| voi | dipingerete | avevate dipinto | dipingeste |
| loro/Loro | dipingeranno | avevano dipinto | dipinsero |

| | Future Perfect | | Past Anterior |
|---|---|---|---|
| io | avrò dipinto | | ebbi dipinto |

## CONDITIONAL    SUBJUNCTIVE

| | Present | Present | Imperfect |
|---|---|---|---|
| io | dipingerei | dipinga | dipingessi |
| tu | dipingeresti | dipinga | dipingessi |
| lui/lei/Lei | dipingerebbe | dipinga | dipingesse |
| noi | dipingeremmo | dipingiamo | dipingessimo |
| voi | dipingereste | dipingiate | dipingeste |
| loro/Loro | dipingerebbero | dipingano | dipingessero |

| | Perfect | Perfect | Pluperfect |
|---|---|---|---|
| io | avrei dipinto | abbia dipinto | avessi dipinto |

| GERUND | PAST PARTICIPLE | IMPERATIVE |
|---|---|---|
| dipingendo | dipinto | dipingi, dipinga, dipingiamo, dipingete, dipingano |

**Oggi dipingo le pareti della casa.** *Today I am painting the walls of the house.*
**L'insegnante lo dipinse come un idiota.** *The teacher depicted him as an idiot.*
**La ragazza si dipinge troppo.** *The girl uses too much make-up.*
**Il cielo si stava dipingendo di rosso.** *The sky was turning red.*
**dipingere su tela** *to paint on canvas*
**dipingere ad acquarello** *to paint in watercolours*
**Questo artista dipinge ad olio.** *This artist paints in oils.*
**Quel pittore dipinge dal vero.** *That painter paints from life.*

**il pittore/la pittrice** *painter*
**il dipinto** *painting*
**dipinto ad olio** *oil painting*
**pittura murale** *mural fresco*

# dire  *to say, tell*  tr.  **52**

## INDICATIVE

|  | Present | Imperfect | Perfect |
|---|---|---|---|
| io | dico | dicevo | ho detto |
| tu | dici | dicevi | hai detto |
| lui/lei/Lei | dice | diceva | ha detto |
| noi | diciamo | dicevamo | abbiamo detto |
| voi | dite | dicevate | avete detto |
| loro/Loro | dicono | dicevano | hanno detto |

|  | Future | Pluperfect | Past Historic |
|---|---|---|---|
| io | dirò | avevo detto | dissi |
| tu | dirai | avevi detto | dicesti |
| lui/lei/Lei | dirà | aveva detto | disse |
| noi | diremo | avevamo detto | dicemmo |
| voi | direte | avevate detto | diceste |
| loro/Loro | diranno | avevano detto | dissero |

|  | Future Perfect | | Past Anterior |
|---|---|---|---|
| io | avrò detto | | ebbi detto |

## CONDITIONAL   SUBJUNCTIVE

|  | Present | Present | Imperfect |
|---|---|---|---|
| io | direi | dica | dicessi |
| tu | diresti | dica | dicessi |
| lui/lei/Lei | direbbe | dica | dicesse |
| noi | diremmo | diciamo | dicessimo |
| voi | direste | diciate | diceste |
| loro/Loro | direbbero | dicano | dicessero |

|  | Perfect | Perfect | Pluperfect |
|---|---|---|---|
| io | avrei detto | abbia detto | avessi detto |

| GERUND | PAST PARTICIPLE | IMPERATIVE |
|---|---|---|
| dicendo | detto | di', dica, diciamo, dite, dicano |

**Non ho detto niente.** *I have not said anything.*
**Dico le preghiere.** *I say my prayers.*
**Dimmi che cosa è successo.** *Tell me what happened.*
**Le ho detto di scrivermi.** *I told her to write to me.*
**Luigi ha detto la sua.** *Luigi had his say.*
**dire bene di qualcuno** *to speak well of someone*
**Fra il dire e il fare c'è di mezzo il mare.** *It's easier said than done.*
**Non dire stupidaggini!** *Do not talk nonsense!*
**Come sarebbe a dire?** *What do you mean?*
**Maria dice pane al pane e vino al vino.** *Maria calls a spade a spade.*

**Hai un bel dire.** *You can talk as much as you like.*

# 53 discutere *to discuss* tr.

## INDICATIVE

| | Present | Imperfect | Perfect |
|---|---|---|---|
| io | discuto | discutevo | ho discusso |
| tu | discuti | discutevi | hai discusso |
| lui/lei/Lei | discute | discuteva | ha discusso |
| noi | discutiamo | discutevamo | abbiamo discusso |
| voi | discutete | discutevate | avete discusso |
| loro/Loro | discutono | discutevano | hanno discusso |

| | Future | Pluperfect | Past Historic |
|---|---|---|---|
| io | discuterò | avevo discusso | discussi |
| tu | discuterai | avevi discusso | discutesti |
| lui/lei/Lei | discuterà | aveva discusso | discusse |
| noi | discuteremo | avevamo discusso | discutemmo |
| voi | discuterete | avevate discusso | discuteste |
| loro/Loro | discuteranno | avevano discusso | discussero |

| | Future Perfect | | Past Anterior |
|---|---|---|---|
| io | avrò discusso | | ebbi discusso |

## CONDITIONAL  SUBJUNCTIVE

| | Present | Present | Imperfect |
|---|---|---|---|
| io | discuterei | discuta | discutessi |
| tu | discuteresti | discuta | discutessi |
| lui/lei/Lei | discuterebbe | discuta | discutesse |
| noi | discuteremmo | discutiamo | discutessimo |
| voi | discutereste | discutiate | discuteste |
| loro/Loro | discuterebbero | discutano | discutessero |

| | Perfect | Perfect | Pluperfect |
|---|---|---|---|
| io | avrei discusso | abbia discusso | avessi discusso |

| GERUND | PAST PARTICIPLE | IMPERATIVE |
|---|---|---|
| discutendo | discusso | discuti, discuta, discutiamo, discutete, discutano |

**Abbiamo discusso per ore.** *We have talked it over for hours.*
**Non discuto quello che dici.** *I am not disputing what you are saying.*
**Gli piace discutere di musica.** *He likes talking about music.*
**Non discussero gli ordini.** *They did not question the orders.*
**discutere un progetto di legge** *to discuss/debate a bill*
**I clienti discussero dei prezzi.** *The customers argued over the prices.*
**Abbiamo già discusso a fondo la faccenda.** *We have already argued at length.*
**È un punto discutibile.** *It's a moot point.*

**discutibile** *arguable, debatable*
**la discussione** *discussion*
**discusso** *argued*

# distrarre *to distract* tr. **54**

## INDICATIVE

| | Present | Imperfect | Perfect |
|---|---|---|---|
| io | distraggo | distraevo | ho distratto |
| tu | distrai | distraevi | hai distratto |
| lui/lei/Lei | distrae | distraeva | ha distratto |
| noi | distraiamo | distraevamo | abbiamo distratto |
| voi | distraete | distraevate | avete distratto |
| loro/Loro | distraggono | distraevano | hanno distratto |

| | Future | Pluperfect | Past Historic |
|---|---|---|---|
| io | distrarrò | avevo distratto | distrassi |
| tu | distrarrai | avevi distratto | distraesti |
| lui/lei/Lei | distrarrà | aveva distratto | distrasse |
| noi | distrarremo | avevamo distratto | distraemmo |
| voi | distrarrete | avevate distratto | distraeste |
| loro/Loro | distrarranno | avevano distratto | distrassero |

| | Future Perfect | | Past Anterior |
|---|---|---|---|
| io | avrò distratto | | ebbi distratto |

## CONDITIONAL   SUBJUNCTIVE

| | Present | Present | Imperfect |
|---|---|---|---|
| io | distrarrei | distragga | distraessi |
| tu | distrarresti | distragga | distraessi |
| lui/lei/Lei | distrarrebbe | distragga | distraesse |
| noi | distrarremmo | distraiamo | distraessimo |
| voi | distrarreste | distraiate | distraeste |
| loro/Loro | distrarrebbero | distraggano | distraessero |

| | Perfect | Perfect | Pluperfect |
|---|---|---|---|
| io | avrei distratto | abbia distratto | avessi distratto |

## GERUND   PAST PARTICIPLE   IMPERATIVE

| GERUND | PAST PARTICIPLE | IMPERATIVE |
|---|---|---|
| distraendo | distratto | distrai, distragga, distraiamo, distraete, distraggano |

**Il rumore delle macchine mi distrae dalla lettura.** *The noise of the cars distracts me from my reading.*
**Come possiamo distrarla dai suoi esami?** *How can we get her mind off her exams?*
**Distrassero il nemico.** *They distracted the enemy.*
**Ho bisogno di distrarmi un po'.** *I need some relaxation.*
**distrarre la mente** *to distract the mind*
**distrarsi** *to lose concentration*
**Non distrarti!** *Pay attention!*
**Distrassero lo sguardo.** *They looked away.*

**la distrazione** *distraction, absent-mindedness*
**distrattamente** *absent-mindedly*

**distratto** *careless*
**un errore di distrazione** *a slip*

# 55 distruggere *to destroy* tr.

## INDICATIVE

|  | Present | Imperfect | Perfect |
|---|---|---|---|
| io | distruggo | distruggevo | ho distrutto |
| tu | distruggi | distruggevi | hai distrutto |
| lui/lei/Lei | distrugge | distruggeva | ha distrutto |
| noi | distruggiamo | distruggevamo | abbiamo distrutto |
| voi | distruggete | distruggevate | avete distrutto |
| loro/Loro | distruggono | distruggevano | hanno distrutto |

|  | Future | Pluperfect | Past Historic |
|---|---|---|---|
| io | distruggerò | avevo distrutto | distrussi |
| tu | distruggerai | avevi distrutto | distruggesti |
| lui/lei/Lei | distruggerà | aveva distrutto | distrusse |
| noi | distruggeremo | avevamo distrutto | distruggemmo |
| voi | distruggerete | avevate distrutto | distruggeste |
| loro/Loro | distruggeranno | avevano distrutto | distrussero |

|  | Future Perfect |  | Past Anterior |
|---|---|---|---|
| io | avrò distrutto |  | ebbi distrutto |

## CONDITIONAL    SUBJUNCTIVE

|  | Present | Present | Imperfect |
|---|---|---|---|
| io | distruggerei | distrugga | distruggessi |
| tu | distruggeresti | distrugga | distruggessi |
| lui/lei/Lei | distruggerebbe | distrugga | distruggesse |
| noi | distruggeremmo | distruggiamo | distruggessimo |
| voi | distruggereste | distruggiate | distruggeste |
| loro/Loro | distruggerebbero | distruggano | distruggessero |

|  | Perfect | Perfect | Pluperfect |
|---|---|---|---|
| io | avrei distrutto | abbia distrutto | avessi distrutto |

| GERUND | PAST PARTICIPLE | IMPERATIVE |
|---|---|---|
| distruggendo | distrutto | distruggi, distrugga, distruggiamo, distruggete, distruggano |

**La bomba distrusse la città.** *The bomb destroyed the city.*
**Il brutto tempo distruggeva il raccolto.** *The bad weather was destroying the harvest.*
**L'esercito fu distrutto.** *The army was destroyed.*
**Distruggi quel libro.** *Destroy that book.*
**Il gioco d'azzardo l'ha distrutto.** *Gambling has been his ruin.*
**La donna era distrutta dal dolore.** *The woman was consumed by grief.*
**Non distruggere tutte le sue speranze.** *Do not dash all his hopes.*

**il distruttore/la distruttrice** *destroyer*
**la distruzione** *destruction*
**la critica distruttiva** *destructive criticism*
**il potere distruttivo** *destructive power*

# diventare *to become* intr. **56**

## INDICATIVE

| | Present | Imperfect | Perfect |
|---|---|---|---|
| io | divento | diventavo | sono diventato/a |
| tu | diventi | diventavi | sei diventato/a |
| lui/lei/Lei | diventa | diventava | è diventato/a |
| noi | diventiamo | diventavamo | siamo diventati/e |
| voi | diventate | diventavate | siete diventati/e |
| loro/Loro | diventano | diventavano | sono diventati/e |

| | Future | Pluperfect | Past Historic |
|---|---|---|---|
| io | diventerò | ero diventato/a | diventai |
| tu | diventerai | eri diventato/a | diventasti |
| lui/lei/Lei | diventerà | era diventato/a | diventò |
| noi | diventeremo | eravamo diventati/e | diventammo |
| voi | diventerete | eravate diventati/e | diventaste |
| loro/Loro | diventeranno | erano diventati/e | diventarono |

| | Future Perfect | | Past Anterior |
|---|---|---|---|
| io | sarò diventato | | fui diventato/a |

## CONDITIONAL    SUBJUNCTIVE

| | Present | Present | Imperfect |
|---|---|---|---|
| io | diventerei | diventi | diventassi |
| tu | diventeresti | diventi | diventassi |
| lui/lei/Lei | diventerebbe | diventi | diventasse |
| noi | diventeremmo | diventiamo | diventassimo |
| voi | diventereste | diventiate | diventaste |
| loro/Loro | diventerrebbero | diventino | diventassero |

| | Perfect | Perfect | Pluperfect |
|---|---|---|---|
| io | sarei diventato/a | sia diventato/a | fossi diventato/a |

| GERUND | PAST PARTICIPLE | IMPERATIVE |
|---|---|---|
| diventando | diventato/a/i/e | diventa, diventi, diventiamo, diventate, diventino |

**Diventerà un medico.** *He will be a doctor.*
**Luigi, come sei diventato alto!** *Luigi, how tall you have grown!*
**Sono diventati cristiani.** *They have become Christians.*
**Paolo è diventato sindaco.** *Paolo has been elected mayor.*
**Mi fai diventare matto!** *You are driving me mad!*

**diventare di tutti i colori** *to blush*
**diventare di sasso** *to be petrified*
**Quella bambina diventerà qualcuno.** *That child will become famous.*

# 57 divertirsi *to enjoy oneself* r.

## INDICATIVE

| | Present | Imperfect | Perfect |
|---|---|---|---|
| io | mi diverto | mi divertivo | mi sono divertito/a |
| tu | ti diverti | ti divertivi | ti sei divertito/a |
| lui/lei/Lei | si diverte | si divertiva | si è divertito/a |
| noi | ci divertiamo | ci divertivamo | ci siamo divertiti/e |
| voi | vi divertite | vi divertivate | vi siete divertiti/e |
| loro/Loro | si divertono | si divertivano | si sono divertiti/e |

| | Future | Pluperfect | Past Historic |
|---|---|---|---|
| io | mi divertirò | mi ero divertito/a | mi divertii |
| tu | ti divertirai | ti eri divertito/a | ti divertisti |
| lui/lei/Lei | si divertirà | si era divertito/a | si divertì |
| noi | ci divertiremo | ci eravamo divertiti/e | ci divertimmo |
| voi | vi divertirete | vi eravate divertiti/e | vi divertiste |
| loro/Loro | si divertiranno | si erano divertiti/e | si divertirono |

| | Future Perfect | | Past Anterior |
|---|---|---|---|
| io | mi sarò divertito/a | | mi fui divertito/a |

## CONDITIONAL    SUBJUNCTIVE

| | Present | Present | Imperfect |
|---|---|---|---|
| io | mi divertirei | mi diverta | mi divertissi |
| tu | ti divertiresti | ti diverta | ti divertissi |
| lui/lei/Lei | si divertirebbe | si diverta | si divertisse |
| noi | ci divertiremmo | ci divertiamo | ci divertissimo |
| voi | vi divertireste | vi divertiate | vi divertiste |
| loro/Loro | si divertirebbero | si divertano | si divertissero |

| | Perfect | Perfect | Pluperfect |
|---|---|---|---|
| io | mi sarei divertito/a | mi sia divertito/a | mi fossi divertito/a |

| GERUND | PAST PARTICIPLE | IMPERATIVE |
|---|---|---|
| divertendomi | divertito/a/i/e | divertiti, si diverta, divertiamoci, divertitevi, si divertano |

**Paolo si diverte a giocare a calcio.** *Paolo enjoys playing football.*
**Il pagliaccio divertiva i bambini.** *The clown entertained the children.*
**Vi siete divertiti? Sì, ci siamo divertiti molto.** *Have you enjoyed yourselves?*
*Yes, we enjoyed ourselves a lot.*
**Questa commedia mi diverte.** *I am enjoying this play.*
**Divertiti!** *Have a good time!*
**Ci siamo divertiti un sacco.** *We have had a whale of a time.*
**Non è giusto che tu ti diverta alle sue spalle.** *It is not right that you laugh at him/her behind his/her back.*

**il divertimento** *fun*
**per divertimento** *for fun*

**Buon divertimento!** *Have a good time!*
**parco dei divertimenti** *amusement park*
**divertente** *amusing, funny*

# dividere *to divide* tr.

## INDICATIVE

|  | Present | Imperfect | Perfect |
|---|---|---|---|
| io | divido | dividevo | ho diviso |
| tu | dividi | dividevi | hai diviso |
| lui/lei/Lei | divide | divideva | ha diviso |
| noi | dividiamo | dividevamo | abbiamo diviso |
| voi | dividete | dividevate | avete diviso |
| loro/Loro | dividono | dividevano | hanno diviso |

|  | Future | Pluperfect | Past Historic |
|---|---|---|---|
| io | dividerò | avevo diviso | divisi |
| tu | dividerai | avevi diviso | dividesti |
| lui/lei/Lei | dividerà | aveva diviso | divise |
| noi | divideremo | avevamo diviso | dividemmo |
| voi | dividerete | avevate diviso | divideste |
| loro/Loro | divideranno | avevano diviso | divisero |

|  | Future Perfect | | Past Anterior |
|---|---|---|---|
| io | avrò diviso | | ebbi diviso |

## CONDITIONAL    SUBJUNCTIVE

|  | Present | Present | Imperfect |
|---|---|---|---|
| io | dividerei | divida | dividessi |
| tu | divideresti | divida | dividessi |
| lui/lei/Lei | dividerebbe | divida | dividesse |
| noi | divideremmo | dividiamo | dividessimo |
| voi | dividereste | dividiate | divideste |
| loro/Loro | dividerebbero | dividano | dividessero |

|  | Perfect | Perfect | Pluperfect |
|---|---|---|---|
| io | avrei diviso | abbia diviso | avessi diviso |

| GERUND | PAST PARTICIPLE | IMPERATIVE |
|---|---|---|
| dividendo | diviso | dividi, divida, dividiamo, dividete, dividano |

**Dividi la torta con me?** *Will you share the cake with me?*
**L'odio divise i fratelli.** *Hatred divided the brothers.*
**I giocatori si divisero in due squadre.** *The players split up into two teams.*
**I genitori di Paolo vivono divisi.** *Paolo's parents live apart.*
**dividere i litiganti** *to part/separate the brawlers*
**È difficile dividere il torto dalla ragione.** *It is difficult to tell right from wrong.*
**Non ho nulla da dividere con lui.** *I have nothing in common with him.*
**Il testo si divide in 3 parti.** *The text is divided into 3 parts.*
**15 diviso 3 fa 5.** *15 divided by 3 is 5.*

**la divisione** *division*
**divisione degli utili** *profit-sharing*
**linea di divisione** *dividing line*
**il divisorio** *partition (wall)*

# 59 domandare *to ask, demand* tr.

## INDICATIVE

| | Present | Imperfect | Perfect |
|---|---|---|---|
| io | domando | domandavo | ho domandato |
| tu | domandi | domandavi | hai domandato |
| lui/lei/Lei | domanda | domandava | ha domandato |
| noi | domandiamo | domandavamo | abbiamo domandato |
| voi | domandate | domandavate | avete domandato |
| loro/Loro | domandano | domandavano | hanno domandato |

| | Future | Pluperfect | Past Historic |
|---|---|---|---|
| io | domanderò | avevo domandato | domandai |
| tu | domanderai | avevi domandato | domandasti |
| lui/lei/Lei | domanderà | aveva domandato | domandò |
| noi | domanderemo | avevamo domandato | domandammo |
| voi | domanderete | avevate domandato | domandaste |
| loro/Loro | domanderanno | avevano domandato | domandarono |

| | Future Perfect | | Past Anterior |
|---|---|---|---|
| io | avrò domandato | | ebbi domandato |

## CONDITIONAL    SUBJUNCTIVE

| | Present | Present | Imperfect |
|---|---|---|---|
| io | domanderei | domandi | domandassi |
| tu | domanderesti | domandi | domandassi |
| lui/lei/Lei | domanderebbe | domandi | domandasse |
| noi | domanderemmo | domandiamo | domandassimo |
| voi | domandereste | domandiate | domandaste |
| loro/Loro | domanderebbero | domandino | domandassero |

| | Perfect | Perfect | Pluperfect |
|---|---|---|---|
| io | avrei domandato | abbia domandato | avessi domandato |

| GERUND | PAST PARTICIPLE | IMPERATIVE |
|---|---|---|
| domandando | domandato | domanda, domandi, domandiamo, domandate, domandino |

**Le domando un consiglio.** *I am asking you for advice.*
**Mi domando a che ora arrivi.** *I wonder what time he/she is coming.*
**Domanda la strada a quella ragazza.** *Ask that girl the way.*
**domandare in prestito** *to borrow*
**domandare notizie di qualcuno** *to ask after someone*
**domandare il permesso di fare qualcosa** *to ask permission to do something*
**Ti domando scusa.** *I beg your pardon.*

**la domanda** *question*
**accogliere una domanda** *to grant a request*
**la domanda e l'offerta** *supply and demand*
**domanda d'impiego** *job application*

# dormire   *to sleep*   intr.   **60**

## INDICATIVE

| | Present | Imperfect | Perfect |
|---|---|---|---|
| io | dormo | dormivo | ho dormito |
| tu | dormi | dormivi | hai dormito |
| lui/lei/Lei | dorme | dormiva | ha dormito |
| noi | dormiamo | dormivamo | abbiamo dormito |
| voi | dormite | dormivate | avete dormito |
| loro/Loro | dormono | dormivano | hanno dormito |

| | Future | Pluperfect | Past Historic |
|---|---|---|---|
| io | dormirò | avevo dormito | dormii |
| tu | dormirai | avevi dormito | dormisti |
| lui/lei/Lei | dormirà | aveva dormito | dormì |
| noi | dormiremo | avevamo dormito | dormimmo |
| voi | dormirete | avevate dormito | dormiste |
| loro/Loro | dormiranno | avevano dormito | dormirono |

| | Future Perfect | | Past Anterior |
|---|---|---|---|
| io | avrò dormito | | ebbi dormito |

## CONDITIONAL     SUBJUNCTIVE

| | Present | Present | Imperfect |
|---|---|---|---|
| io | dormirei | dorma | dormissi |
| tu | dormiresti | dorma | dormissi |
| lui/lei/Lei | dormirebbe | dorma | dormisse |
| noi | dormiremmo | dormiamo | dormissimo |
| voi | dormireste | dormiate | dormiste |
| loro/Loro | dormirebbero | dormano | dormissero |

| | Perfect | Perfect | Pluperfect |
|---|---|---|---|
| io | avrei dormito | abbia dormito | avessi dormito |

| GERUND | PAST PARTICIPLE | IMPERATIVE |
|---|---|---|
| dormendo | dormito | dormi, dorma, dormiamo, dormite, dormano |

**Hai dormito bene?** *Have you slept well?*
**Dormirò a casa.** *I will sleep at home.*
**A che ora vanno a dormire?** *What time do they go to bed?*
**una storia che fa dormire** *a boring tale*
**Chi dorme non piglia pesci.** *The early bird catches the worm.*
**Ieri sera ho dormito come un ghiro.** *Last night I slept like a log.*
**Metto a dormire i bambini.** *I am putting the children to bed.*

**il dormiglione** *sleepy head*
**la dormita** *sleep*
**il dormitorio** *dormitory*

**il dormitorio pubblico** *night shelter,*
  *free hostel*
**il dormiveglia** *drowsiness*

# 61 dovere *to have to, owe* intr./tr.

## INDICATIVE

| | Present | Imperfect | Perfect |
|---|---|---|---|
| io | devo (debbo) | dovevo | ho dovuto |
| tu | devi | dovevi | hai dovuto |
| lui/lei/Lei | deve | doveva | ha dovuto |
| noi | dobbiamo | dovevamo | abbiamo dovuto |
| voi | dovete | dovevate | avete dovuto |
| loro/Loro | devono (debbono) | dovevano | hanno dovuto |

| | Future | Pluperfect | Past Historic |
|---|---|---|---|
| io | dovrò | avevo dovuto | dovetti (dovei) |
| tu | dovrai | avevi dovuto | dovesti |
| lui/lei/Lei | dovrà | aveva dovuto | dovette (dovè) |
| noi | dovremo | avevamo dovuto | dovemmo |
| voi | dovrete | avevate dovuto | doveste |
| loro/Loro | dovranno | avevano dovuto | dovettero (doverono) |

| | Future Perfect | | Past Anterior |
|---|---|---|---|
| io | avrò dovuto | | ebbi dovuto |

## CONDITIONAL · SUBJUNCTIVE

| | Present | Present | Imperfect |
|---|---|---|---|
| io | dovrei | deva (debba) | dovessi |
| tu | dovresti | deva (debba) | dovessi |
| lui/lei/Lei | dovrebbe | deva (debba) | dovesse |
| noi | dovremmo | dobbiamo | dovessimo |
| voi | dovreste | dobbiate | doveste |
| loro/Loro | dovrebbero | devano (debbano) | dovessero |

| | Perfect | Perfect | Pluperfect |
|---|---|---|---|
| io | avrei dovuto | abbia dovuto | avessi dovuto |

| GERUND | PAST PARTICIPLE | IMPERATIVE |
|---|---|---|
| dovendo | dovuto | (not in use) |

**Devi studiare di più.** *You must study harder.*
**Devo chiederti un favore.** *I have to ask you a favour.*
**A che ora dovevano partire?** *What time did they have to leave?*
**Quanto ti devo? Mi devi cinque sterline.** *How much do I owe you? You owe me five pounds.*
**Avrebbe dovuto arrivare alle tre.** *He should have arrived at three.*
**Dovresti chiedere scusa.** *You ought to apologize.*
**Prima il dovere poi il piacere.** *Work before pleasure.*

**dovutamente** *properly*
**doveroso** *dutiful*
**fare il proprio dovere** *to do one's duty*
**visita di dovere** *duty call*

**il dovuto** *due*
**la somma dovuta** *the amount due*

# durare *to last*  intr.

## INDICATIVE

| | Present | Imperfect | Perfect |
|---|---|---|---|
| io | duro | duravo | sono durato/a |
| tu | duri | duravi | sei durato/a |
| lui/lei/Lei | dura | durava | è durato/a |
| noi | duriamo | duravamo | siamo durati/e |
| voi | durate | duravate | siete durati/e |
| loro/Loro | durano | duravano | sono durati/e |

| | Future | Pluperfect | Past Historic |
|---|---|---|---|
| io | durerò | ero durato/a | durai |
| tu | durerai | eri durato/a | durasti |
| lui/lei/Lei | durerà | era durato/a | durò |
| noi | dureremo | eravamo durati/e | durammo |
| voi | durerete | eravate durati/e | duraste |
| loro/Loro | dureranno | erano durati/e | durarono |

| | Future Perfect | | Past Anterior |
|---|---|---|---|
| io | sarò durato/a | | fui durato/a |

## CONDITIONAL   SUBJUNCTIVE

| | Present | Present | Imperfect |
|---|---|---|---|
| io | durerei | duri | durassi |
| tu | dureresti | duri | durassi |
| lui/lei/Lei | durerebbe | duri | durasse |
| noi | dureremmo | duriamo | durassimo |
| voi | durereste | duriate | duraste |
| loro/Loro | durerebbero | durino | durassero |

| | Perfect | Perfect | Pluperfect |
|---|---|---|---|
| io | sarei durato/a | sia durato/a | fossi durato/a |

| GERUND | PAST PARTICIPLE | IMPERATIVE |
|---|---|---|
| durando | durato/a/i/e | dura, duri, duriamo, durate, durino |

---

**Questi fiori sono durati a lungo.** *These flowers have lasted a long time.*
**Il bel tempo durò a lungo.** *The fine weather lasted a long time.*
**Queste maglie non durano niente.** *These jumpers do not wear well.*
**Durarono fino alla fine.** *They held out to the end.*
**Il divertimento non durerà in eterno.** *The fun will not last forever.*
**Un bel gioco dura poco.** *Brevity is the soul of wit.*
**Chi la dura la vince.** *Slow and steady wins the race.*

**la durata** *duration*
**per tutta la durata della lezione** *throughout the lesson*
**la durata media della vita** *life expectancy*
**duraturo** *lasting*

# 63 eleggere *to elect* tr.

## INDICATIVE

|  | Present | Imperfect | Perfect |
|---|---|---|---|
| io | eleggo | eleggevo | ho eletto |
| tu | eleggi | eleggevi | hai eletto |
| lui/lei/Lei | elegge | eleggeva | ha eletto |
| noi | eleggiamo | eleggevamo | abbiamo eletto |
| voi | eleggete | eleggevate | avete eletto |
| loro/Loro | eleggono | eleggevano | hanno eletto |

|  | Future | Pluperfect | Past Historic |
|---|---|---|---|
| io | eleggerò | avevo eletto | elessi |
| tu | eleggerai | avevi eletto | eleggesti |
| lui/lei/Lei | eleggerà | aveva eletto | elesse |
| noi | eleggeremo | avevamo eletto | eleggemmo |
| voi | eleggerete | avevate eletto | eleggeste |
| loro/Loro | eleggeranno | avevano eletto | elessero |

|  | Future Perfect |  | Past Anterior |
|---|---|---|---|
| io | avrò eletto |  | ebbi eletto |

## CONDITIONAL  SUBJUNCTIVE

|  | Present | Present | Imperfect |
|---|---|---|---|
| io | eleggerei | elegga | eleggessi |
| tu | eleggeresti | elegga | eleggessi |
| lui/lei/Lei | eleggerebbe | elegga | eleggesse |
| noi | eleggeremmo | eleggiamo | eleggessimo |
| voi | eleggereste | eleggiate | eleggeste |
| loro/Loro | eleggerebbero | eleggano | eleggessero |

|  | Perfect | Perfect | Pluperfect |
|---|---|---|---|
| io | avrei eletto | abbia eletto | avessi eletto |

| GERUND | PAST PARTICIPLE | IMPERATIVE |
|---|---|---|
| eleggendo | eletto | eleggi, elegga, eleggiamo, eleggete, eleggano |

**Il nuovo presidente è stato eletto.** *The new president has been elected.*
**I membri del parlamento saranno eletti.** *The members of parliament will be elected.*
**Eleggono i loro rappresentanti.** *They elect their representatives.*
**Pensa di essere eletto?** *Do you think you will be elected?*
**eleggere per alzata di mano** *to elect by show of hands*
**Lo eleggeranno presidente.** *They will elect him to the presidency.*

**l'elettore/l'elettrice** *voter*
**l'elezione** (f) *election*
**eletto** *elected*

**il popolo eletto** *the Chosen People*
**la cabina elettorale** *polling booth*
**l'urna elettorale** *ballot box*

# emergere *to emerge* intr. **64**

## INDICATIVE

|  | Present | Imperfect | Perfect |
|---|---|---|---|
| io | emergo | emergevo | sono emerso/a |
| tu | emergi | emergevi | sei emerso/a |
| lui/lei/Lei | emerge | emergeva | è emerso/a |
| noi | emergiamo | emergevamo | siamo emersi/e |
| voi | emergete | emergevate | siete emersi/e |
| loro/Loro | emergono | emergevano | sono emersi/e |

|  | Future | Pluperfect | Past Historic |
|---|---|---|---|
| io | emergerò | ero emerso/a | emersi |
| tu | emergerai | eri emerso/a | emergesti |
| lui/lei/Lei | emergerà | era emerso/a | emerse |
| noi | emergeremo | eravamo emersi/e | emergemmo |
| voi | emergerete | eravate emersi/e | emergeste |
| loro/Loro | emergeranno | erano emersi/e | emersero |

|  | Future Perfect | | Past Anterior |
|---|---|---|---|
| io | sarò emerso/a | | fui emerso/a |

## CONDITIONAL    SUBJUNCTIVE

|  | Present | Present | Imperfect |
|---|---|---|---|
| io | emergerei | emerga | emergessi |
| tu | emergeresti | emerga | emergessi |
| lui/lei/Lei | emergerebbe | emerga | emergesse |
| noi | emergeremmo | emergiamo | emergessimo |
| voi | emergereste | emergiate | emergeste |
| loro/Loro | emergerebbero | emergano | emergessero |

|  | Perfect | Perfect | Pluperfect |
|---|---|---|---|
| io | sarei emerso/a | sia emerso/a | fossi emerso/a |

| GERUND | PAST PARTICIPLE | IMPERATIVE |
|---|---|---|
| emergendo | emerso/a/i/e | emergi, emerga, emergiamo, emergete, emergano |

**Il sottomarino emerse lontano dalla costa.** *The submarine surfaced away from the coast.*
**La chiesa emerge tra le case.** *The church rises up amid the houses.*
**Lui emerge nel gruppo.** *He stands out in the group.*
**La verità emerge sempre.** *Truth will always out.*
**Alla fine emerse la verità.** *In the end the truth emerged.*
**Emerse che...** *It emerged that...*

**l'emergenza** (f) *emergency*
**stato di emergenza** *state of emergency*
**in caso di emergenza** *in an emergency*

**l'emersione** (f) *emergence, coming to the surface*
**in emersione** *on the surface*

# 65 **entrare** *to enter* intr.

## INDICATIVE

|  | Present | Imperfect | Perfect |
|---|---|---|---|
| io | entro | entravo | sono entrato/a |
| tu | entri | entravi | sei entrato/a |
| lui/lei/Lei | entra | entrava | è entrato/a |
| noi | entriamo | entravamo | siamo entrati/e |
| voi | entrate | entravate | siete entrati/e |
| loro/Loro | entrano | entravano | sono entrati/e |

|  | Future | Pluperfect | Past Historic |
|---|---|---|---|
| io | entrerò | ero entrato/a | entrai |
| tu | entrerai | eri entrato/a | entrasti |
| lui/lei/Lei | entrerà | era entrato/a | entrò |
| noi | entreremo | eravamo entrati/e | entrammo |
| voi | entrerete | eravate entrati/e | entraste |
| loro/Loro | entreranno | erano entrati/e | entrarono |

|  | Future Perfect |  | Past Anterior |
|---|---|---|---|
| io | sarò entrato/a |  | fui entrato/a |

## CONDITIONAL    SUBJUNCTIVE

|  | Present | Present | Imperfect |
|---|---|---|---|
| io | entrerei | entri | entrassi |
| tu | entreresti | entri | entrassi |
| lui/lei/Lei | entrerebbe | entri | entrasse |
| noi | entreremmo | entriamo | entrassimo |
| voi | entrereste | entriate | entraste |
| loro/Loro | entrerebbero | entrino | entrassero |

|  | Perfect | Perfect | Pluperfect |
|---|---|---|---|
| io | sarei entrato/a | sia entrato/a | fossi entrato/a |

| GERUND | PAST PARTICIPLE | IMPERATIVE |
|---|---|---|
| entrando | entrato/a/i/e | entra, entri, entriamo, entrate, entrino |

**Sono entrata in un negozio.** *I went into a shop.*
**Il treno è entrato nella galleria.** *The train entered the tunnel.*
**Prego, entri!** *Please, come in!*
**Paolo entrò dalla finestra.** *Paolo got in through the window.*
**Questa sedia non entra per la porta.** *This chair won't go through the door.*
**Fammi entrare. Sono senza chiavi.** *Let me in. I haven't got the keys.*
**entrare in ballo/in gioco** *to come into play*
**Che cosa c'entra?** *What has that got to do with it?*
**La legge entrò in vigore.** *The law came into effect.*
**Entreranno in società con il Signor Rossi.** *They will go into partnership with Mr Rossi.*

**l'entrata** (f) *entrance*
**biglietto d'entrata** *admission ticket*

**entrante** *coming*
**la settimana entrante** *next week*

# escludere *to exclude* tr.

## INDICATIVE

|           | Present    | Imperfect   | Perfect         |
|-----------|------------|-------------|-----------------|
| io        | escludo    | escludevo   | ho escluso      |
| tu        | escludi    | escludevi   | hai escluso     |
| lui/lei/Lei | esclude  | escludeva   | ha escluso      |
| noi       | escludiamo | escludevamo | abbiamo escluso |
| voi       | escludete  | escludevate | avete escluso   |
| loro/Loro | escludono  | escludevano | hanno escluso   |

|           | Future      | Pluperfect     | Past Historic |
|-----------|-------------|----------------|---------------|
| io        | escluderò   | avevo escluso  | esclusi       |
| tu        | escluderai  | avevi escluso  | escludesti    |
| lui/lei/Lei | escluderà | aveva escluso  | escluse       |
| noi       | escluderemo | avevamo escluso | escludemmo   |
| voi       | escluderete | avevate escluso | escludeste   |
| loro/Loro | escluderanno | avevano escluso | esclusero   |

|    | Future Perfect | Past Anterior |
|----|----------------|---------------|
| io | avrò escluso   | ebbi escluso  |

## CONDITIONAL    SUBJUNCTIVE

|           | Present       | Present    | Imperfect    |
|-----------|---------------|------------|--------------|
| io        | escluderei    | escluda    | escludessi   |
| tu        | escluderesti  | escluda    | escludessi   |
| lui/lei/Lei | escluderebbe | escluda   | escludesse   |
| noi       | escluderemmo  | escludiamo | escludessimo |
| voi       | escludereste  | escludiate | escludeste   |
| loro/Loro | escluderebbero | escludano | escludessero |

|    | Perfect       | Perfect       | Pluperfect     |
|----|---------------|---------------|----------------|
| io | avrei escluso | abbia escluso | avessi escluso |

## GERUND      PAST PARTICIPLE    IMPERATIVE

| escludendo | escluso | escludi, escluda, escludiamo, escludete, escludano |
|------------|---------|----------------------------------------------------|

**Paolo sarà escluso dalla squadra.** *Paolo will be excluded from the team.*
**Escludo questa soluzione.** *I exclude this solution.*
**Escluderebbero anche te.** *They would exclude even you.*
**escludere qualcuno da un posto** *to exclude somebody from a position*
**esclusi i presenti** *present company excepted*
**Una cosa non esclude l'altra.** *The two things are not incompatible.*
**Hanno escluso l'esistenza di un complotto.** *They ruled out the possibility of a conspiracy.*
**Lo escludo./È escluso.** *It's out of the question.*

**l'esclusione** (f) *exclusion*
**ad esclusione di** *except*

**l'esclusiva** (f) *exclusive/sole right*
**l'escluso** (m) *outcast*

# 67 esigere *to require, exact* tr.

## INDICATIVE

|  | Present | Imperfect | Perfect |
|---|---|---|---|
| io | esigo | esigevo | ho esatto |
| tu | esigi | esigevi | hai esatto |
| lui/lei/Lei | esige | esigeva | ha esatto |
| noi | esigiamo | esigevamo | abbiamo esatto |
| voi | esigete | esigevate | avete esatto |
| loro/Loro | esigono | esigevano | hanno esatto |

|  | Future | Pluperfect | Past Historic |
|---|---|---|---|
| io | esigerò | avevo esatto | esigei (esigetti) |
| tu | esigerai | avevi esatto | esigesti |
| lui/lei/Lei | esigerà | aveva esatto | esigè (esigette) |
| noi | esigeremo | avevamo esatto | esigemmo |
| voi | esigerete | avevate esatto | esigeste |
| loro/Loro | esigeranno | avevano esatto | esigerono (esigettero) |

|  | Future Perfect | Past Anterior |
|---|---|---|
| io | avrò esatto | ebbi esatto |

## CONDITIONAL    SUBJUNCTIVE

|  | Present | Present | Imperfect |
|---|---|---|---|
| io | esigerei | esiga | esigessi |
| tu | esigeresti | esiga | esigessi |
| lui/lei/Lei | esigerebbe | esiga | esigesse |
| noi | esigeremmo | esigiamo | esigessimo |
| voi | esigereste | esigiate | esigeste |
| loro/Loro | esigerebbero | esigano | esigessero |

|  | Perfect | Perfect | Pluperfect |
|---|---|---|---|
| io | avrei esatto | abbia esatto | avessi esatto |

| GERUND | PAST PARTICIPLE | IMPERATIVE |
|---|---|---|
| esigendo | esatto | esigi, esiga, esigiamo, esigete, esigano |

---

**Esigono che noi partiamo ora.** *They demand that we leave now.*
**Esigo una spiegazione.** *I demand an explanation.*
**Paolo esigette troppo da lei.** *Paolo expected too much of her.*
**Lavorare con te esige molta pazienza.** *Working with you requires a lot of patience.*
**esigere le imposte** *to collect taxes*
**esigere soddisfazione** *to demand satisfaction*
**Il legale esige un pagamento.** *The solicitor exacts a payment.*

**l'esigenza** (f) *requirement*
**avere molte esigenze** *to be very demanding*
**per esigenze di servizio** *for reasons of work*
**esigente** *hard to please*
**esigibile** *collectable*

## INDICATIVE

| | Present | Imperfect | Perfect |
|---|---|---|---|
| io | esisto | esistevo | sono esistito/a |
| tu | esisti | esistevi | sei esistito/a |
| lui/lei/Lei | esiste | esisteva | è esistito/a |
| noi | esistiamo | esistevamo | siamo esistiti/e |
| voi | esistete | esistevate | siete esistiti/e |
| loro/Loro | esistono | esistevano | sono esistiti/e |

| | Future | Pluperfect | Past Historic |
|---|---|---|---|
| io | esisterò | ero esistito/a | esistei (esistetti) |
| tu | esisterai | eri esistito/a | esistesti |
| lui/lei/Lei | esisterà | era esistito/a | esistè (esistette) |
| noi | esisteremo | eravamo esistiti/e | esistemmo |
| voi | esisterete | eravate esistiti/e | esisteste |
| loro/Loro | esisteranno | erano esistiti/e | esisterono (esistettero) |

| | Future Perfect | | Past Anterior |
|---|---|---|---|
| io | sarò esistito/a | | fui esistito/a |

## CONDITIONAL / SUBJUNCTIVE

| | Present | Present | Imperfect |
|---|---|---|---|
| io | esisterei | esista | esistessi |
| tu | esisteresti | esista | esistessi |
| lui/lei/Lei | esisterebbe | esista | esistesse |
| noi | esisteremmo | esistiamo | esistessimo |
| voi | esistereste | esistiate | esisteste |
| loro/Loro | esisterebbero | esistano | esistessero |

| | Perfect | Perfect | Pluperfect |
|---|---|---|---|
| io | sarei esistito/a | sia esistito/a | fossi esistito/a |

| GERUND | PAST PARTICIPLE | IMPERATIVE |
|---|---|---|
| esistendo | esistito/a/i/e | esisti, esista, esistiamo, esistete, esistano |

**Crediamo che Dio esista.** *We believe that God exists.*
**Qui esistono animali selvaggi.** *Wild animals live here.*
**Queste razze non esistono più.** *These species are extinct.*
**Esiste ancora quel vecchio ponte di legno?** *Is that old wooden bridge still standing?*
**cessare di esistere** *to cease to exist*
**Non esistono dubbi.** *There is no doubt.*
**Non esistono scuse.** *There is no excuse.*
**Non esistono prove.** *There is no proof.*

**l'esistenza** (f) *existence*
**l'esistenzialismo** (m) *existentialism*
**l'esistenzialista** (m/f) *existentialist*
**problemi esistenziali** *existential problems*

# 69 espellere *to expel* tr.

## INDICATIVE

| | Present | Imperfect | Perfect |
|---|---|---|---|
| io | espello | espellevo | ho espulso |
| tu | espelli | espellevi | hai espulso |
| lui/lei/Lei | espelle | espelleva | ha espulso |
| noi | espelliamo | espellevamo | abbiamo espulso |
| voi | espellete | espellevate | avete espulso |
| loro/Loro | espellono | espellevano | hanno espulso |

| | Future | Pluperfect | Past Historic |
|---|---|---|---|
| io | espellerò | avevo espulso | espulsi |
| tu | espellerai | avevi espulso | espellesti |
| lui/lei/Lei | espellerà | aveva espulso | espulse |
| noi | espelleremo | avevamo espulso | espellemmo |
| voi | espellerete | avevate espulso | espelleste |
| loro/Loro | espelleranno | avevano espulso | espulsero |

| | Future Perfect | | Past Anterior |
|---|---|---|---|
| io | avrò espulso | | ebbi espulso |

## CONDITIONAL  SUBJUNCTIVE

| | Present | Present | Imperfect |
|---|---|---|---|
| io | espellerei | espella | espellessi |
| tu | espelleresti | espella | espellessi |
| lui/lei/Lei | espellerebbe | espella | espellesse |
| noi | espelleremmo | espelliamo | espellissimo |
| voi | espellereste | espelliate | espelleste |
| loro/Loro | espellerebbero | espellano | espellessero |

| | Perfect | Perfect | Pluperfect |
|---|---|---|---|
| io | avrei espulso | abbia espulso | avessi espulso |

| GERUND | PAST PARTICIPLE | IMPERATIVE |
|---|---|---|
| espellendo | espulso | espelli, espella, espelliamo, espellete, espellano |

**Paolo è stato espulso dalla scuola.** *Paolo has been expelled from school.*
**Hanno espulso la ragazza dalla società.** *They have expelled the girl from the association.*
**Maria li espellerà dal gruppo.** *Maria will expel them from the group.*
**Credo che sia stato espulso.** *I think he has been expelled.*
**Espelleranno quel giocatore dal campo.** *They will send that player off the field.*
**tossire per espellere il catarro** *to cough to get rid of catarrh*

**l'espulsione** (f) *expulsion, sending off*
**espulso** *expelled, ejected, thrown out, sent off*

# esprimere  *to express*  tr.  **70**

## INDICATIVE

| | Present | Imperfect | Perfect |
|---|---|---|---|
| io | esprimo | esprimevo | ho espresso |
| tu | esprimi | esprimevi | hai espresso |
| lui/lei/Lei | esprime | esprimeva | ha espresso |
| noi | esprimiamo | esprimevamo | abbiamo espresso |
| voi | esprimete | esprimevate | avete espresso |
| loro/Loro | esprimono | esprimevano | hanno espresso |

| | Future | Pluperfect | Past Historic |
|---|---|---|---|
| io | esprimerò | avevo espresso | espressi |
| tu | esprimerai | avevi espresso | esprimesti |
| lui/lei/Lei | esprimerà | aveva espresso | espresse |
| noi | esprimeremo | avevamo espresso | esprimemmo |
| voi | esprimerete | avevate espresso | esprimeste |
| loro/Loro | esprimeranno | avevano espresso | espressero |

| | Future Perfect | | Past Anterior |
|---|---|---|---|
| io | avrò espresso | | ebbi espresso |

## CONDITIONAL  SUBJUNCTIVE

| | Present | Present | Imperfect |
|---|---|---|---|
| io | esprimerei | esprima | esprimessi |
| tu | esprimeresti | esprima | esprimessi |
| lui/lei/Lei | esprimerebbe | esprima | esprimesse |
| noi | esprimeremmo | esprimiamo | esprimessimo |
| voi | esprimereste | esprimiate | esprimeste |
| loro/Loro | esprimerebbero | esprimano | esprimessero |

| | Perfect | Perfect | Pluperfect |
|---|---|---|---|
| io | avrei espresso | abbia espresso | avessi espresso |

| GERUND | PAST PARTICIPLE | IMPERATIVE |
|---|---|---|
| esprimendo | espresso | esprimi, esprima, esprimiamo, esprimete, esprimano |

**Ti esprimi bene in italiano.** *You express yourself well in Italian.*
**Non sappiamo esprimerti la nostra gratitudine.** *We cannot fully express our gratitude to you.*
**Paolo espresse la sua opinione.** *Paolo stated his opinion.*
**Esprimeranno il loro rincrescimento.** *They will declare their regret.*
**esprimere le condoglianze** *to express one's condolences*
**Come posso esprimermi?** *How can I put it?*
**Lasciala esprimere le sue idee.** *Let her express her opinions.*
**Quel ragazzo non esprime i suoi sentimenti.** *That boy does not express his feelings.*

**l'espressione** (f) *expression*
**espressivo** *expressive*

**l'espressionismo** *expressionism*
**l'espressionista** (m/f) *expressionist*

# 71 essere *to be* intr. (aux.)

## INDICATIVE

|  | Present | Imperfect | Perfect |
|---|---|---|---|
| io | sono | ero | sono stato/a |
| tu | sei | eri | sei stato/a |
| lui/lei/Lei | è | era | è stato/a |
| noi | siamo | eravamo | siamo stati/e |
| voi | siete | eravate | siete stati/e |
| loro/Loro | sono | erano | sono stati/e |

|  | Future | Pluperfect | Past Historic |
|---|---|---|---|
| io | sarò | ero stato/a | fui |
| tu | sarai | eri stato/a | fosti |
| lui/lei/Lei | sarà | era stato/a | fu |
| noi | saremo | eravamo stati/e | fummo |
| voi | sarete | eravate stati/e | foste |
| loro/Loro | saranno | erano stati/e | furono |

|  | Future Perfect |  | Past Anterior |
|---|---|---|---|
| io | sarò stato/a |  | fui stato/a |

## CONDITIONAL    SUBJUNCTIVE

|  | Present | Present | Imperfect |
|---|---|---|---|
| io | sarei | sia | fossi |
| tu | saresti | sia | fossi |
| lui/lei/Lei | sarebbe | sia | fosse |
| noi | saremmo | siamo | fossimo |
| voi | sareste | siate | foste |
| loro/Loro | sarebbero | siano | fossero |

|  | Perfect | Perfect | Pluperfect |
|---|---|---|---|
| io | sarei stato/a | sia stato/a | fossi stato/a |

| GERUND | PAST PARTICIPLE | IMPERATIVE |
|---|---|---|
| essendo | stato/a/i/e | sii, sia, siamo, siate, siano |

---

**Dove sei? Sono qui.** *Where are you? I am here.*
**È di Milano? No, sono di Roma.** *Are you from Milan? No, I am from Rome.*
**Com'è il cibo?** *What is the food like?*
**Ci siete tutti?** *Are you all here?*
**Cosa c'è?** *What is the matter?*
**essere in sé** *to be conscious*
**Non sono in grado di fare questo lavoro.** *I am not able to do this job.*
**Loro sono stati a Londra.** *They've been to London.*

**l'essenza** (f) *essence*
**essenziale** *essential, fundamental*
**importanza essenziale** *primary importance*
**essenzialmente** *fundamentally*

# estendere *to extend* tr. **72**

## INDICATIVE

|  | Present | Imperfect | Perfect |
|---|---|---|---|
| io | estendo | estendevo | ho esteso |
| tu | estendi | estendevi | hai esteso |
| lui/lei/Lei | estende | estendeva | ha esteso |
| noi | estendiamo | estendevamo | abbiamo esteso |
| voi | estendete | estendevate | avete esteso |
| loro/Loro | estendono | estendevano | hanno esteso |

|  | Future | Pluperfect | Past Historic |
|---|---|---|---|
| io | estenderò | avevo esteso | estesi |
| tu | estenderai | avevi esteso | estendesti |
| lui/lei/Lei | estenderà | aveva esteso | estese |
| noi | estenderemo | avevamo esteso | estendemmo |
| voi | estenderete | avevate esteso | estendeste |
| loro/Loro | estenderanno | avevano esteso | estesero |

|  | Future Perfect | | Past Anterior |
|---|---|---|---|
| io | avrò esteso | | ebbi esteso |

## CONDITIONAL    SUBJUNCTIVE

|  | Present | Present | Imperfect |
|---|---|---|---|
| io | estenderei | estenda | estendessi |
| tu | estenderesti | estenda | estendessi |
| lui/lei/Lei | estenderebbe | estenda | estendesse |
| noi | estenderemmo | estendiamo | estendessimo |
| voi | estendereste | estendiate | estendeste |
| loro/Loro | estenderebbero | estendano | estendessero |

|  | Perfect | Perfect | Pluperfect |
|---|---|---|---|
| io | avrei esteso | abbia esteso | avessi esteso |

| GERUND | PAST PARTICIPLE | IMPERATIVE |
|---|---|---|
| estendendo | esteso | estendi, estenda, estendiamo, estendete, estendano |

**Paolo estenderà la cerchia delle sue conoscenze.** *Paolo will widen his acquaintance.*
**La campagna si estende fino al mare.** *The countryside stretches to the sea.*
**Vorrebbe estendere la sua cultura.** *He would like to widen his learning.*
**estendere il proprio potere** *to increase one's power*
**estendere un arto** *to stretch a limb*

**l'estensione** (f) *extension*
**per estensione** *in a wider sense*
**l'estensione di una voce** *range of voice*
**estensivo** *extensive*

# 73 evadere *to evade, escape* intr.

## INDICATIVE

| | Present | Imperfect | Perfect |
|---|---|---|---|
| io | evado | evadevo | sono evaso/a |
| tu | evadi | evadevi | sei evaso/a |
| lui/lei/Lei | evade | evadeva | è evaso/a |
| noi | evadiamo | evadevamo | siamo evasi/e |
| voi | evadete | evadevate | siete evasi/e |
| loro/Loro | evadono | evadevano | sono evasi/e |

| | Future | Pluperfect | Past Historic |
|---|---|---|---|
| io | evaderò | ero evaso/a | evasi |
| tu | evaderai | eri evaso/a | evadesti |
| lui/lei/Lei | evaderà | era evaso/a | evase |
| noi | evaderemo | eravamo evasi/e | evademmo |
| voi | evaderete | eravate evasi/e | evadeste |
| loro/Loro | evaderanno | erano evasi/e | evasero |

| | Future Perfect | | Past Anterior |
|---|---|---|---|
| io | sarò evaso/a | | fui evaso/a |

## CONDITIONAL  SUBJUNCTIVE

| | Present | Present | Imperfect |
|---|---|---|---|
| io | evaderei | evada | evadessi |
| tu | evaderesti | evada | evadessi |
| lui/lei/Lei | evaderebbe | evada | evadesse |
| noi | evaderemmo | evadiamo | evadessimo |
| voi | evadereste | evadiate | evadeste |
| loro/Loro | evaderebbero | evadano | evadessero |

| | Perfect | Perfect | Pluperfect |
|---|---|---|---|
| io | sarei evaso/a | sia evaso/a | fossi evaso/a |

| GERUND | PAST PARTICIPLE | IMPERATIVE |
|---|---|---|
| evadendo | evaso/a/i/e | evadi, evada, evadiamo, evadete, evadano |

---

**Paolo vuole evadere dal suo ambiente.** *Paolo wants to get away from his environment.*
**Chi è evaso dal carcere?** *Who has escaped from prison?*
**Due detenuti sono evasi dal carcere.** *Two prisoners have escaped from prison.*
**evadere le tasse** *to avoid paying taxes*
**evadere la corrispondenza** *to deal with correspondence*
**evadere una pratica** *to deal with the paperwork/a dossier*

**l'evasione** (f) *escape, evasion*
**evasione fiscale** *tax evasion*

**l'evasore** (m) *tax evader*
**l'evaso** (m) *fugitive, escaped prisoner*

# evitare  *to avoid*  tr.  **74**

## INDICATIVE

|  | Present | Imperfect | Perfect |
|---|---|---|---|
| io | evito | evitavo | ho evitato |
| tu | eviti | evitavi | hai evitato |
| lui/lei/Lei | evita | evitava | ha evitato |
| noi | evitiamo | evitavamo | abbiamo evitato |
| voi | evitate | evitavate | avete evitato |
| loro/Loro | evitano | evitavano | hanno evitato |

|  | Future | Pluperfect | Past Historic |
|---|---|---|---|
| io | eviterò | avevo evitato | evitai |
| tu | eviterai | avevi evitato | evitasti |
| lui/lei/Lei | eviterà | aveva evitato | evitò |
| noi | eviteremo | avevamo evitato | evitammo |
| voi | eviterete | avevate evitato | evitaste |
| loro/Loro | eviteranno | avevano evitato | evitarono |

|  | Future Perfect | | Past Anterior |
|---|---|---|---|
| io | avrò evitato | | ebbi evitato |

## CONDITIONAL  SUBJUNCTIVE

|  | Present | Present | Imperfect |
|---|---|---|---|
| io | eviterei | eviti | evitassi |
| tu | eviteresti | eviti | evitassi |
| lui/lei/Lei | eviterebbe | eviti | evitasse |
| noi | eviteremmo | evitiamo | evitassimo |
| voi | evitereste | evitiate | evitaste |
| loro/Loro | eviterebbero | evitino | evitassero |

|  | Perfect | Perfect | Pluperfect |
|---|---|---|---|
| io | avrei evitato | abbia evitato | avessi evitato |

| GERUND | PAST PARTICIPLE | IMPERATIVE |
|---|---|---|
| evitando | evitato | evita, eviti, evitiamo, evitate, evitino |

**Paolo evitò la domanda.** *Paolo avoided the question.*
**Cercano di evitarlo.** *They try to keep out of his way.*
**Non posso evitare di sentire il suo discorso.** *I cannot avoid hearing his speech.*
**Evita di bere alcoolici.** *Try to abstain from alcohol.*
**evitare un ostacolo** *to dodge an obstacle*
**evitare di fare qualcosa** *to avoid doing/try not to do something*
**Eviti di affaticarsi, Signor Rossi.** *Do not tire yourself out, Mr Rossi.*
**Il ragazzo eviterà la punizione.** *The boy will escape punishment.*

**inevitabile** *unavoidable*
**evitabile** *avoidable*

# 75 fare *to make, do*   tr.

## INDICATIVE

| | Present | Imperfect | Perfect |
|---|---|---|---|
| io | faccio | facevo | ho fatto |
| tu | fai | facevi | hai fatto |
| lui/lei/Lei | fa | faceva | ha fatto |
| noi | facciamo | facevamo | abbiamo fatto |
| voi | fate | facevate | avete fatto |
| loro/Loro | fanno | facevano | hanno fatto |

| | Future | Pluperfect | Past Historic |
|---|---|---|---|
| io | farò | avevo fatto | feci |
| tu | farai | avevi fatto | facesti |
| lui/lei/Lei | farà | aveva fatto | fece |
| noi | faremo | avevamo fatto | facemmo |
| voi | farete | avevate fatto | faceste |
| loro/Loro | faranno | avevano fatto | fecero |

| | Future Perfect | | Past Anterior |
|---|---|---|---|
| io | avrò fatto | | ebbi fatto |

## CONDITIONAL   SUBJUNCTIVE

| | Present | Present | Imperfect |
|---|---|---|---|
| io | farei | faccia | facessi |
| tu | faresti | faccia | facessi |
| lui/lei/Lei | farebbe | faccia | facesse |
| noi | faremmo | facciamo | facessimo |
| voi | fareste | facciate | faceste |
| loro/Loro | farebbero | facciano | facessero |

| | Perfect | Perfect | Pluperfect |
|---|---|---|---|
| io | avrei fatto | abbia fatto | avessi fatto |

| GERUND | PAST PARTICIPLE | IMPERATIVE |
|---|---|---|
| facendo | fatto | fa'/fai, faccia, facciamo, fate, facciano |

**Cosa fai oggi? Faccio la spesa.** *What are you doing today? I'm doing the shopping.*
**Paolo fa il suo letto.** *Paolo makes his bed.*
**Faccio il medico/l'insegnante.** *I am a doctor/a teacher.*
**Maria fa una torta.** *Maria bakes a cake.*
**Fa freddo/fa caldo.** *It is cold/it is hot.*
**Ti sei fatto la barba, Paolo?** *Have you shaved, Paolo?*
**Fate attenzione!** *Pay attention!*
**Ha un brutto modo di fare.** *He/she has an unpleasant manner.*
**Sa il fatto suo.** *He/she knows his/her business.*

**il fatto** *fact*
**fare bene a** *to be good for*
**lasciare fare qualcosa a qualcuno** *to let somebody do something*

# fermare *to stop* tr.

## INDICATIVE

| | Present | Imperfect | Perfect |
|---|---|---|---|
| io | fermo | fermavo | ho fermato |
| tu | fermi | fermavi | hai fermato |
| lui/lei/Lei | ferma | fermava | ha fermato |
| noi | fermiamo | fermavamo | abbiamo fermato |
| voi | fermate | fermavate | avete fermato |
| loro/Loro | fermano | fermavano | hanno fermato |

| | Future | Pluperfect | Past Historic |
|---|---|---|---|
| io | fermerò | avevo fermato | fermai |
| tu | fermerai | avevi fermato | fermasti |
| lui/lei/Lei | fermerà | aveva fermato | fermò |
| noi | fermeremo | avevamo fermato | fermammo |
| voi | fermerete | avevate fermato | fermaste |
| loro/Loro | fermaranno | avevano fermato | fermarono |

| | Future Perfect | | Past Anterior |
|---|---|---|---|
| io | avrò fermato | | ebbi fermato |

## CONDITIONAL    SUBJUNCTIVE

| | Present | Present | Imperfect |
|---|---|---|---|
| io | fermerei | fermi | fermassi |
| tu | fermeresti | fermi | fermassi |
| lui/lei/Lei | fermerebbe | fermi | fermasse |
| noi | fermeremmo | fermiamo | fermassimo |
| voi | fermereste | fermiate | fermaste |
| loro/Loro | fermerebbero | fermino | fermassero |

| | Perfect | Perfect | Pluperfect |
|---|---|---|---|
| io | avrei fermato | abbia fermato | avessi fermato |

| GERUND | PAST PARTICIPLE | IMPERATIVE |
|---|---|---|
| fermando | fermato | ferma, fermi, fermiamo, fermate, fermino |

**Il treno ferma qui.** *The train stops here.*
**Paolo fermò l'auto all'improvviso.** *Paolo stopped his car suddenly.*
**Luigi si fermò a Milano per due giorni.** *Luigi stayed in Milan for two days.*
**L'orologio si è fermato.** *The watch has stopped.*
**fermare il gioco** *to stop play*
**Ferma! Fermatelo!** *Stop! Stop him!*
**L'incidente fermò il traffico.** *The accident brought the traffic to a halt.*
**La polizia lo ha fermato.** *The police detained him.*

**la fermata** (f) *stop*
**la fermata dell'autobus** *bus stop*
**fermo di polizia** *police custody*

**il fermaglio** *clasp, clip*
**fermo** *still, motionless*
**il fermacarte** *paperweight*

# 77 fingere *to pretend* tr./intr.

## INDICATIVE

|  | Present | Imperfect | Perfect |
|---|---|---|---|
| io | fingo | fingevo | ho finto |
| tu | fingi | fingevi | hai finto |
| lui/lei/Lei | finge | fingeva | ha finto |
| noi | fingiamo | fingevamo | abbiamo finto |
| voi | fingete | fingevate | avete finto |
| loro/Loro | fingono | fingevano | hanno finto |

|  | Future | Pluperfect | Past Historic |
|---|---|---|---|
| io | fingerò | avevo finto | finsi |
| tu | fingerai | avevi finto | fingesti |
| lui/lei/Lei | fingerà | aveva finto | finse |
| noi | fingeremo | avevamo finto | fingemmo |
| voi | fingerete | avevate finto | fingeste |
| loro/Loro | fingeranno | avevano finto | finsero |

|  | Future Perfect |  | Past Anterior |
|---|---|---|---|
| io | avrò finto |  | ebbi finto |

## CONDITIONAL · SUBJUNCTIVE

|  | Present | Present | Imperfect |
|---|---|---|---|
| io | fingerei | finga | fingessi |
| tu | fingeresti | finga | fingessi |
| lui/lei/Lei | fingerebbe | finga | fingesse |
| noi | fingeremmo | fingiamo | fingessimo |
| voi | fingereste | fingiate | fingeste |
| loro/Loro | fingerebbero | fingano | fingessero |

|  | Perfect | Perfect | Pluperfect |
|---|---|---|---|
| io | avrei finto | abbia finto | avessi finto |

| GERUND | PAST PARTICIPLE | IMPERATIVE |
|---|---|---|
| fingendo | finto | fingi, finga, fingiamo, fingete, fingano |

**Finsero di svenire.** *They pretended to faint.*
**Fingi di non conoscerlo?** *Are you pretending not to know him?*
**Paolo fingerà di essere ammalato.** *Paolo will pretend to be ill.*
**Fingi per un momento di essere un poeta.** *Imagine for a moment that you are a poet.*
**fingere sorpresa** *to feign surprise*
**fingersi pazzo** *to feign madness*
**Sapeva fingere bene.** *He was good at hiding his feelings.*

**la finzione** *pretence*
**la finta** *pretence, feint*
**fare una finta** *to make a feint*

**finto** *false*
**perle finte** *imitation pearls*
**fare finta di** *to pretend to*

# finire *to finish* intr./tr. **78**

## INDICATIVE

| | Present | Imperfect | Perfect |
|---|---|---|---|
| io | finisco | finivo | ho finito |
| tu | finisci | finivi | hai finito |
| lui/lei/Lei | finisce | finiva | ha finito |
| noi | finiamo | finivamo | abbiamo finito |
| voi | finite | finivate | avete finito |
| loro/Loro | finiscono | finivano | hanno finito |

| | Future | Pluperfect | Past Historic |
|---|---|---|---|
| io | finirò | avevo finito | finii |
| tu | finirai | avevi finito | finisti |
| lui/lei/Lei | finirà | aveva finito | finì |
| noi | finiremo | avevamo finito | finimmo |
| voi | finirete | avevate finito | finiste |
| loro/Loro | finiranno | avevano finito | finirono |

| | Future Perfect | | Past Anterior |
|---|---|---|---|
| io | avrò finito | | ebbi finito |

## CONDITIONAL    SUBJUNCTIVE

| | Present | Present | Imperfect |
|---|---|---|---|
| io | finirei | finisca | finissi |
| tu | finiresti | finisca | finissi |
| lui/lei/Lei | finirebbe | finisca | finisse |
| noi | finiremmo | finiamo | finissimo |
| voi | finireste | finiate | finiste |
| loro/Loro | finirebbero | finiscano | finissero |

| | Perfect | Perfect | Pluperfect |
|---|---|---|---|
| io | avrei finito | abbia finito | avessi finito |

| GERUND | PAST PARTICIPLE | IMPERATIVE |
|---|---|---|
| finendo | finito | finisci, finisca, finiamo, finite, finiscano |

**Hai finito quel lavoro?** *Have you finished that job?*
**La settimana è finita.** *The week is over.*
**Il film è finito ora.** *The film has ended now.*
**Dove finirà Paolo?** *Where will Paolo end up?*
**Finiscila!** *Stop it!*
**È ora di farla finita con le prepotenze.** *It's time to put an end to bullying.*
**Tutto è bene ciò che finisce bene.** *All's well that ends well.*
**La serata finì in bellezza.** *The evening ended with a bang.*
**È tutto finito.** *It's all over.*

**il finimondo** *chaos*          **la fine** (f) *the end*
**finito** *completed*            **il fine** (m) *the aim*

# 79 friggere *to fry* tr.

## INDICATIVE

|  | Present | Imperfect | Perfect |
|---|---|---|---|
| io | friggo | friggevo | ho fritto |
| tu | friggi | friggevi | hai fritto |
| lui/lei/Lei | frigge | friggeva | ha fritto |
| noi | friggiamo | friggevamo | abbiamo fritto |
| voi | friggete | friggevate | avete fritto |
| loro/Loro | friggono | friggevano | hanno fritto |

|  | Future | Pluperfect | Past Historic |
|---|---|---|---|
| io | friggerò | avevo fritto | frissi |
| tu | friggerai | avevi fritto | friggesti |
| lui/lei/Lei | friggerà | aveva fritto | frisse |
| noi | friggeremo | avevamo fritto | friggemmo |
| voi | friggerete | avevate fritto | friggeste |
| loro/Loro | friggeranno | avevano fritto | frissero |

|  | Future Perfect | | Past Anterior |
|---|---|---|---|
| io | avrò fritto | | ebbi fritto |

## CONDITIONAL    SUBJUNCTIVE

|  | Present | Present | Imperfect |
|---|---|---|---|
| io | friggerei | frigga | friggessi |
| tu | figgeresti | frigga | friggessi |
| lui/lei/Lei | friggerebbe | frigga | friggesse |
| noi | friggeremmo | friggiamo | friggessimo |
| voi | friggereste | friggiate | friggeste |
| loro/Loro | friggerebbero | friggano | friggessero |

|  | Perfect | Perfect | Pluperfect |
|---|---|---|---|
| io | avrei fritto | abbia fritto | avessi fritto |

| GERUND | PAST PARTICIPLE | IMPERATIVE |
|---|---|---|
| friggendo | fritto | friggi, frigga, friggiamo, friggete, friggano |

**Che cosa friggi? Friggo le uova.** *What are you frying? I am frying eggs.*
**Friggerete la pancetta? No, friggeremo le uova.** *Will you fry bacon? No, we will fry eggs.*
**Paolo, che cosa friggi in padella?** *Paolo, what are you frying in the pan?*
**Vai a farti friggere!** *Go to hell!*
**L'insegnante friggeva dalla rabbia.** *The teacher was seething with rage.*

**fritto** *fried*
**patatine fritte** *chips*
**pesce fritto** *fried fish*
**fritto misto** *mixed fried fish*
**la frittata** *omelette*

**la frittella** *pancake*
**la friggitrice** *deep fryer*
**Sono fritto.** *I am done for.*
**cose fritte e rifritte** *stale news*

# giacere  *to lie*  intr.  **80**

## INDICATIVE

|  | Present | Imperfect | Perfect |
|---|---|---|---|
| io | giaccio | giacevo | sono giaciuto/a |
| tu | giaci | giacevi | sei giaciuto/a |
| lui/lei/Lei | giace | giaceva | è giaciuto/a |
| noi | giacciamo | giacevamo | siamo giaciuti/e |
| voi | giacete | giacevate | siete giaciuti/e |
| loro/Loro | giacciono | giacevano | sono giaciuti/e |

|  | Future | Pluperfect | Past Historic |
|---|---|---|---|
| io | giacerò | ero giaciuto/a | giacqui |
| tu | giacerai | eri giaciuto/a | giacesti |
| lui/lei/Lei | giacerà | era giaciuto/a | giacque |
| noi | giaceremo | eravamo giaciuti/e | giacemmo |
| voi | giacerete | eravate giaciuti/e | giaceste |
| loro/Loro | giaceranno | erano giaciuti/e | giacquero |

|  | Future Perfect |  | Past Anterior |
|---|---|---|---|
| io | sarò giaciuto/a |  | fui giaciuto/a |

## CONDITIONAL    SUBJUNCTIVE

|  | Present | Present | Imperfect |
|---|---|---|---|
| io | giacerei | giaccia | giacessi |
| tu | giaceresti | giaccia | giacessi |
| lui/lei/Lei | giacerebbe | giaccia | giacesse |
| noi | giaceremmo | giacciamo | giacessimo |
| voi | giacereste | giacciate | giaceste |
| loro/Loro | giacerebbero | giacciano | giacessero |

|  | Perfect | Perfect | Pluperfect |
|---|---|---|---|
| io | sarei giaciuto/a | sia giaciuto/a | fossi giaciuto/a |

| GERUND | PAST PARTICIPLE | IMPERATIVE |
|---|---|---|
| giacendo | giaciuto/a/i/e | giaci, giaccia, giacciamo, giacete, giacciano |

**Il ferito giaceva al suolo.**  *The wounded man was lying on the ground.*
**Il paese giace ai piedi della montagna.**  *The village is located at the foot of the mountain.*
**Penso che giaccia ammalato.**  *I think that he is ill. (Lit. lies ill)*
**Quella merce giace nel negozio.**  *Those goods are stored in the shop.*
**giacere addormentato**  *to lie asleep*
**Qui giace...**  *Here lies...*
**Chi muore giace, chi vive si dà pace.**  *Let the dead bury the dead.*
**Questa città giace in rovina.**  *The city lies in ruins.*

**il giacimento**  *deposit, layer*
**giacimento di petrolio**  *oil field*
**merce in giacenza**  *unsold stock*

# 81 giungere *to arrive* intr.

## INDICATIVE

| | Present | Imperfect | Perfect |
|---|---|---|---|
| io | giungo | giungevo | sono giunto/a |
| tu | giungi | giiungevi | sei giunto/a |
| lui/lei/Lei | giunge | giungeva | è giunto/a |
| noi | giungiamo | giungevamo | siamo giunti/e |
| voi | giungete | giungevate | siete giunti/e |
| loro/Loro | giungono | giungevano | sono giunti/e |

| | Future | Pluperfect | Past Historic |
|---|---|---|---|
| io | giungerò | ero giunto/a | giunsi |
| tu | giungerai | eri giunto/a | giungesti |
| lui/lei/Lei | giungerà | era giunto/a | giunse |
| noi | giungeremo | eravamo giunti/e | giungemmo |
| voi | giungerete | eravate giunti/e | giungeste |
| loro/Loro | giungeranno | erano giunti/e | giunsero |

| | Future Perfect | | Past Anterior |
|---|---|---|---|
| io | sarò giunto/a | | fui giunto/a |

## CONDITIONAL  SUBJUNCTIVE

| | Present | Present | Imperfect |
|---|---|---|---|
| io | giungerei | giunga | giungessi |
| tu | giungeresti | giunga | giungessi |
| lui/lei/Lei | giungerebbe | giunga | giungesse |
| noi | giungeremmo | giungiamo | giungessimo |
| voi | giungereste | giungiate | giungeste |
| loro/Loro | giungerebbero | giungano | giungessero |

| | Perfect | Perfect | Pluperfect |
|---|---|---|---|
| io | sarei giunto/a | sia giunto/a | fossi giunto/a |

| GERUND | PAST PARTICIPLE | IMPERATIVE |
|---|---|---|
| giungendo | giunto/a/i/e | giungi, giunga, giungiamo, giungete, giungano |

**Paolo giungerà alla stazione alle dieci.** *Paolo will arrive at the station at ten o'clock.*
**A che capitolo è giunto, Signor Rossi?** *What chapter have you got to, Mr Rossi?*
**L'estate è giunta.** *Summer has arrived.*
**La campagna giunge fino al confine.** *The countryside stretches to the border.*
**Giunsero le mani per pregare.** *They joined their hands in prayer.*
**giungere al punto di...** *to come to the point of...*
**fin dove giunge lo sguardo** *as far as the eye can see*
**Questa mi giunge nuova.** *This is new to me.*

**la giunta** *addition*
**la giunta comunale** *town council*

**la giunzione** *joint* (technical)
**la giuntura** *joint* (of the body)

# godere *to enjoy* intr./tr.

## INDICATIVE

|  | Present | Imperfect | Perfect |
|---|---|---|---|
| io | godo | godevo | ho goduto |
| tu | godi | godevi | hai goduto |
| lui/lei/Lei | gode | godeva | ha goduto |
| noi | godiamo | godevamo | abbiamo goduto |
| voi | godete | godevate | avete goduto |
| loro/Loro | godono | godevano | hanno goduto |

|  | Future | Pluperfect | Past Historic |
|---|---|---|---|
| io | godrò | avevo goduto | godei (godetti) |
| tu | godrai | avevi goduto | godesti |
| lui/lei/Lei | godrà | aveva goduto | godè (godette) |
| noi | godremo | avevamo goduto | godemmo |
| voi | godrete | avevate goduto | godeste |
| loro/Loro | godranno | avevano goduto | goderono (godettero) |

|  | Future Perfect | | Past Anterior |
|---|---|---|---|
| io | avrò goduto | | ebbi goduto |

## CONDITIONAL    SUBJUNCTIVE

|  | Present | Present | Imperfect |
|---|---|---|---|
| io | godrei | goda | godessi |
| tu | godresti | goda | godessi |
| lui/lei/Lei | godrebbe | goda | godesse |
| noi | godremmo | godiamo | godessimo |
| voi | godreste | godiate | godeste |
| loro/Loro | godrebbero | godano | godessero |

|  | Perfect | Perfect | Pluperfect |
|---|---|---|---|
| io | avrei goduto | abbia goduto | avessi goduto |

| GERUND | PAST PARTICIPLE | IMPERATIVE |
|---|---|---|
| godendo | goduto | godi, goda, godiamo, godete, godano |

**Godetti la compagnia dei miei amici.** *I enjoyed the company of my friends.*
**Paolo gode il riposo settimanale.** *Paolo enjoys his weekly rest.*
**La città gode di una vista panoramica.** *The town has a panoramic view.*
**Hai goduto lo spettacolo?** *Have you enjoyed the show?*
**Paolo si gode la vita.** *Paolo enjoys life.*
**Godiamo di buona salute.** *We are in good health.*
**godersela** *to have a good time*
**godere di tutte le facoltà** *to be in full possession of one's faculties*

**il godimento** *pleasure, enjoyment*          **il gaudio** *joy*
**godereccio** *pleasure-loving*                **gaudente** *pleasure seeker*

# 83 guardare *to look at* tr.

## INDICATIVE

| | Present | Imperfect | Perfect |
|---|---|---|---|
| io | guardo | guardavo | ho guardato |
| tu | guardi | guardavi | hai guardato |
| lui/lei/Lei | guarda | guardava | ha guardato |
| noi | guardiamo | guardavamo | abbiamo guardato |
| voi | guardate | guardavate | avete guardato |
| loro/Loro | guardano | guardavano | hanno guardato |

| | Future | Pluperfect | Past Historic |
|---|---|---|---|
| io | guarderò | avevo guardato | guardai |
| tu | guarderai | avevi guardato | guardasti |
| lui/lei/Lei | guarderà | aveva guardato | guardò |
| noi | guarderemo | avevamo guardato | guardammo |
| voi | guarderete | avevate guardato | guardaste |
| loro/Loro | guarderanno | avevano guardato | guardarono |

| | Future Perfect | | Past Anterior |
|---|---|---|---|
| io | avrò guardato | | ebbi guardato |

## CONDITIONAL · SUBJUNCTIVE

| | Present | Present | Imperfect |
|---|---|---|---|
| io | guarderei | guardi | guardassi |
| tu | guarderesti | guardi | guardassi |
| lui/lei/Lei | guarderebbe | guardi | guardasse |
| noi | guarderemmo | guardiamo | guardassimo |
| voi | guardereste | guardiate | guardaste |
| loro/Loro | guarderebbero | guardino | guardassero |

| | Perfect | Perfect | Pluperfect |
|---|---|---|---|
| io | avrei guardato | abbia guardato | avessi guardato |

| GERUND | PAST PARTICIPLE | IMPERATIVE |
|---|---|---|
| guardando | guardato | guarda, guardi, guardiamo, guardate, guardino |

**Guardiamo la televisione.** *We watch television.*
**Paolo guardava suo figlio giocare.** *Paolo was watching his son playing.*
**Guarda a destra e a sinistra prima di attraversare.** *Look right and left before crossing.*
**Guardano dalla finestra.** *They look out of the window.*
**farsi guardare** *to attract attention*
**Me ne guardo bene!** *Heaven forbid!*
**Non guardarla con insistenza.** *Do not stare at her.*
**Guardati alle spalle!** *Look behind you! Mind your back!*
**guardare i bambini** *to look after the children*
**Guarda di non farti male.** *Take care you don't hurt yourself.*

**la guardia** *guard*      **il guardiano** *keeper*
**il cambio della guardia** *changing of the guard*      **il guardaroba** *wardrobe*

# imparare *to learn* tr. **84**

## INDICATIVE

| | Present | Imperfect | Perfect |
|---|---|---|---|
| io | imparo | imparavo | ho imparato |
| tu | impari | imparavi | hai imparato |
| lui/lei/Lei | impara | imparava | ha imparato |
| noi | impariamo | imparavamo | abbiamo imparato |
| voi | imparate | imparavate | avete imparato |
| loro/Loro | imparano | imparavano | hanno imparato |

| | Future | Pluperfect | Past Historic |
|---|---|---|---|
| io | imparerò | avevo imparato | imparai |
| tu | imparerai | avevi imparato | imparasti |
| lui/lei/Lei | imparerà | aveva imparato | imparò |
| noi | impareremo | avevamo imparato | imparammo |
| voi | imparerete | avevate imparato | imparaste |
| loro/Loro | impareranno | avevano imparato | impararono |

| | Future Perfect | | Past Anterior |
|---|---|---|---|
| io | avrò imparato | | ebbi imparato |

## CONDITIONAL    SUBJUNCTIVE

| | Present | Present | Imperfect |
|---|---|---|---|
| io | imparerei | impari | imparassi |
| tu | impareresti | impari | imparassi |
| lui/lei/Lei | imparerebbe | impari | imparasse |
| noi | impareremmo | impariamo | imparassimo |
| voi | imparereste | impariate | imparaste |
| loro/Loro | imparerebbero | imparino | imparassero |

| | Perfect | Perfect | Pluperfect |
|---|---|---|---|
| io | avrei imparato | abbia imparato | avessi imparato |

| GERUND | PAST PARTICIPLE | IMPERATIVE |
|---|---|---|
| imparando | imparato | impara, impari, impariamo, imparate imparino |

**Dove hai imparato l'italiano?** *Where did you learn Italian?*
**Luigi impara in fretta.** *Luigi is a quick learner.*
**Imparerai l'inglese?** *Will you learn English?*
**Impara questo brano a memoria.** *Learn this piece by heart.*
**imparare a fare qualcosa** *to learn to do something*
**imparare a vivere** *to learn how to live*
**Sbagliando si impara.** *We learn by our mistakes.*
**Per imparare non è mai troppo tardi.** *It is never too late to learn.*
**C'è sempre da imparare.** *We never stop learning.*
**Così imparerai a dire bugie.** *That will teach you not to tell lies.*

**imparaticcio** *half-baked notions*
**disimparare** *to forget (what one has learnt)*

# 85 imporre *to impose* tr.

## INDICATIVE

| | Present | Imperfect | Perfect |
|---|---|---|---|
| io | impongo | imponevo | ho imposto |
| tu | imponi | inponevi | hai imposto |
| lui/lei/Lei | impone | imponeva | ha imposto |
| noi | imponiamo | imponevamo | abbiamo imposto |
| voi | imponete | imponevate | avete imposto |
| loro/Loro | impongono | imponevano | hanno imposto |

| | Future | Pluperfect | Past Historic |
|---|---|---|---|
| io | imporrò | avevo imposto | imposi |
| tu | imporrai | avevi imposto | imponesti |
| lui/lei/Lei | imporrà | aveva imposto | impose |
| noi | imporremo | avevamo imposto | imponemmo |
| voi | imporrete | avevate imposto | imponeste |
| loro/Loro | imporranno | avevano imposto | imposero |

| | Future Perfect | | Past Anterior |
|---|---|---|---|
| io | avrò imposto | | ebbi imposto |

## CONDITIONAL  SUBJUNCTIVE

| | Present | Present | Imperfect |
|---|---|---|---|
| io | imporrei | imponga | imponessi |
| tu | imporresti | imponga | imponessi |
| lui/lei/Lei | imporrebbe | imponga | imponesse |
| noi | imporremmo | imponiamo | imponessimo |
| voi | imporreste | imponiate | imponeste |
| loro/Loro | imporrebbero | impongano | imponessero |

| | Perfect | Perfect | Pluperfect |
|---|---|---|---|
| io | avrei imposto | abbia imposto | avessi imposto |

| GERUND | PAST PARTICIPLE | IMPERATIVE |
|---|---|---|
| imponendo | imposto | imponi, imponga, imponiamo, imponete, impongano |

**Luigi gli ha imposto di firmare.** *Luigi has forced him to sign.*
**imporre la propria autorità** *to assert one's authority*
**imporre una condizione** *to impose a condition, to stipulate*
**imporre il silenzio** *to command silence*
**Penso che si possa imporre come pittore.** *I think he can make a name for himself as a painter.*

**l'imponenza** (f) *impressiveness*
**imponente** *imposing*

**l'imposta** (f) *tax, duty*
**l'imposizione** (f) *imposition, order*

# incidere *to affect, record, engrave* tr. **86**

## INDICATIVE

|  | Present | Imperfect | Perfect |
|---|---|---|---|
| io | incido | incidevo | ho inciso |
| tu | incidi | incidevi | hai inciso |
| lui/lei/Lei | incide | incideva | ha inciso |
| noi | incidiamo | incidevamo | abbiamo inciso |
| voi | incidete | incidevate | avete inciso |
| loro/Loro | incidono | incidevano | hanno inciso |

|  | Future | Pluperfect | Past Historic |
|---|---|---|---|
| io | inciderò | avevo inciso | incisi |
| tu | inciderai | avevi inciso | incidesti |
| lui/lei/Lei | inciderà | aveva inciso | incise |
| noi | incideremo | avevamo inciso | incidemmo |
| voi | inciderete | avevate inciso | incideste |
| loro/Loro | incideranno | avevano inciso | incisero |

|  | Future Perfect | | Past Anterior |
|---|---|---|---|
| io | avrò inciso | | ebbi inciso |

## CONDITIONAL    SUBJUNCTIVE

|  | Present | Present | Imperfect |
|---|---|---|---|
| io | inciderei | incida | incidessi |
| tu | incideresti | incida | incidessi |
| lui/lei/Lei | inciderebbe | incida | incidesse |
| noi | incideremmo | incidiamo | incidessimo |
| voi | incidereste | incidiate | incideste |
| loro/Loro | inciderebbero | incidano | incidessero |

|  | Perfect | Perfect | Pluperfect |
|---|---|---|---|
| io | avrei inciso | abbia inciso | avessi inciso |

| GERUND | PAST PARTICIPLE | IMPERATIVE |
|---|---|---|
| incidendo | inciso | incidi, incida, incidiamo, incidete, incidano |

---

**La tassa incide sul consumatore.** *The tax affects the consumer.*
**Questa spesa inciderebbe sul bilancio.** *This expense would weigh upon the budget.*
**Paolo inciderà il suo discorso.** *Paolo will record his speech.*
**Incisi un disco l'anno scorso.** *I made a record last year.*
**Abbiamo inciso i nostri nomi sul muro.** *We have carved our names on the wall.*
**essere inciso nella memoria** *to be engraved on one's memory*
**incidere all'acquaforte** *to etch*

**l'incisore** (m) *engraver*       **per inciso** *incidentally*
**l'inciso** (m) *parenthesis*       **l'incidente** (m) *accident*

# 87 includere *to include* tr.

## INDICATIVE

| | Present | Imperfect | Perfect |
|---|---|---|---|
| io | includo | includevo | ho incluso |
| tu | includi | includevi | hai incluso |
| lui/lei/Lei | include | includeva | ha incluso |
| noi | includiamo | includevamo | abbiamo incluso |
| voi | includete | includevate | avete incluso |
| loro/Loro | includono | includevano | hanno incluso |

| | Future | Pluperfect | Past Historic |
|---|---|---|---|
| io | includerò | avevo incluso | inclusi |
| tu | includerai | avevi incluso | includesti |
| lui/lei/Lei | includerà | aveva incluso | incluse |
| noi | includeremo | avevamo incluso | includemmo |
| voi | includerete | avevate incluso | includeste |
| loro/Loro | includeranno | avevano incluso | inclusero |

| | Future Perfect | | Past Anterior |
|---|---|---|---|
| io | avrò incluso | | ebbi incluso |

## CONDITIONAL          SUBJUNCTIVE

| | Present | Present | Imperfect |
|---|---|---|---|
| io | includerei | includa | includessi |
| tu | includeresti | includa | includessi |
| lui/lei/Lei | includerebbe | includa | includesse |
| noi | includeremmo | includiamo | includessimo |
| voi | includereste | includiate | includeste |
| loro/Loro | includerebbero | includano | includessero |

| | Perfect | Perfect | Pluperfect |
|---|---|---|---|
| io | avrei incluso | abbia incluso | avessi incluso |

| GERUND | PAST PARTICIPLE | IMPERATIVE |
|---|---|---|
| includendo | incluso | includi, includa, includiamo, includete, includano |

**Includi il tuo CV nella lettera.** *Enclose your CV with the letter.*
**Hai incluso quel nome nella lista?** *Have you included that name in the list?*
**Includeranno anche te nel gruppo?** *Will they include you in the group too?*
**Maria rimase là fino a martedì incluso.** *Maria stayed there up to and including Tuesday.*
**Il servizio è incluso nel prezzo.** *Service is included in the price.*
**incluse le spese** *including expenses*

**l'inclusione** (f) *inclusion*
**con inclusione** *including*
**incluso/accluso** *included, attached, enclosed*
**il documento incluso/accluso** *the attached document*

# incontrare *to meet* tr.

## INDICATIVE

| | Present | Imperfect | Perfect |
|---|---|---|---|
| io | incontro | incontravo | ho incontrato |
| tu | incontri | incontravi | hai incontrato |
| lui/lei/Lei | incontra | incontrava | ha incontrato |
| noi | incontriamo | incontravamo | abbiamo incontrato |
| voi | incontrate | incontravate | avete incontrato |
| loro/Loro | incontrano | incontravano | hanno incontrato |

| | Future | Pluperfect | Past Historic |
|---|---|---|---|
| io | incontrerò | avevo incontrato | incontrai |
| tu | incontrerai | avevi incontrato | incontrasti |
| lui/lei/Lei | incontrerà | aveva incontrato | incontrò |
| noi | incontreremo | avevamo incontrato | incontrammo |
| voi | incontrerete | avevate incontrato | incontraste |
| loro/Loro | incontreranno | avevano incontrato | incontrarono |

| | Future Perfect | | Past Anterior |
|---|---|---|---|
| io | avrò incontrato | | ebbi incontrato |

## CONDITIONAL   SUBJUNCTIVE

| | Present | Present | Imperfect |
|---|---|---|---|
| io | incontrerei | incontri | incontrassi |
| tu | incontreresti | incontri | incontrassi |
| lui/lei/Lei | incontrerebbe | incontri | incontrasse |
| noi | incontreremmo | incontriamo | incontrassimo |
| voi | incontrereste | incontriate | incontraste |
| loro/Loro | incontrerebbero | incontrino | incontrassero |

| | Perfect | Perfect | Pluperfect |
|---|---|---|---|
| io | avrei incontrato | abbia incontrato | avessi incontrato |

| GERUND | PAST PARTICIPLE | IMPERATIVE |
|---|---|---|
| incontrando | incontrato | incontra, incontri, incontriamo, incontrate, incontrino |

---

**Chi avete incontrato? Abbiamo incontrato Luigi.** *Whom have you met? We met Luigi.*
**L'ho incontrato per caso.** *I bumped into him.*
**incontrare difficoltà** *to meet with difficulties*
**incontrare il favore di qualcuno** *to meet with somebody's approval*
**Mi incontro con lui davanti al cinema.** *I've got an appointment with him in front of the cinema.*
**Ci siamo incontrati due anni fa.** *We met two years ago.*
**Le squadre si incontrano sul campo.** *The teams meet on the pitch.*
**I loro sguardi si incontrarono.** *Their eyes met.*

**l'incontro** (m) *meeting, match*
**venirsi incontro** *to meet half way*
**andare incontro a (forti spese)** *to incur (great expense)*

# 89 inghiottire *to swallow* tr.

## INDICATIVE

| | Present | Imperfect | Perfect |
|---|---|---|---|
| io | inghiottisco | inghiottivo | ho inghiottito |
| tu | inghiottisci | inghiottivi | hai inghiottito |
| lui/lei/Lei | inghiottisce | inghiottiva | ha inghiottito |
| noi | inghiottiamo | inghiottivamo | abbiamo inghiottito |
| voi | inghiottite | inghiottivate | avete inghiottito |
| loro/Loro | inghiottiscono | inghiottivano | hanno inghiottito |

| | Future | Pluperfect | Past Historic |
|---|---|---|---|
| io | inghiottirò | avevo inghiottito | inghiottii |
| tu | inghiottirai | avevi inghiottito | inghiottisti |
| lui/lei/Lei | inghiottirà | aveva inghiottito | inghiottì |
| noi | inghiottiremo | avevamo inghiottito | inghiottimmo |
| voi | inghiottirete | avevate inghiottito | inghiottiste |
| loro/Loro | inghiottiranno | avevano inghiottito | inghiottirono |

| | Future Perfect | | Past Anterior |
|---|---|---|---|
| io | avrò inghiottito | | ebbi inghiottito |

## CONDITIONAL     SUBJUNCTIVE

| | Present | Present | Imperfect |
|---|---|---|---|
| io | inghiottirei | inghiottisca | inghiottissi |
| tu | inghiottiresti | inghiottisca | inghiottissi |
| lui/lei/Lei | inghiottirebbe | inghiottisca | inghiottisse |
| noi | inghiottiremmo | inghiottiamo | inghiottissimo |
| voi | inghiottireste | inghiottiate | inghiottiste |
| loro/Loro | inghiottirebbero | inghiottiscano | inghiottissero |

| | Perfect | Perfect | Pluperfect |
|---|---|---|---|
| io | avrei inghiottito | abbia inghiottito | avessi inghiottito |

| GERUND | PAST PARTICIPLE | IMPERATIVE |
|---|---|---|
| inghiottendo | inghiottito | inghiottisci, inghiottisca, inghiottiamo, inghiottite, inghiottiscano |

---

**Inghiottisce il cibo senza masticarlo.** *He swallows food without chewing it.*
**Non riesco a inghiottire la compressa.** *I cannot swallow this tablet.*
**La nave fu inghiottita dalle onde.** *The ship was swallowed up by the waves.*
**Scomparvero, inghiottiti dalla nebbia/dalle tenebre.** *They disappeared, swallowed up by the fog/the darkness.*
**inghiottire una pillola amara** *to swallow a bitter pill*
**inghiottire le lacrime** *to swallow one's tears*
**inghiottire umiliazioni/insulti** *to put up with humiliation/insults*

**l'inghiottimento** (m) *swallowing*
**deglutire** *to swallow*

# insistere  *to insist*  intr.  **90**

## INDICATIVE

| | Present | Imperfect | Perfect |
|---|---|---|---|
| io | insisto | insistevo | ho insistito |
| tu | insisti | insistevi | hai insistito |
| lui/lei/Lei | insiste | insisteva | ha insistito |
| noi | insistiamo | insistevamo | abbiamo insistito |
| voi | insistete | insistevate | avete insistito |
| loro/Loro | insistono | insistevano | hanno insistito |

| | Future | Pluperfect | Past Historic |
|---|---|---|---|
| io | insisterò | avevo insistito | insistei (insistetti) |
| tu | insisterai | avevi insistito | insistesti |
| lui/lei/Lei | insisterà | aveva insistito | insistè (insistette) |
| noi | insisteremo | avevamo insistito | insistemmo |
| voi | insisterete | avevate insistito | insisteste |
| loro/Loro | insisteranno | avevano insistito | insisterono (insistettero) |

| | Future Perfect | | Past Anterior |
|---|---|---|---|
| io | avrò insistito | | ebbi insistito |

## CONDITIONAL  SUBJUNCTIVE

| | Present | Present | Imperfect |
|---|---|---|---|
| io | insisterei | insista | insistessi |
| tu | insisteresti | insista | insistessi |
| lui/lei/Lei | insisterebbe | insista | insistesse |
| noi | insisteremmo | insistiamo | insistessimo |
| voi | insistereste | insistiate | insisteste |
| loro/Loro | insisterebbero | insistano | insistessero |

| | Perfect | Perfect | Pluperfect |
|---|---|---|---|
| io | avrei insistito | abbia insistito | avessi insistito |

| GERUND | PAST PARTICIPLE | IMPERATIVE |
|---|---|---|
| insistendo | insistito | insisti, insista, insistiamo, insistete, insistano |

**Per favore, non insistere.** *Please, do not insist.*
**Non hanno insistito.** *They have not insisted.*
**Insistettero su questo punto.** *They insisted on this point.*
**Insistiamo nei nostri propositi.** *We persist in our own aim.*
**Insiste a fare lo stesso errore.** *He/she keeps on making the same mistake.*
**Insistono nel dire che hanno già pagato.** *They keep on saying they have already paid.*
**insistere con qualcuno perché faccia qualcosa** *to urge somebody to do something*

**l'insistenza** (f) *insistence, persistence*
**insistente** *insistent, persistent*
**richiesta insistente** *persistent demand*
**insistentemente** *insistently, continually*

# 91 intendere *to intend, mean, hear* tr.

## INDICATIVE

| | Present | Imperfect | Perfect |
|---|---|---|---|
| io | intendo | intendevo | ho inteso |
| tu | intendi | intendevi | hai inteso |
| lui/lei/Lei | intende | intendeva | ha inteso |
| noi | intendiamo | intendevamo | abbiamo inteso |
| voi | intendete | intendevate | avete inteso |
| loro/Loro | intendono | intendevano | hanno inteso |

| | Future | Pluperfect | Past Historic |
|---|---|---|---|
| io | intenderò | avevo inteso | intesi |
| tu | intenderai | avevi inteso | intendesti |
| lui/lei/Lei | intenderà | aveva inteso | intese |
| noi | intenderemo | avevamo inteso | intendemmo |
| voi | intenderete | avevate inteso | intendeste |
| loro/Loro | intenderanno | avevano inteso | intesero |

| | Future Perfect | | Past Anterior |
|---|---|---|---|
| io | avrò inteso | | ebbi inteso |

## CONDITIONAL   SUBJUNCTIVE

| | Present | Present | Imperfect |
|---|---|---|---|
| io | intenderei | intenda | intendessi |
| tu | intenderesti | intenda | intendessi |
| lui/lei/Lei | intenderebbe | intenda | intendesse |
| noi | intenderemmo | intendiamo | intendessimo |
| voi | intendereste | intendiate | intendeste |
| loro/Loro | intenderebbero | intendano | intendessero |

| | Perfect | Perfect | Pluperfect |
|---|---|---|---|
| io | avrei inteso | abbia inteso | avessi inteso |

| GERUND | PAST PARTICIPLE | IMPERATIVE |
|---|---|---|
| intendendo | inteso | intendi, intenda, intendiamo, intendete, intendano |

**Con chi intendi viaggiare?** *Who do you intend to travel with?*
**Paolo, che cosa intendi dire?** *Paolo, what do you mean?*
**Ci ha dato a/lasciato intendere che veniva.** *He gave us to understand that he was coming.*
**Puoi ripetere per favore, non ho inteso.** *Please can you repeat that, I did not hear you.*
**Non intende ragione.** *He/she does not listen to reason.*
**Si intendono bene.** *They get on well.*
**Tanto per intenderci.** *Let's be clear about this.*
**Vi siete intesi sul prezzo?** *Have you come to an agreement about the price?*
**Luigi si intendeva molto di vini.** *Luigi was a connoisseur of wines.*

**l'intendimento** (m) *intention*
**l'intenditore** (m)/**l'intenditrice** (f) *connoisseur*
**l'intesa** (f) *understanding, agreement*
**venire ad un'intesa** *to reach an agreement*

# interrompere *to interrupt* tr. **92**

## INDICATIVE

|  | Present | Imperfect | Perfect |
|---|---|---|---|
| io | interrompo | interrompevo | ho interrotto |
| tu | interrompi | interrompevi | hai interrotto |
| lui/lei/Lei | interrompe | interrompeva | ha interrotto |
| noi | interrompiamo | interrompevamo | abbiamo interrotto |
| voi | interrompete | interrompevate | avete interrotto |
| loro/Loro | interrompono | interrompevano | hanno interrotto |

|  | Future | Pluperfect | Past Historic |
|---|---|---|---|
| io | interromperò | avevo interrotto | interruppi |
| tu | interromperai | avevi interrotto | interrompesti |
| lui/lei/Lei | interromperà | aveva interrotto | interruppe |
| noi | interromperemo | avevamo interrotto | interrompemmo |
| voi | interromperete | avevate interrotto | interrompeste |
| loro/Loro | interromperanno | avevano interrotto | interruppero |

|  | Future Perfect |  | Past Anterior |
|---|---|---|---|
| io | avrò interrotto |  | ebbi interrotto |

## CONDITIONAL  SUBJUNCTIVE

|  | Present | Present | Imperfect |
|---|---|---|---|
| io | interromperei | interrompa | interrompessi |
| tu | interromperesti | interrompa | interrompessi |
| lui/lei/Lei | interromperebbe | interrompa | interrompesse |
| noi | interromperemmo | interrompiamo | interrompessimo |
| voi | interrompereste | interrompiate | interrompeste |
| loro/Loro | interromperebbero | interrompano | interrompessero |

|  | Perfect | Perfect | Pluperfect |
|---|---|---|---|
| io | avrei interotto | abbia interrotto | avessi interrotto |

| GERUND | PAST PARTICIPLE | IMPERATIVE |
|---|---|---|
| interrompendo | interrotto | interrompi, interrompa, interrompiamo, interrompete, interrompano |

**Non interrompermi quando parlo.** *Do not interrupt me when I speak.*
**Non interrompere il nostro lavoro.** *Do not stop/interrupt our work.*
**Interrompere l'erogazione dell'acqua** *to cut off the water supply*
**Si è interrotta la comunicazione mentre parlavamo.** *We were cut off while we were talking (on the phone).*
**Lo sciopero è stato interrotto.** *The strike has been called off.*
**La strada è interrotta per lavori.** *The road is blocked (Road works ahead).*

**l'interruzione** (f) *interruption*　　**l'interruttore** (m) *switch*
**senza interruzione** *without a break*　　**interrotto** *cut off, interrupted*

# 93 introdurre *to introduce, insert* tr.

## INDICATIVE

| | Present | Imperfect | Perfect |
|---|---|---|---|
| io | introduco | introducevo | ho introdotto |
| tu | introduci | introducevi | hai introdotto |
| lui/lei/Lei | introduce | introduceva | ha introdotto |
| noi | introduciamo | introducevamo | abbiamo introdotto |
| voi | introducete | introducevate | avete introdotto |
| loro/Loro | introducono | introducevano | hanno introdotto |

| | Future | Pluperfect | Past Historic |
|---|---|---|---|
| io | introdurrò | avevo introdotto | introdussi |
| tu | introdurrai | avevi introdotto | introducesti |
| lui/lei/Lei | introdurrà | aveva introdotto | introdusse |
| noi | introdurremo | avevamo introdotto | introducemmo |
| voi | introdurrete | avevate introdotto | introduceste |
| loro/Loro | introdurranno | avevano introdotto | introdussero |

| | Future Perfect | | Past Anterior |
|---|---|---|---|
| io | avrò introdotto | | ebbi introdotto |

## CONDITIONAL    SUBJUNCTIVE

| | Present | Present | Imperfect |
|---|---|---|---|
| io | introdurrei | introduca | introducessi |
| tu | introdurresti | introduca | fintroducessi |
| lui/lei/Lei | introdurrebbe | introduca | introducesse |
| noi | introdurremmo | introduciamo | introducessimo |
| voi | introdurreste | introduciate | introduceste |
| loro/Loro | introdurrebbero | introducano | introducessero |

| | Perfect | Perfect | Pluperfect |
|---|---|---|---|
| io | avrei introdotto | abbia introdotto | avessi introdotto |

| GERUND | PAST PARTICIPLE | IMPERATIVE |
|---|---|---|
| introducendo | introdotto | introduci, introduca, introduciamo, introducete, introducano |

**Introduci la chiave nella serratura.** *Insert the key into the lock.*
**Introdurranno questo articolo sul mercato.** *They will put this article on the market.*
**Si stanno introducendo molte parole inglesi nell'italiano.** *Many English words are being introduced into Italian.*
**I candidati saranno introdotti uno per volta.** *The candidates will be ushered in one at a time.*
**introdurre qualcuno allo studio di...** *to introduce somebody to the study of...*
**introdurre di contrabbando** *to smuggle*
**Si introdusse con la forza.** *He/she forced his/her way in.*

**l'introduzione** (f) *introduction*
**introduttivo** *introductory*
**introdotto** *introduced*
**ben introdotto** *with many contacts*

# intuire _to realize, guess_ tr. **94**

## INDICATIVE

|  | Present | Imperfect | Perfect |
|---|---|---|---|
| io | intuisco | intuivo | ho intuito |
| tu | intuisci | intuivi | hai intuito |
| lui/lei/Lei | intuisce | intuiva | ha intuito |
| noi | intuiamo | intuivamo | abbiamo intuito |
| voi | intuite | intuivate | avete intuito |
| loro/Loro | intuiscono | intuivano | hanno intuito |

|  | Future | Pluperfect | Past Historic |
|---|---|---|---|
| io | intuirò | avevo intuito | intuii |
| tu | intuirai | avevi intuito | intuisti |
| lui/lei/Lei | intuirà | aveva intuito | intuì |
| noi | intuiremo | avevamo intuito | intuimmo |
| voi | intuirete | avevate intuito | intuiste |
| loro/Loro | intuiranno | avevano intuito | intuirono |

|  | Future Perfect | | Past Anterior |
|---|---|---|---|
| io | avrò intuito | | ebbi intuito |

## CONDITIONAL SUBJUNCTIVE

|  | Present | Present | Imperfect |
|---|---|---|---|
| io | intuirei | intuisca | intuissi |
| tu | intuiresti | intuisca | intuissi |
| lui/lei/Lei | intuirebbe | intuisca | intuisse |
| noi | intuiremmo | intuiamo | intuissimo |
| voi | intuireste | intuiate | intuiste |
| loro/Loro | intuirebbero | intuiscano | intuissero |

|  | Perfect | Perfect | Pluperfect |
|---|---|---|---|
| io | avrei intuito | abbia intuito | avessi intuito |

| GERUND | PAST PARTICIPLE | IMPERATIVE |
|---|---|---|
| intuendo | intuito | intuisci, intuisca, intuiamo, intuite, intuiscano |

**Intuivo che non sarebbe venuto.** _I knew he wouldn't come._
**Non avendo notizie, ho intuito che era successo qualcosa.** _As I had no news, I realized that something had happened._
**Come l'hanno intuito?** _How have they guessed?_
**Nessuno ce lo disse, dovemmo intuirlo.** _No one told us, we had to feel our way by instinct._
**intuire la verità/il pericolo** _to guess the truth/the danger_

**l'intuizione** (f) _intuition_
**l'intuito** (m) _instinct_
**avere un grande intuito** _to have a great power of intuition_
**intuitivo** _intuitive_

# 95 lasciare *to let, leave* tr.

## INDICATIVE

|  | Present | Imperfect | Perfect |
|---|---|---|---|
| io | lascio | lasciavo | ho lasciato |
| tu | lasci | lasciavi | hai lasciato |
| lui/lei/Lei | lascia | lasciava | ha lasciato |
| noi | lasciamo | lasciavamo | abbiamo lasciato |
| voi | lasciate | lasciavate | avete lasciato |
| loro/Loro | lasciano | lasciavano | hanno lasciato |

|  | Future | Pluperfect | Past Historic |
|---|---|---|---|
| io | lascerò | avevo lasciato | lasciai |
| tu | lascerai | avevi lasciato | lasciasti |
| lui/lei/Lei | lascerà | aveva lasciato | lasciò |
| noi | lasceremo | avevamo lasciato | lasciammo |
| voi | lascerete | avevate lasciato | lasciaste |
| loro/Loro | lasceranno | avevano lasciato | lasciarono |

|  | Future Perfect |  | Past Anterior |
|---|---|---|---|
| io | avrò lasciato |  | ebbi lasciato |

## CONDITIONAL     SUBJUNCTIVE

|  | Present | Present | Imperfect |
|---|---|---|---|
| io | lascerei | lasci | lasciassi |
| tu | lasceresti | lasci | lasciassi |
| lui/lei/Lei | lascerebbe | lasci | lasciasse |
| noi | lasceremmo | lasciamo | lasciassimo |
| voi | lascerete | lasciate | lasciaste |
| loro/Loro | lascerebbero | lascino | lasciassero |

|  | Perfect | Perfect | Pluperfect |
|---|---|---|---|
| io | avrei lasciato | abbia lasciato | avessi lasciato |

| GERUND | PAST PARTICIPLE | IMPERATIVE |
|---|---|---|
| lasciando | lasciato | lascia, lasci, lasciamo, lasciate, lascino |

**Paolo lasciò l'Inghilterra l'anno scorso.** *Paolo left England last year.*
**Lasceranno un libro per te.** *They will leave a book for you.*
**Non mi lasciano uscire la sera.** *They don't let me go out in the evenings.*
**Ho lasciato che decidesse lui.** *I let him decide.*
**Ci lasciammo alla stazione.** *We parted at the station.*
**Lasciami entrare.** *Let me in.*
**Lasciami in pace.** *Leave me alone.*
**Questo ristorante lascia a desiderare.** *This restaurant is unsatisfactory.*
**Prendere o lasciare.** *Take it or leave it.*
**Vivi e lascia vivere.** *Live and let live.*

**il lasciapassare** *pass, permit*
**il lascito** *bequest*

# lavare *to wash* tr.

## INDICATIVE

| | Present | Imperfect | Perfect |
|---|---|---|---|
| io | lavo | lavavo | ho lavato |
| tu | lavi | lavavi | hai lavato |
| lui/lei/Lei | lava | lavava | ha lavato |
| noi | laviamo | lavavamo | abbiamo lavato |
| voi | lavate | lavavate | avete lavato |
| loro/Loro | lavano | lavavano | hanno lavato |

| | Future | Pluperfect | Past Historic |
|---|---|---|---|
| io | laverò | avevo lavato | lavai |
| tu | laverai | avevi lavato | lavasti |
| lui/lei/Lei | laverà | aveva lavato | lavò |
| noi | laveremo | avevamo lavato | lavammo |
| voi | laverete | avevate lavato | lavaste |
| loro/Loro | laveranno | avevano lavato | lavarono |

| | Future Perfect | | Past Anterior |
|---|---|---|---|
| io | avrò lavato | | ebbi lavato |

## CONDITIONAL    SUBJUNCTIVE

| | Present | Present | Imperfect |
|---|---|---|---|
| io | laverei | lavi | lavassi |
| tu | laveresti | lavi | lavassi |
| lui/lei/Lei | laverebbe | lavi | lavasse |
| noi | laveremmo | laviamo | lavassimo |
| voi | lavereste | laviate | lavaste |
| loro/Loro | laverebbero | lavino | lavassero |

| | Perfect | Perfect | Pluperfect |
|---|---|---|---|
| io | avrei lavato | abbia lavato | avessi lavato |

| GERUND | PAST PARTICIPLE | IMPERATIVE |
|---|---|---|
| lavando | lavato | lava, lavi, laviamo, lavate, lavino |

**Laviamo la macchina!** *Let's wash the car!*
**La mamma ha lavato i panni.** *Mum has done the laundry.*
**Paolo e Maria laveranno i piatti.** *Paolo and Maria will do the washing up.*
**Penso che Luigi lavi le finestre.** *I think that Luigi cleans the windows.*
**lavarsi le mani** *to wash one's hands*
**lavare a secco** *to dry-clean*
**I panni sporchi si lavano in casa.** *Do not wash your dirty linen in public.*
**Me ne lavo le mani.** *I wash my hands of it.*

**la lavatrice** *washing-machine*          **il lavello** *sink*
**il lavandino** *washbasin*          **il lavativo** *idler, lazy-bones*

# 97 **lavorare** *to work*  intr.

## INDICATIVE

| | Present | Imperfect | Perfect |
|---|---|---|---|
| io | lavoro | lavoravo | ho lavorato |
| tu | lavori | lavoravi | hai lavorato |
| lui/lei/Lei | lavora | lavorava | ha lavorato |
| noi | lavoriamo | lavoravamo | abbiamo lavorato |
| voi | lavorate | lavoravate | avete lavorato |
| loro/Loro | lavorano | lavoravano | hanno lavorato |

| | Future | Pluperfect | Past Historic |
|---|---|---|---|
| io | lavorerò | avevo lavorato | lavorai |
| tu | lavorerai | avevi lavorato | lavorasti |
| lui/lei/Lei | lavorerà | aveva lavorato | lavorò |
| noi | lavoreremo | avevamo lavorato | lavorammo |
| voi | lavorerete | avevate lavorato | lavoraste |
| loro/Loro | lavoreranno | avevano lavorato | lavorarono |

| | Future Perfect | | Past Anterior |
|---|---|---|---|
| io | avrò lavorato | | ebbi lavorato |

## CONDITIONAL    SUBJUNCTIVE

| | Present | Present | Imperfect |
|---|---|---|---|
| io | lavorerei | lavori | lavorassi |
| tu | lavoreresti | lavori | lavorassi |
| lui/lei/Lei | lavorebbe | lavori | lavorasse |
| noi | lavoreremmo | lavoriamo | lavorassimo |
| voi | lavorereste | lavoriate | lavoraste |
| loro/Loro | lavorerebbero | lavorino | lavorassero |

| | Perfect | Perfect | Pluperfect |
|---|---|---|---|
| io | avrei lavorato | abbia lavorato | avessi lavorato |

| GERUND | PAST PARTICIPLE | IMPERATIVE |
|---|---|---|
| lavorando | lavorato | lavora, lavori, lavoriamo, lavorate, lavorino |

**Dove lavora, Lei?** *Where do you work?*
**Lavoro in banca qui a Milano.** *I work in a bank here in Milan.*
**Sono solo due mesi che Paolo lavora.** *Paolo has been working for only two months.*
**Lavoravano ai nostri danni.** *They were working against us.*
**Ho lavorato tutto il giorno come un dannato.** *I have worked like a slave all day.*
**Paolo lavora per la gloria.** *Paolo works for love.*
**lavorare di fantasia** *to use one's imagination*
**lavorare di gomiti** *to elbow one's way*

**il lavoratore/la lavoratrice** *worker*
**il lavoro** *work, labour*
**lavorato** *treated, carved, wrought*
**la giornata lavorativa** *working day*

# leggere *to read* tr. 

| | INDICATIVE | | |
|---|---|---|---|
| | **Present** | **Imperfect** | **Perfect** |
| io | leggo | leggevo | ho letto |
| tu | leggi | leggevi | hai letto |
| lui/lei/Lei | legge | leggeva | ha letto |
| noi | leggiamo | leggevamo | abbiamo letto |
| voi | leggete | leggevate | avete letto |
| loro/Loro | leggono | leggevano | hanno letto |
| | **Future** | **Pluperfect** | **Past Historic** |
| io | leggerò | avevo letto | lessi |
| tu | leggerai | avevi letto | leggesti |
| lui/lei/Lei | leggerà | aveva letto | lesse |
| noi | leggeremo | avevamo letto | leggemmo |
| voi | leggerete | avevate letto | leggeste |
| loro/Loro | leggeranno | avevano letto | lessero |
| | **Future Perfect** | | **Past Anterior** |
| io | avrò letto | | ebbi letto |

| | CONDITIONAL | SUBJUNCTIVE | |
|---|---|---|---|
| | **Present** | **Present** | **Imperfect** |
| io | leggerei | legga | leggessi |
| tu | leggeresti | legga | leggessi |
| lui/lei/Lei | leggerebbe | legga | leggesse |
| noi | leggeremmo | leggiamo | leggessimo |
| voi | leggereste | leggiate | leggeste |
| loro/Loro | leggerebbero | leggano | leggessero |
| | **Perfect** | **Perfect** | **Pluperfect** |
| io | avrei letto | abbia letto | avessi letto |

| GERUND | PAST PARTICIPLE | IMPERATIVE |
|---|---|---|
| leggendo | letto | leggi, legga, leggiamo, leggete, leggano |

**Che cosa leggi, Paolo? Leggo una rivista.** *What are you reading, Paolo? I am reading a magazine.*
**Leggeranno la comunicazione? Sì, la leggeranno.** *Will they read the notice? Yes, they will read it.*
**Leggi questo brano da capo a fondo.** *Read this piece right through.*
**Questo uomo ha letto molto.** *This man is well read.*
**Mia madre mi lesse nel pensiero.** *My mother read my thoughts.*
**La felicità gli si leggeva in viso.** *Happiness was written all over his face.*
**leggere la musica** *to read music*
**leggere la mano a qualcuno** *to read somebody's palm*

**leggibile** *legible*
**illeggibile** *illegible, unreadable*
**la lettura** *reading*
**il lettore/la lettrice** *reader*

# 99 mangiare *to eat* tr.

## INDICATIVE

|  | Present | Imperfect | Perfect |
|---|---|---|---|
| io | mangio | mangiavo | ho mangiato |
| tu | mangi | mangiavi | hai mangiato |
| lui/lei/Lei | mangia | mangiava | ha mangiato |
| noi | mangiamo | mangiavamo | abbiamo mangiato |
| voi | mangiate | mangiavate | avete mangiato |
| loro/Loro | mangiano | mangiavano | hanno mangiato |

|  | Future | Pluperfect | Past Historic |
|---|---|---|---|
| io | mangerò | avevo mangiato | mangiai |
| tu | mangerai | avevi mangiato | mangiasti |
| lui/lei/Lei | mangerà | aveva mangiato | mangiò |
| noi | mangeremo | avevamo mangiato | mangiammo |
| voi | mangerete | avevate mangiato | mangiaste |
| loro/Loro | mangeranno | avevano mangiato | mangiarono |

|  | Future Perfect |  | Past Anterior |
|---|---|---|---|
| io | avrò mangiato |  | ebbi mangiato |

## CONDITIONAL    SUBJUNCTIVE

|  | Present | Present | Imperfect |
|---|---|---|---|
| io | mangerei | mangi | mangiassi |
| tu | mangeresti | mangi | mangiassi |
| lui/lei/Lei | mangerebbe | mangi | mangiasse |
| noi | mangeremmo | mangiamo | mangiassimo |
| voi | mangereste | mangiate | mangiaste |
| loro/Loro | mangerebbero | mangino | mangiassero |

|  | Perfect | Perfect | Pluperfect |
|---|---|---|---|
| io | avrei mangiato | abbia mangiato | avessi mangiato |

| GERUND | PAST PARTICIPLE | IMPERATIVE |
|---|---|---|
| mangiando | mangiato | mangia, mangi, mangiamo, mangiate, mangino |

---

**Non mangiare in fretta!** *Do not gobble your food!*
**In queso ristorante si mangia bene.** *The food is great in this restaurant.*
**mangiare con appetito** *to tuck in (to food)*
**roba da mangiare** *food, things to eat*
**La mamma ha dato da mangiare ai bambini.** *Mum has fed the children.*
**La ruggine mangia il ferro.** *Rust corrodes iron.*
**mangiare la foglia** *to smell a rat*
**Si mangeranno il fegato dalla rabbia.** *They will be consumed by anger.*
**Non mangiarti le unghie.** *Do not bite your nails.*

**fare una bella mangiata** *to have a slap-up meal*
**il mangiatore/la mangiatrice** *eater*
**il mangianastri** *cassette-player*

# mentire  *to lie*  intr.  **100**

## INDICATIVE

|  | Present | Imperfect | Perfect |
|---|---|---|---|
| io | mento (mentisco) | mentivo | ho mentito |
| tu | menti (mentisci) | mentivi | hai mentito |
| lui/lei/Lei | mente (mentisce) | mentiva | ha mentito |
| noi | mentiamo | mentivamo | abbiamo mentito |
| voi | mentite | mentivate | avete mentito |
| loro/Loro | mentono (mentiscono) | mentivano | hanno mentito |

|  | Future | Pluperfect | Past Historic |
|---|---|---|---|
| io | mentirò | avevo mentito | mentii |
| tu | mentirai | avevi mentito | mentisti |
| lui/lei/Lei | mentirà | aveva mentito | mentì |
| noi | mentiremo | avevamo mentito | mentimmo |
| voi | mentirete | avevate mentito | mentiste |
| loro/Loro | mentiranno | avevano mentito | mentirono |

|  | Future Perfect |  | Past Anterior |
|---|---|---|---|
| io | avrò mentito |  | ebbi mentito |

## CONDITIONAL  SUBJUNCTIVE

|  | Present | Present | Imperfect |
|---|---|---|---|
| io | mentirei | menta (mentisca) | mentissi |
| tu | mentiresti | menta (mentisca) | mentissi |
| lui/lei/Lei | mentirebbe | menta (mentisca) | mentisse |
| noi | mentiremmo | mentiamo | mentissimo |
| voi | mentireste | mentiate | mentiste |
| loro/Loro | mentirebbero | mentano (mentiscano) | mentissero |

|  | Perfect | Perfect | Pluperfect |
|---|---|---|---|
| io | avrei mentito | abbia mentito | avessi mentito |

| GERUND | PAST PARTICIPLE | IMPERATIVE |
|---|---|---|
| mentendo | mentito | menti (mentisci), menta (mentisca), mentiamo, mentite, mentano (mentiscano) |

**Non mentire, Paolo.** *Do not lie, Paolo.*
**Gli ho mentito sulla questione dei soldi.** *I lied to him about the money.*
**Ha l'abitudine di mentire sfacciatamente.** *She's in the habit of lying through her teeth.*
**non saper mentire** *to be a poor liar*
**mentire sapendo di mentire** *to lie deliberately*

**il mentitore/la mentitrice** *liar*          **menzognero** *lying, untruthful*
**la menzogna** *lie, falsehood*

# 101 mettere *to put* tr.

## INDICATIVE

| | Present | Imperfect | Perfect |
|---|---|---|---|
| io | metto | mettevo | ho messo |
| tu | metti | mettevi | hai messo |
| lui/lei/Lei | mette | metteva | ha messo |
| noi | mettiamo | mettevamo | abbiamo messo |
| voi | mettete | mettevate | avete messo |
| loro/Loro | mettono | mettevano | hanno messo |

| | Future | Pluperfect | Past Historic |
|---|---|---|---|
| io | metterò | avevo messo | misi |
| tu | metterai | avevi messo | mettesti |
| lui/lei/Lei | metterà | aveva messo | mise |
| noi | metteremo | avevamo messo | mettemmo |
| voi | metterete | avevate messo | metteste |
| loro/Loro | metteranno | avevano messo | misero |

| | Future Perfect | | Past Anterior |
|---|---|---|---|
| io | avrò messo | | ebbi messo |

## CONDITIONAL          SUBJUNCTIVE

| | Present | Present | Imperfect |
|---|---|---|---|
| io | metterei | metta | mettessi |
| tu | metteresti | metta | mettessi |
| lui/lei/Lei | metterebbe | metta | mettesse |
| noi | metteremmo | mettiamo | mettessimo |
| voi | mettereste | mettiate | metteste |
| loro/Loro | metterebbero | mettano | mettessero |

| | Perfect | Perfect | Pluperfect |
|---|---|---|---|
| io | avrei messo | abbia messo | avessi messo |

| GERUND | PAST PARTICIPLE | IMPERATIVE |
|---|---|---|
| mettendo | messo | metti, metta, mettiamo, mettete, mettano |

**Ho messo il libro sul tavolo.** *I have put the book on the table.*
**Che cosa ti metti oggi? Mi metto il vestito blu.** *What will you wear today? I'll wear the blue dress.*
**Metti su il caffè.** *Put the coffee on.*
**mettersi a fare qualcosa** *to start doing something*
**mettersi a sedere** *to sit down*
**mettersi il cuore in pace** *to put one's mind at rest*
**Lo studente ce la mette tutta.** *The student does his best.*
**Ci ha messo un'ora a finire.** *It has taken him an hour to finish.*

**ben messo** *well dressed*
**la messa in piega** *(hair) set*
**la messa a punto** *(engine) tuning*
**la messa in scena** *(theatre) production*

# mordere *to bite* tr.

## INDICATIVE

| | Present | Imperfect | Perfect |
|---|---|---|---|
| io | mordo | mordevo | ho morso |
| tu | mordi | mordevi | hai morso |
| lui/lei/Lei | morde | mordeva | ha morso |
| noi | mordiamo | mordevamo | abbiamo morso |
| voi | mordete | mordevate | avete morso |
| loro/Loro | mordono | mordevano | hanno morso |

| | Future | Pluperfect | Past Historic |
|---|---|---|---|
| io | morderò | avevo morso | morsi |
| tu | morderai | avevi morso | mordesti |
| lui/lei/Lei | morderà | aveva morso | morse |
| noi | morderemo | avevamo morso | mordemmo |
| voi | morderete | avevate morso | mordeste |
| loro/Loro | morderanno | avevano morso | morsero |

| | Future Perfect | | Past Anterior |
|---|---|---|---|
| io | avrò morso | | ebbi morso |

## CONDITIONAL · SUBJUNCTIVE

| | Present | Present | Imperfect |
|---|---|---|---|
| io | morderei | morda | mordessi |
| tu | morderesti | morda | mordessi |
| lui/lei/Lei | morderebbe | morda | mordesse |
| noi | morderemmo | mordiamo | mordessimo |
| voi | mordereste | mordiate | mordeste |
| loro/Loro | morderebbero | mordano | mordessero |

| | Perfect | Perfect | Pluperfect |
|---|---|---|---|
| io | avrei morso | abbia morso | avessi morso |

| GERUND | PAST PARTICIPLE | IMPERATIVE |
|---|---|---|
| mordendo | morso | mordi, morda, mordiamo, mordete, mordano |

---

**Il cane li morse.** *The dog bit them.*
**Stava mordendo una mela.** *He was biting into an apple.*
**Qui le zanzare mordono.** *The mosquitoes bite here.*
**Mi sono morsa la lingua.** *I have bitten my tongue.*
**mordere il freno** *to champ at the bit*
**Mi sarei morso le dita/le mani.** *I could have kicked myself.*
**Can che abbaia non morde.** *His bark is worse than his bite.*
**Morderanno la polvere.** *They will bite the dust.*

**il morso** *bite*
**la mordacità** *sharpness*

**mordace** *cutting, sharp*
**parole mordaci** *cutting words*

# 103 morire *to die* intr.

## INDICATIVE

|  | Present | Imperfect | Perfect |
|---|---|---|---|
| io | muoio | morivo | sono morto/a |
| tu | muori | morivi | sei morto/a |
| lui/lei/Lei | muore | moriva | è morto/a |
| noi | moriamo | morivamo | siamo morti/e |
| voi | morite | morivate | siete morti/e |
| loro/Loro | muoiono | morivano | sono morti/e |

|  | Future | Pluperfect | Past Historic |
|---|---|---|---|
| io | morirò | ero morto/a | morii |
| tu | morirai | eri morto/a | moristi |
| lui/lei/Lei | morirà | era morto/a | morì |
| noi | moriremo | eravamo morti/e | morimmo |
| voi | morirete | eravate morti/e | moriste |
| loro/Loro | moriranno | erano morti/e | morirono |

|  | Future Perfect |  | Past Anterior |
|---|---|---|---|
| io | sarò morto/a |  | fui morto/a |

## CONDITIONAL      SUBJUNCTIVE

|  | Present | Present | Imperfect |
|---|---|---|---|
| io | morirei | muoia | morissi |
| tu | moriresti | muoia | morissi |
| lui/lei/Lei | morirebbe | muoia | morisse |
| noi | moriremmo | moriamo | morissimo |
| voi | morireste | moriate | moriste |
| loro/Loro | morirebbero | muoiano | morissero |

|  | Perfect | Perfect | Pluperfect |
|---|---|---|---|
| io | sarei morto/a | sia morto/a | fossi morto/a |

| GERUND | PAST PARTICIPLE | IMPERATIVE |
|---|---|---|
| morendo | morto/a/i/e | muori, muoia, moriamo, morite, muoiano |

**Mia madre morì l'anno scorso.** *My mother died last year.*
**Paolo moriva dalla paura.** *Paolo was dead scared.*
**Questa storia mi ha fatto morire dal ridere.** *This story made me die with laughter.*
**Morivo dalla voglia di vederla.** *I was dying to see her.*
**Muoio di sete.** *I'm dying of thirst.*
**La popolazione moriva di fame.** *The population was starving to death.*
**Fa un caldo/freddo da morire.** *It's terribly hot/cold.*
**Meglio di così si muore.** *It couldn't be better.*
**Chi non muore si rivede!** *Fancy meeting you here!*

**il/la morente** *dying person*
**la morte** *death*
**moribondo** *moribund, dying*
**essere moribondo** *to be dying*

# muovere *to move* tr.

## INDICATIVE

| | Present | Imperfect | Perfect |
|---|---|---|---|
| io | muovo | m(u)ovevo | ho mosso |
| tu | muovi | m(u)ovevi | hai mosso |
| lui/lei/Lei | muove | m(u)oveva | ha mosso |
| noi | m(u)oviamo | m(u)ovevamo | abbiamo mosso |
| voi | m(u)ovete | m(u)ovevate | avete mosso |
| loro/Loro | muovono | m(u)ovevano | hanno mosso |

| | Future | Pluperfect | Past Historic |
|---|---|---|---|
| io | m(u)overò | avevo mosso | mossi |
| tu | m(u)overai | avevi mosso | m(u)ovesti |
| lui/lei/Lei | m(u)overà | aveva mosso | mosse |
| noi | m(u)overemo | avevamo mosso | m(u)ovemmo |
| voi | m(u)overete | avevate mosso | m(u)oveste |
| loro/Loro | m(u)overanno | avevano mosso | mossero |

| | Future Perfect | | Past Anterior |
|---|---|---|---|
| io | avrò mosso | | ebbi mosso |

## CONDITIONAL    SUBJUNCTIVE

| | Present | Present | Imperfect |
|---|---|---|---|
| io | m(u)overei | muova | m(u)ovessi |
| tu | m(u)overesti | muova | m(u)ovessi |
| lui/lei/Lei | m(u)overebbe | muova | m(u)ovesse |
| noi | m(u)overemmo | m(u)oviamo | m(u)ovessimo |
| voi | m(u)overeste | m(u)oviate | m(u)oveste |
| loro/Loro | m(u)overebbero | muovano | m(u)ovessero |

| | Perfect | Perfect | Pluperfect |
|---|---|---|---|
| io | avrei mosso | abbia mosso | avessi mosso |

| GERUND | PAST PARTICIPLE | IMPERATIVE |
|---|---|---|
| m(u)ovendo | mosso | muovi, muova, m(u)oviamo, m(u)ovete, muovano |

**Il vento muove le foglie.** *The wind moves the leaves.*
**Mi fa male muovere il braccio.** *It hurts when I move my arm.*
**Usa il mouse per muovere il cursore.** *Use the mouse to move the cursor.*
**Paolo mosse un'obiezione.** *Paolo made an objection.*
**muoversi verso** *to move towards*
**muovere un passo** *to take a step*
**Muoviti, pigrone!** *Get moving, lazy bones!*
**Mi serve aiuto e lui non muove un dito!** *I need help and he does not lift a finger.*

**il movente** *motive, reason*
**il movimento** *movement*

**mare mosso** *rough sea*
**la mossa** *movement, move*

# 105 nascere *to be born* intr.

## INDICATIVE

|  | Present | Imperfect | Perfect |
|---|---|---|---|
| io | nasco | nascevo | sono nato/a |
| tu | nasci | nascevi | sei nato/a |
| lui/lei/Lei | nasce | nasceva | è nato/a |
| noi | nasciamo | nascevamo | siamo nati/e |
| voi | nascete | nascevate | siete nati/e |
| loro/Loro | nascono | nascevano | sono nati/e |

|  | Future | Pluperfect | Past Historic |
|---|---|---|---|
| io | nascerò | ero nato/a | nacqui |
| tu | nascerai | eri nato/a | nascesti |
| lui/lei/Lei | nascerà | era nato/a | nacque |
| noi | nasceremo | eravamo nati/e | nascemmo |
| voi | nascerete | eravate nati/e | nasceste |
| loro/Loro | nasceranno | erano nati/e | nacquero |

|  | Future Perfect |  | Past Anterior |
|---|---|---|---|
| io | sarò nato/a |  | fui nato/a |

## CONDITIONAL    SUBJUNCTIVE

|  | Present | Present | Imperfect |
|---|---|---|---|
| io | nascerei | nasca | nascessi |
| tu | nasceresti | nasca | nascessi |
| lui/lei/Lei | nascerebbe | nasca | nascesse |
| noi | nasceremmo | nasciamo | nascessimo |
| voi | nascereste | nasciate | nasceste |
| loro/Loro | nascerebbero | nascano | nascessero |

|  | Perfect | Perfect | Pluperfect |
|---|---|---|---|
| io | sarei nato/a | sia nato/a | fossi nato/a |

| GERUND | PAST PARTICIPLE | IMPERATIVE |
|---|---|---|
| nascendo | nato/a/i/e | nasci, nasca, nasciamo, nascete, nascano |

**Dove sei nato, Paolo?** *Where were you born, Paolo?*
**Questo bambino è nato sotto una buona stella.** *This child was born under a lucky star.*
**Non sono nato ieri.** *I wasn't born yesterday.*
**Presto nasceranno le primule.** *Soon the primroses will come up.*
**Il Po nasce dal Monviso.** *The river Po rises in the Monviso.*
**Non so come sia nato l'equivoco.** *I don't know how the misunderstanding came about.*
**fare nascere un sospetto** *to give rise to suspicion*
**Da cosa nasce cosa.** *One thing leads to another.*

**la nascita** *birth.*
**È italiano di nascita.** *He is Italian by birth.*

**un bambino appena nato** *a newborn baby*
**sole nascente** *rising sun*

# nascondere *to hide* tr. **106**

## INDICATIVE

|        | Present | Imperfect | Perfect |
|--------|---------|-----------|---------|
| io | nascondo | nascondevo | ho nascosto |
| tu | nascondi | nascondevi | hai nascosto |
| lui/lei/Lei | nasconde | nascondeva | ha nascosto |
| noi | nascondiamo | nascondevamo | abbiamo nascosto |
| voi | nascondete | nascondevate | avete nascosto |
| loro/Loro | nascondono | nascondevano | hanno nascosto |

|        | Future | Pluperfect | Past Historic |
|--------|--------|------------|---------------|
| io | nasconderò | avevo nascosto | nascosi |
| tu | nasconderai | avevi nascosto | nascondesti |
| lui/lei/Lei | nasconderà | aveva nascosto | nascose |
| noi | nasconderemo | avevamo nascosto | nascondemmo |
| voi | nasconderete | avevate nascosto | nascondeste |
| loro/Loro | nasconderanno | avevano nascosto | nascosero |

|        | Future Perfect |  | Past Anterior |
|--------|----------------|--|---------------|
| io | avrò nascosto |  | ebbi nascosto |

## CONDITIONAL    SUBJUNCTIVE

|        | Present | Present | Imperfect |
|--------|---------|---------|-----------|
| io | nasconderei | nasconda | nascondessi |
| tu | nasconderesti | nasconda | nascondessi |
| lui/lei/Lei | nasconderebbe | nasconda | nascondesse |
| noi | nasconderemmo | nascondiamo | nascondessimo |
| voi | nascondereste | nascondiate | nascondeste |
| loro/Loro | nasconderebbero | nascondano | nascondessero |

|        | Perfect | Perfect | Pluperfect |
|--------|---------|---------|------------|
| io | avrei nascosto | abbia nascosto | avessi nascosto |

| GERUND | PAST PARTICIPLE | IMPERATIVE |
|--------|-----------------|------------|
| nascondendo | nascosto | nascondi, nasconda, nascondiamo, nascondete, nascondano |

**Dove hai nascosto il mio libro?** *Where have you hidden my book?*
**Questo muro nasconde la vista della città.** *This wall hides the view of the city.*
**Nascosero la loro identità.** *They kept their identity secret.*
**Non nascose la sua delusione.** *He couldn't disguise his disappointment.*
**Dove vi siete nascosti?** *Where are you hiding?* (Lit. have you hidden yourselves?)
**Hai qualcosa da nascondere?** *Are you hiding something?*
**Qui si nasconde qualcosa.** *I can smell a rat.*

**il nascondiglio** *hiding place*      **nascosto** *hidden*
**nascostamente** *secretly*      **rimanere nascosto** *to remain in hiding*
**giocare a nascondino** *to play hide and seek*

# 107 nuocere *to harm* intr.

## INDICATIVE

| | Present | Imperfect | Perfect |
|---|---|---|---|
| io | n(u)occio | n(u)ocevo | ho n(u)ociuto |
| tu | nuoci | n(u)ocevi | hai n(u)ociuto |
| lui/lei/Lei | nuoce | n(u)oceva | ha n(u)ociuto |
| noi | n(u)ociamo | n(u)ocevamo | abbiamo n(u)ociuto |
| voi | n(u)ocete | n(u)ocevate | avete n(u)ociuto |
| loro/Loro | n(u)occiono | n(u)ocevano | hanno n(u)ociuto |

| | Future | Pluperfect | Past Historic |
|---|---|---|---|
| io | n(u)ocerò | avevo n(u)ociuto | nocqui |
| tu | n(u)ocerai | avevi n(u)ociuto | n(u)ocesti |
| lui/lei/Lei | n(u)ocerà | aveva n(u)ociuto | nocque |
| noi | n(u)oceremo | avevamo n(u)ociuto | n(u)ocemmo |
| voi | n(u)ocerete | avevate n(u)ociuto | n(u)oceste |
| loro/Loro | n(u)oceranno | avevano n(u)ociuto | nocquero |

| | Future Perfect | | Past Anterior |
|---|---|---|---|
| io | avrò n(u)ociuto | | ebbi n(u)ociuto |

## CONDITIONAL    SUBJUNCTIVE

| | Present | Present | Imperfect |
|---|---|---|---|
| io | n(u)ocerei | n(u)occia | n(u)ocessi |
| tu | n(u)oceresti | n(u)occia | n(u)ocessi |
| lui/lei/Lei | n(u)ocerebbe | n(u)occia | n(u)ocesse |
| noi | n(u)oceremmo | n(u)ociamo | n(u)ocessimo |
| voi | n(u)ocereste | n(u)ociate | n(u)oceste |
| loro/Loro | n(u)ocerebbero | n(u)occiano | n(u)ocessero |

| | Perfect | Perfect | Pluperfect |
|---|---|---|---|
| io | avrei n(u)ociuto | abbia n(u)ociuto | avessi n(u)ociuto |

| GERUND | PAST PARTICIPLE | IMPERATIVE |
|---|---|---|
| n(u)ocendo | n(u)ociuto | nuoci, n(u)occia, n(u)ociamo, n(u)ocete, n(u)occiano |

**L'umidità nuoce alle salute.** *Humidity is bad for the heatlh.*
**La pioggia ha nuociuto al raccolto.** *The rain has damaged the harvest.*
**Non ti nuocerà ripeterglielo.** *It won't hurt to tell him again.*
**Questa notizia nuocerebbe alla sua reputazione.** *This news would damage his reputation.*
**Tentare non nuoce.** *There is no harm in trying.*
**Non tutto il male viene per nuocere.** *Good can come from evil.*

**nocivo** *harmful, noxious*
**cibi nocivi** *harmful food*

**nocivo alla salute** *damaging to your health*

# nuotare  *to swim*  intr.  **108**

## INDICATIVE

| | Present | Imperfect | Perfect |
|---|---|---|---|
| io | nuoto | nuotavo | ho nuotato |
| tu | nuoti | nuotavi | hai nuotato |
| lui/lei/Lei | nuota | nuotava | ha nuotato |
| noi | nuotiamo | nuotavamo | abbiamo nuotato |
| voi | nuotate | nuotavate | avete nuotato |
| loro/Loro | nuotano | nuotavano | hanno nuotato |

| | Future | Pluperfect | Past Historic |
|---|---|---|---|
| io | nuoterò | avevo nuotato | nuotai |
| tu | nuoterai | avevi nuotato | nuotasti |
| lui/lei/Lei | nuoterà | aveva nuotato | nuotò |
| noi | nuoteremo | avevamo nuotato | nuotammo |
| voi | nuoterete | avevate nuotato | nuotaste |
| loro/Loro | nuoteranno | avevano nuotato | nuotarono |

| | Future Perfect | | Past Anterior |
|---|---|---|---|
| io | avrò nuotato | | ebbi nuotato |

## CONDITIONAL    SUBJUNCTIVE

| | Present | Present | Imperfect |
|---|---|---|---|
| io | nuoterei | nuoti | nuotassi |
| tu | nuoteresti | nuoti | nuotassi |
| lui/lei/Lei | nuoterebbe | nuoti | nuotasse |
| noi | nuoteremmo | nuotiamo | nuotassimo |
| voi | nuotereste | nuotiate | nuotaste |
| loro/Loro | nuoterebbero | nuotino | nuotassero |

| | Perfect | Perfect | Pluperfect |
|---|---|---|---|
| io | avrei nuotato | abbia nuotato | avessi nuotato |

| GERUND | PAST PARTICIPLE | IMPERATIVE |
|---|---|---|
| nuotando | nuotato | nuota, nuoti, nuotiamo, nuotate, nuotino |

**Andate a nuotare?** *Are you going swimming?*
**Chi ti ha insegnato a nuotare?** *Who taught you to swim?*
**Questa pasta nuota nel sugo.** *This pasta is swimming in sauce.*
**nuotare sul dorso** *to do the backstroke*
**nuotare a crawl/a stile libero** *to do the crawl*
**nuotare a farfalla** *to do butterfly*
**nuotare a rana** *to do breast-stroke*
**Questa ragazza nuota come un pesce.** *This girl swims like a fish.*
**Quell'uomo nuota nell'abbondanza.** *That man is rolling in money.*

**il nuotatore/la nuotatrice** *swimmer*          **la nuotata** *swim*
**il nuoto** *swimming*                           **salvarsi a nuoto** *to swim to safety*

# 109 offendere *to offend* tr.

## INDICATIVE

|  | Present | Imperfect | Perfect |
|---|---|---|---|
| io | offendo | offendevo | ho offeso |
| tu | offendi | offendevi | hai offeso |
| lui/lei/Lei | offende | offendeva | ha offeso |
| noi | offendiamo | offendevamo | abbiamo offeso |
| voi | offendete | offendevate | avete offeso |
| loro/Loro | offendono | offendevano | hanno offeso |

|  | Future | Pluperfect | Past Historic |
|---|---|---|---|
| io | offenderò | avevo offeso | offesi |
| tu | offenderai | avevi offeso | offendesti |
| lui/lei/Lei | offenderà | aveva offeso | offese |
| noi | offenderemo | avevamo offeso | offendemmo |
| voi | offenderete | avevate offeso | offendeste |
| loro/Loro | offenderanno | avevano offeso | offesero |

|  | Future Perfect | | Past Anterior |
|---|---|---|---|
| io | avrò offeso | | ebbi offeso |

## CONDITIONAL    SUBJUNCTIVE

|  | Present | Present | Imperfect |
|---|---|---|---|
| io | offenderei | offenda | offendessi |
| tu | offenderesti | offenda | offendessi |
| lui/lei/Lei | offenderebbe | offenda | offendesse |
| noi | offenderemmo | offendiamo | offendessimo |
| voi | offendereste | offendiate | offendeste |
| loro/Loro | offenderebbero | offendano | offendessero |

|  | Perfect | Perfect | Pluperfect |
|---|---|---|---|
| io | avrei offeso | abbia offeso | avessi offeso |

| GERUND | PAST PARTICIPLE | IMPERATIVE |
|---|---|---|
| offendendo | offeso | offendi, offenda, offendiamo, offendete, offendano |

**Non volevo offenderlo.** *I didn't mean to hurt his feelings.*
**Si offendeva sempre.** *He was always taking offence.*
**Non offenderti per niente.** *Don't be quick to take offence.*
**Se non mi lasci pagare, mi offendo.** *If you don't let me pay, I'll be offended.*
**offendere i diritti di qualcuno** *to infringe on somebody's rights*
**Queste immagini offendono la vista.** *These pictures offend the eye.*

**l'offensore** *aggressor*
**l'offesa** *offence*

**offensivo** *offensive*
**passare all'offensiva** *to take the offensive*

# offrire *to offer* tr.

## INDICATIVE

|  | Present | Imperfect | Perfect |
|---|---|---|---|
| io | offro | offrivo | ho offerto |
| tu | offri | offrivi | hai offerto |
| lui/lei/Lei | offre | offriva | ha offerto |
| noi | offriamo | offrivamo | abbiamo offerto |
| voi | offrite | offrivate | avete offerto |
| loro/Loro | offrono | offrivano | hanno offerto |

|  | Future | Pluperfect | Past Historic |
|---|---|---|---|
| io | offrirò | avevo offerto | offrii (offersi) |
| tu | offrirai | avevi offerto | offristi |
| lui/lei/Lei | offrirà | aveva offerto | offrì (offerse) |
| noi | offriremo | avevamo offerto | offrimmo |
| voi | offrirete | avevate offerto | offriste |
| loro/Loro | offriranno | avevano offerto | offrirono (offersero) |

|  | Future Perfect | | Past Anterior |
|---|---|---|---|
| io | avrò offerto | | ebbi offerto |

## CONDITIONAL  SUBJUNCTIVE

|  | Present | Present | Imperfect |
|---|---|---|---|
| io | offrirei | offra | offrissi |
| tu | offriresti | offra | offrissi |
| lui/lei/Lei | offrirebbe | offra | offrisse |
| noi | offriremmo | offriamo | offrissimo |
| voi | offrireste | offriate | offriste |
| loro/Loro | offrirebbero | offrano | offrissero |

|  | Perfect | Perfect | Pluperfect |
|---|---|---|---|
| io | avrei offerto | abbia offerto | avessi offerto |

| GERUND | PAST PARTICIPLE | IMPERATIVE |
|---|---|---|
| offrendo | offerto | offri, offra, offriamo, offrite, offrano |

**Mi offri un caffè?** *Can you make me a coffee?*
**Ti offro da bere.** *I'll buy you a drink.*
**Quanto ti ha offerto Paolo per la tua auto?** *What did Paolo offer you for your car?*
**Le hanno offerto un lavoro all'estero.** *She was offered a job abroad.*
**Gli ho offerto un passaggio.** *I offered him a lift.*
**Mi offrirono aiuto.** *They offered me help.*
**Si è offerto di farlo lui.** *He offered to do it himself.*

**l'offerente** (m/f) *bidder*　　　　　**offerte d'impiego** *situations vacant*
**l'offerta** (f) *offer*　　　　　**in offerta speciale** *on special offer*

# 111 opporre *to oppose* tr.

## INDICATIVE

|  | Present | Imperfect | Perfect |
|---|---|---|---|
| io | oppongo | opponevo | ho opposto |
| tu | opponi | opponevi | hai opposto |
| lui/lei/Lei | oppone | opponeva | ha opposto |
| noi | opponiamo | opponevamo | abbiamo opposto |
| voi | opponete | opponevate | avete opposto |
| loro/Loro | oppongono | opponevano | hanno opposto |

|  | Future | Pluperfect | Past Historic |
|---|---|---|---|
| io | opporrò | avevo opposto | opposi |
| tu | opporrai | avevi opposto | opponesti |
| lui/lei/Lei | opporrà | aveva opposto | oppose |
| noi | opporremo | avevamo opposto | opponemmo |
| voi | opporrete | avevate opposto | opponeste |
| loro/Loro | opporranno | avevano opposto | opposero |

|  | Future Perfect |  | Past Anterior |
|---|---|---|---|
| io | avrò opposto |  | ebbi opposto |

## CONDITIONAL · SUBJUNCTIVE

|  | Present | Present | Imperfect |
|---|---|---|---|
| io | opporrei | opponga | opponessi |
| tu | opporresti | opponga | opponessi |
| lui/lei/Lei | opporrebbe | opponga | opponesse |
| noi | opporremmo | opponiamo | opponessimo |
| voi | opporreste | opponiate | opponeste |
| loro/Loro | opporrebbero | oppongano | opponessero |

|  | Perfect | Perfect | Pluperfect |
|---|---|---|---|
| io | avrei opposto | abbia opposto | avessi opposto |

| GERUND | PAST PARTICIPLE | IMPERATIVE |
|---|---|---|
| opponendo | opposto | opponi, opponga, opponiamo, opponete, oppongano |

**opporre resistenza** *to offer/put up resistance*
**opporre un netto rifiuto** *to give a flat refusal*
**A questo non ho niente da opporre.** *I have no objection to this.*
**Nulla da opporre.** *No objection.*
**Mi oppongo.** *I object.*
**Si opponevano al suo matrimonio.** *They were standing in the way of his/her marriage.*
**Paolo si opporrà alla nostra decisione.** *Paolo will oppose our decision.*
**Il giudice si oppose alla decisione.** *The judge was against the decision.*

**l'oppositore/l'oppositrice** *opponent, objector*
**l'opposizione** (f) *opposition*

**fare opposizione** *to oppose*
**opposto** *opposite*

# opprimere _to oppress_ tr. **112**

## INDICATIVE

| | Present | Imperfect | Perfect |
|---|---|---|---|
| io | opprimo | opprimevo | ho oppresso |
| tu | opprimi | opprimevi | hai oppresso |
| lui/lei/Lei | opprime | opprimeva | ha oppresso |
| noi | opprimiamo | opprimevamo | abbiamo oppresso |
| voi | opprimete | opprimevate | avete oppresso |
| loro/Loro | opprimono | opprimevano | hanno oppresso |

| | Future | Pluperfect | Past Historic |
|---|---|---|---|
| io | opprimerò | avevo oppresso | oppressi |
| tu | opprimerai | avevi oppresso | opprimesti |
| lui/lei/Lei | opprimerà | aveva oppresso | oppresse |
| noi | opprimeremo | avevamo oppresso | opprimemmo |
| voi | opprimerete | avevate oppresso | opprimeste |
| loro/Loro | opprimeranno | avevano oppresso | oppressero |

| | Future Perfect | | Past Anterior |
|---|---|---|---|
| io | avrò oppresso | | ebbi oppresso |

## CONDITIONAL     SUBJUNCTIVE

| | Present | Present | Imperfect |
|---|---|---|---|
| io | opprimerei | opprima | opprimessi |
| tu | opprimeresti | opprima | opprimessi |
| lui/lei/Lei | opprimerebbe | opprima | opprimesse |
| noi | opprimeremmo | opprimiamo | opprimessimo |
| voi | opprimereste | opprimiate | opprimeste |
| loro/Loro | opprimerebbero | opprimano | opprimessero |

| | Perfect | Perfect | Pluperfect |
|---|---|---|---|
| io | avrei oppresso | abbia oppresso | avessi oppresso |

| GERUND | PAST PARTICIPLE | IMPERATIVE |
|---|---|---|
| opprimendo | oppresso | opprimi, opprima, opprimiamo, opprimete, opprimano |

**Questo caldo mi opprime.** _The heat suffocates/oppresses me._
**L'atmosfera del carcere lo opprimeva.** _The atmosphere of the prison oppressed him._
**Mi opprime con le sue richieste assurde.** _She's oppressing me with her absurd demands._
**La popolazione era oppressa da tasse eccessive.** _The population was oppressed by excessive taxation._
**opprimere il popolo** _to oppress the people_

**l'oppressore** (m) _oppressor_
**l'oppressione** (f) _oppression_

**regime oppressivo** _oppressive regime_
**caldo opprimente** _oppressive heat_

# 113 ordinare *to order* tr.

## INDICATIVE

| | Present | Imperfect | Perfect |
|---|---|---|---|
| io | ordino | ordinavo | ho ordinato |
| tu | ordini | ordinavi | hai ordinato |
| lui/lei/Lei | ordina | ordinava | ha ordinato |
| noi | ordiniamo | ordinavamo | abbiamo ordinato |
| voi | ordinate | ordinavate | avete ordinato |
| loro/Loro | ordinano | ordinavano | hanno ordinato |

| | Future | Pluperfect | Past Historic |
|---|---|---|---|
| io | ordinerò | avevo ordinato | ordinai |
| tu | ordinerai | avevi ordinato | ordinasti |
| lui/lei/Lei | ordinerà | aveva ordinato | ordinò |
| noi | ordineremo | avevamo ordinato | ordinammo |
| voi | ordinerete | avevate ordinato | ordinaste |
| loro/Loro | ordineranno | avevano ordinato | ordinarono |

| | Future Perfect | | Past Anterior |
|---|---|---|---|
| io | avrò ordinato | | ebbi ordinato |

## CONDITIONAL    SUBJUNCTIVE

| | Present | Present | Imperfect |
|---|---|---|---|
| io | ordinerei | ordini | ordinassi |
| tu | ordineresti | ordini | ordinassi |
| lui/lei/Lei | ordinerebbe | ordini | ordinasse |
| noi | ordineremmo | ordiniamo | ordinassimo |
| voi | ordinereste | ordiniate | ordinaste |
| loro/Loro | ordinerebbero | ordinino | ordinassero |

| | Perfect | Perfect | Pluperfect |
|---|---|---|---|
| io | avrei ordinato | abbia ordinato | avessi ordinato |

| GERUND | PAST PARTICIPLE | IMPERATIVE |
|---|---|---|
| ordinando | ordinato | ordina, ordini, ordiniamo, ordinate, ordinino |

---

**Devo ordinare la mia camera.** *I must tidy up my room.*
**Paolo gli ordinò di uscire.** *Paolo ordered him to go out.*
**Avete ordinato il nuovo libro? Sì, lo abbiamo ordinato.** *Have you ordered the new book? Yes, we have ordered it.*
**Il medico mi ordinò questa medicina.** *The doctor prescribed me this medicine.*
**Fammi ordinare le idee.** *Let me put my ideas in order.*
**ordinare alfabeticamente** *to put into alphabetical order*
**essere ordinato prete** *to be ordained*

**l'ordine** (m) *order*
**ordine di cattura** *warrant for arrest*

**fare un'ordinazione di** *to put in an order for*
**l'ordinanza** (f) *decree*

# ottenere _to obtain, get_ tr. **114**

## INDICATIVE

|  | Present | Imperfect | Perfect |
|---|---|---|---|
| io | ottengo | ottenevo | ho ottenuto |
| tu | ottieni | ottenevi | hai ottenuto |
| lui/lei/Lei | ottiene | otteneva | ha ottenuto |
| noi | otteniamo | ottenevamo | abbiamo ottenuto |
| voi | ottenete | ottenevate | avete ottenuto |
| loro/Loro | ottengono | ottenevano | hanno ottenuto |

|  | Future | Pluperfect | Past Historic |
|---|---|---|---|
| io | otterrò | avevo ottenuto | ottenni |
| tu | otterrai | avevi ottenuto | ottenesti |
| lui/lei/Lei | otterrà | aveva ottenuto | ottenne |
| noi | otterremo | avevamo ottenuto | ottenemmo |
| voi | otterrete | avevate ottenuto | otteneste |
| loro/Loro | otterranno | avevano ottenuto | ottennero |

|  | Future Perfect | | Past Anterior |
|---|---|---|---|
| io | avrò ottenuto | | ebbi ottenuto |

## CONDITIONAL    SUBJUNCTIVE

|  | Present | Present | Imperfect |
|---|---|---|---|
| io | otterrei | ottenga | ottenessi |
| tu | otterresti | ottenga | ottenessi |
| lui/lei/Lei | otterrebbe | ottenga | ottenesse |
| noi | otterremmo | otteniamo | ottenessimo |
| voi | otterreste | otteniate | otteneste |
| loro/Loro | otterrebbero | ottengano | ottenessero |

|  | Perfect | Perfect | Pluperfect |
|---|---|---|---|
| io | avrei ottenuto | abbia ottenuto | avessi ottenuto |

| GERUND | PAST PARTICIPLE | IMPERATIVE |
|---|---|---|
| ottenendo | ottenuto | ottieni, ottenga, otteniamo, ottenete, ottengano |

**Hai ottenuto quello che volevi.** _You have had what you wanted._
**Luigi ottenne il permesso di lavoro nel 1992.** _Luigi got his work permit in 1992._
**Ottenne la laurea in Italia.** _He/she got a degree in Italy._
**Non può ottenere una risposta.** _He/she cannot get a reply._
**Non insistere, non otterrai nulla.** _Do not insist, (or) you won't get anything._
**ottenere in prestito qualcosa** _to get something as a loan_
**Ha ottenuto di essere trasferito.** _He has managed to be transferred._
**Non riesco a ottenere che venga a casa prima di mezzanotte.** _I can't get him to come home before midnight._

**ottenibile** _obtainable_

# 115 **pagare** *to pay* tr.

## INDICATIVE

|  | Present | Imperfect | Perfect |
|---|---|---|---|
| io | pago | pagavo | ho pagato |
| tu | paghi | pagavi | hai pagato |
| lui/lei/Lei | paga | pagava | ha pagato |
| noi | paghiamo | pagavamo | abbiamo pagato |
| voi | pagate | pagavate | avete pagato |
| loro/Loro | pagano | pagavano | hanno pagato |

|  | Future | Pluperfect | Past Historic |
|---|---|---|---|
| io | pagherò | avevo pagato | pagai |
| tu | pagherai | avevi pagato | pagasti |
| lui/lei/Lei | pagherà | aveva pagato | pagò |
| noi | pagheremo | avevamo pagato | pagammo |
| voi | pagherete | avevate pagato | pagaste |
| loro/Loro | pagheranno | avevano pagato | pagarono |

|  | Future Perfect |  | Past Anterior |
|---|---|---|---|
| io | avrò pagato |  | ebbi pagato |

## CONDITIONAL  SUBJUNCTIVE

|  | Present | Present | Imperfect |
|---|---|---|---|
| io | pagherei | paghi | pagassi |
| tu | pagheresti | paghi | pagassi |
| lui/lei/Lei | pagherebbe | paghi | pagasse |
| noi | pagheremmo | paghiamo | pagassimo |
| voi | paghereste | paghiate | pagaste |
| loro/Loro | pagherebbero | paghino | pagassero |

|  | Perfect | Perfect | Pluperfect |
|---|---|---|---|
| io | avrei pagato | abbia pagato | avessi pagato |

| GERUND | PAST PARTICIPLE | IMPERATIVE |
|---|---|---|
| pagando | pagato | paga, paghi, paghiamo, pagate, paghino |

**Quanto avete pagato questo libro?** *How much did you pay for this book?*
**L'abbiamo pagato venti sterline.** *We paid £20 for it.*
**Devi pagare l'affitto in anticipo.** *You must pay the rent in advance.*
**Ho pagato un occhio della testa per questa macchina.** *I paid through the nose for this car.*
**Pago io da bere.** *Drinks are on me.*
**far pagare** *to charge*
**Deve pagare di persona.** *He/she must face the consequences.*
**Me le pagherai!** *You will pay for it!*

**il pagamento** *payment*
**condizioni di pagamento** *terms of payment*

**la paga** *wage*
**pagabile** *payable, due*

# parlare *to speak, talk* intr. **116**

## INDICATIVE

| | Present | Imperfect | Perfect |
|---|---|---|---|
| io | parlo | parlavo | ho parlato |
| tu | parli | parlavi | hai parlato |
| lui/lei/Lei | parla | parlava | ha parlato |
| noi | parliamo | parlavamo | abbiamo parlato |
| voi | parlate | parlavate | avete parlate |
| loro/Loro | parlano | parlavano | hanno parlato |

| | Future | Pluperfect | Past Historic |
|---|---|---|---|
| io | parlerò | avevo parlato | parlai |
| tu | parlerai | avevi parlato | parlasti |
| lui/lei/Lei | parlerà | aveva parlato | parlò |
| noi | parleremo | avevamo parlato | parlammo |
| voi | parlerete | avevate parlato | parlaste |
| loro/Loro | parleranno | avevano parlato | parlarono |

| | Future Perfect | | Past Anterior |
|---|---|---|---|
| io | avrò parlato | | ebbi parlato |

## CONDITIONAL    SUBJUNCTIVE

| | Present | Present | Imperfect |
|---|---|---|---|
| io | parlerei | parli | parlassi |
| tu | parleresti | parli | parlassi |
| lui/lei/Lei | parlerebbe | parli | parlasse |
| noi | parleremmo | parliamo | parlassimo |
| voi | parlereste | parliate | parlaste |
| loro/Loro | parlerebbero | parlino | parlassero |

| | Perfect | Perfect | Pluperfect |
|---|---|---|---|
| io | avrei parlato | abbia parlato | avessi parlato |

| GERUND | PAST PARTICIPLE | IMPERATIVE |
|---|---|---|
| parlando | parlato | parla, parli, parliamo, parlate, parlino |

**Pronto, chi parla?** *Hello, who is it/is speaking?*
**Posso parlare con Paolo?** *Can I speak to Paolo?*
**Vorrei parlarti di Luigi.** *I would like to talk to you about Luigi.*
**Di che cosa stavano parlando?** *What were they talking about?*
**Parla chiaro.** *Speak clearly.*
**Sai parlare italiano?** *Can you speak Italian?*
**Ne abbiamo sentito parlare.** *We've heard of it.*
**Il libro parla del degrado urbano.** *The book is about urban decline.*
**parlare del più e del meno** *to chat* (Lit. to talk about the most and least)
**parlare al muro** *to waste one's breath*

**la parlata** *speech*
**la lingua parlata** *the spoken language*
**il parlatore/la parlatrice** *speaker*
**la parlantina** *talkativeness, gift of the gab*

# 117 partire *to leave* intr.

## INDICATIVE

| | Present | Imperfect | Perfect |
|---|---|---|---|
| io | parto | partivo | sono partito/a |
| tu | parti | partivi | sei partito/a |
| lui/lei/Lei | parte | partiva | è partito/a |
| noi | partiamo | partivamo | siamo partiti/e |
| voi | partite | partivate | siete partiti/e |
| loro/Loro | partono | partivano | sono partiti/e |

| | Future | Pluperfect | Past Historic |
|---|---|---|---|
| io | partirò | ero partito/a | partii |
| tu | partirai | eri partito/a | partisti |
| lui/lei/Lei | partirà | era partito/a | partì |
| noi | partiremo | eravamo partiti/e | partimmo |
| voi | partirete | eravate partiti/e | partiste |
| loro/Loro | partiranno | erano partiti/e | partirono |

| | Future Perfect | | Past Anterior |
|---|---|---|---|
| io | sarò partito/a | | fui partito/a |

## CONDITIONAL   SUBJUNCTIVE

| | Present | Present | Imperfect |
|---|---|---|---|
| io | partirei | parta | partissi |
| tu | partiresti | parta | partissi |
| lui/lei/Lei | partirebbe | parta | partisse |
| noi | partiremmo | partiamo | partissimo |
| voi | partireste | partiate | partiste |
| loro/Loro | partirebbero | partano | partissero |

| | Perfect | Perfect | Pluperfect |
|---|---|---|---|
| io | sarei partito/a | sia partito/a | fossi partito/a |

| GERUND | PAST PARTICIPLE | IMPERATIVE |
|---|---|---|
| partendo | partito/a/i/e | parti, parta, partiamo, partite, partano |

**Parto per Milano domani.** *I am leaving for Milan tomorrow.*
**Partiremo a piedi.** *We will leave on foot.*
**I soldati partirono per il fronte.** *The soldiers left for the front.*
**Partiamo da questo concetto.** *Let's start from this principle.*
**partire in quarta** *to start in fourth gear*
**partire bene** *to make a good start*
**partire da casa** *to leave home*
**Partire è un po' morire.** *Saying goodbye is like dying a little.*

**la partenza** *departure*
**falsa partenza** *false start*
**'in partenza dal binario 3'** *'leaving from platform 3'*
**'i passeggeri in partenza per Londra...'** *'passengers travelling to London...'*
**sala partenze** *departures lounge*
**arrivi e partenze** *arrivals and departures*

# pensare *to think* intr. **118**

## INDICATIVE

| | Present | Imperfect | Perfect |
|---|---|---|---|
| io | penso | pensavo | ho pensato |
| tu | pensi | pensavi | hai pensato |
| lui/lei/Lei | pensa | pensava | ha pensato |
| noi | pensiamo | pensavamo | abbiamo pensato |
| voi | pensate | pensavate | avete pensato |
| loro/Loro | pensano | pensavano | hanno pensato |

| | Future | Pluperfect | Past Historic |
|---|---|---|---|
| io | penserò | avevo pensato | pensai |
| tu | penserai | avevi pensato | pensasti |
| lui/lei/Lei | penserà | aveva pensato | pensò |
| noi | penseremo | avevamo pensato | pensammo |
| voi | penserete | avevate pensato | pensaste |
| loro/Loro | penseranno | avevano pensato | pensarono |

| | Future Perfect | | Past Anterior |
|---|---|---|---|
| io | avrò pensato | | ebbi pensato |

## CONDITIONAL   SUBJUNCTIVE

| | Present | Present | Imperfect |
|---|---|---|---|
| io | penserei | pensi | pensassi |
| tu | penseresti | pensi | pensassi |
| lui/lei/Lei | penserebbe | pensi | pensasse |
| noi | penseremmo | pensiamo | pensassimo |
| voi | pensereste | pensiate | pensaste |
| loro/Loro | penserebbero | pensino | pensassero |

| | Perfect | Perfect | Pluperfect |
|---|---|---|---|
| io | avrei pensato | abbia pensato | avessi pensato |

| GERUND | PAST PARTICIPLE | IMPERATIVE |
|---|---|---|
| pensando | pensato | pensa, pensi, pensiamo, pensate, pensino |

**A che cosa stai pensando?** *What are you thinking about?*
**Penso che lui abbia ragione.** *I think he is right.*
**Pensava di andare a Milano.** *He was thinking about going to Milan.*
**Ci penso io.** *I'll see to it.*
**Chi pensa a tua madre?** *Who is looking after your mother?*
**Paola aveva altro a cui pensare.** *Paolo had other things on his mind.*
**dare da pensare** *to worry*
**Non pensarci!** *Forget about it!*
**Pensiamo ai fatti nostri.** *Let's mind our own business.*

**il pensatore/la pensatrice** *thinker*
**il pensiero** *thought*

**la pensata** *idea*
**che bella pensata!** *What a good idea!*

# 119 perdere *to lose* tr.

## INDICATIVE

|  | Present | Imperfect | Perfect |
|---|---|---|---|
| io | perdo | perdevo | ho perso |
| tu | perdi | perdevi | hai perso |
| lui/lei/Lei | perde | perdeva | ha perso |
| noi | perdiamo | perdevamo | abbiamo perso |
| voi | perdete | perdevate | avete perso |
| loro/Loro | perdono | perdevano | hanno perso |

|  | Future | Pluperfect | Past Historic |
|---|---|---|---|
| io | perderò | avevo perso | persi |
| tu | perderai | avevi perso | perdesti |
| lui/lei/Lei | perderà | aveva perso | perse |
| noi | perderemo | avevamo perso | perdemmo |
| voi | perderete | avevate perso | perdeste |
| loro/Loro | perderanno | avevano perso | persero |

|  | Future Perfect |  | Past Anterior |
|---|---|---|---|
| io | avrò perso |  | ebbi perso |

## CONDITIONAL    SUBJUNCTIVE

|  | Present | Present | Imperfect |
|---|---|---|---|
| io | perderei | perda | perdessi |
| tu | perderesti | perda | perdessi |
| lui/lei/Lei | perderebbe | perda | perdesse |
| noi | perderemmo | perdiamo | perdessimo |
| voi | perdereste | perdiate | perdeste |
| loro/Loro | perderebbero | perdano | perdessero |

|  | Perfect | Perfect | Pluperfect |
|---|---|---|---|
| io | avrei perso | abbia perso | avessi perso |

| GERUND | PAST PARTICIPLE | IMPERATIVE |
|---|---|---|
| perdendo | perso, perduto | perdi, perda, perdiamo, perdete, perdano |

**Abbiamo perso la nostra valigia.** *We have lost our suitcase.*
**Paolo perderà il treno.** *Paolo will miss the train.*
**Non perdete tempo.** *Do not waste your time.*
**Non avevano nulla da perdere.** *They had nothing to lose.*
**perdere un'abitudine** *to get out of a habit*
**perdere la testa** *to lose one's head*
**Non perderti d'animo.** *Do not lose heart.*
**Ci siamo persi di vista.** *We have lost sight of each other.*
**Il rubinetto perde.** *The tap is leaking.*

**il/la perdente** *loser*                    **il perditempo** *waste of time*
**la perdita** *loss*                         **la perdizione** *ruin*

# piacere *to please* intr. **120**

## INDICATIVE

| | Present | Imperfect | Perfect |
|---|---|---|---|
| io | piaccio | piacevo | sono piaciuto/a |
| tu | piaci | piacevi | sei piaciuto/a |
| lui/lei/Lei | piace | piaceva | è piaciuto/a |
| noi | piacciamo | piacevamo | siamo piaciuti/e |
| voi | piacete | piacevate | siete piaciuti/e |
| loro/Loro | piacciono | piacevano | sono piaciuti/e |

| | Future | Pluperfect | Past Historic |
|---|---|---|---|
| io | piacerò | ero piaciuto/a | piacqui |
| tu | piacerai | eri piaciuto/a | piacesti |
| lui/lei/Lei | piacerà | era piaciuto/a | piacque |
| noi | piaceremo | eravamo piaciuti/e | piacemmo |
| voi | piacerete | eravate piaciuti/e | piaceste |
| loro/Loro | piaceranno | erano piaciuti/e | piacquero |

| | Future Perfect | | Past Anterior |
|---|---|---|---|
| io | sarò piaciuto/a | | fui piaciuto/a |

## CONDITIONAL   SUBJUNCTIVE

| | Present | Present | Imperfect |
|---|---|---|---|
| io | piacerei | piaccia | piacessi |
| tu | piaceresti | piaccia | piacessi |
| lui/lei/Lei | piacerebbe | piaccia | piacesse |
| noi | piaceremmo | piacciamo | piacessimo |
| voi | piacereste | piacciate | piaceste |
| loro/Loro | piacerebbero | piacciano | piacessero |

| | Perfect | Perfect | Pluperfect |
|---|---|---|---|
| io | sarei piaciuto/a | sia piaciuto/a | fossi piaciuto/a |

| GERUND | PAST PARTICIPLE | IMPERATIVE |
|---|---|---|
| piacendo | piaciuto/a/i/e | piaci, piaccia, piacciamo, piacete, piacciano |

**Mi piace la musica.** *I like music.*
**Non mi piacciono queste scarpe.** *I don't like these shoes.*
**Le piaceva di più l'altro colore.** *She liked the other colour better.*
**Gli piaceva mangiare bene.** *He liked eating well.*
**A loro piacerebbe andare in Inghilterra.** *They would like to go to England.*
**Non le siamo piaciuti.** *She didn't like us.*

**il piacere** *pleasure, favour*
**per piacere** *please*
**con piacere** *with pleasure*
**piacevole** *pleasant*

**Piacere.** *How do you do?*
**Tanto piacere.** *Very pleased to meet you.*
**Vi hanno rivisti con piacere.** *They were so pleased to see you again.*
**Fammi il piacere di smetterla.** *Would you mind stopping that?*

# 121 piangere *to cry* intr.

## INDICATIVE

| | Present | Imperfect | Perfect |
|---|---|---|---|
| io | piango | piangevo | ho pianto |
| tu | piangi | piangevi | hai pianto |
| lui/lei/Lei | piange | piangeva | ha pianto |
| noi | piangiamo | piangevamo | abbiamo pianto |
| voi | piangete | piangevate | avete pianto |
| loro/Loro | piangono | piangevano | hanno pianto |

| | Future | Pluperfect | Past Historic |
|---|---|---|---|
| io | piangerò | avevo pianto | piansi |
| tu | piangerai | avevi pianto | piangesti |
| lui/lei/Lei | piangerà | aveva pianto | pianse |
| noi | piangeremo | avevamo pianto | piangemmo |
| voi | piangerete | avevate pianto | piangeste |
| loro/Loro | piangeranno | avevano pianto | piansero |

| | Future Perfect | | Past Anterior |
|---|---|---|---|
| io | avrò pianto | | ebbi pianto |

## CONDITIONAL   SUBJUNCTIVE

| | Present | Present | Imperfect |
|---|---|---|---|
| io | piangerei | pianga | piangessi |
| tu | piangeresti | pianga | piangessi |
| lui/lei/Lei | piangerebbe | pianga | piangesse |
| noi | piangeremmo | piangiamo | piangessimo |
| voi | piangereste | piangiate | piangeste |
| loro/Loro | piangerebbero | piangano | piangessero |

| | Perfect | Perfect | Pluperfect |
|---|---|---|---|
| io | avrei pianto | abbia pianto | avessi pianto |

| GERUND | PAST PARTICIPLE | IMPERATIVE |
|---|---|---|
| piangendo | pianto | piangi, pianga, piangiamo, piangete, piangano |

**Paolo piange di gioia.** *Paolo is weeping with joy.*
**Luigi mi ha fatto piangere.** *Luigi made me cry.*
**Piansero molto.** *They cried their eyes out.*
**Piangevate lacrime di coccodrillo.** *You were crying crocodile tears.*
**piangere sul latte versato** *to cry over spilt milk*
**Mi piange il cuore a...** *It breaks my heart to...*
**Piange dentro di sé.** *He/she suffers in silence.*
**Piangono sempre miseria.** *They are always crying poverty.*

**il pianto** *crying*
**un pianto di gioia** *tears of joy*

**con voce piangente** *in a tearful voice*
**salice piangente** *weeping willow*

# porgere $\quad$ *to hand, present* $\quad$ tr. $\quad$ **122**

## INDICATIVE

|  | Present | Imperfect | Perfect |
|---|---|---|---|
| io | porgo | porgevo | ho porto |
| tu | porgi | porgevi | hai porto |
| lui/lei/Lei | porge | porgeva | ha porto |
| noi | porgiamo | porgevamo | abbiamo porto |
| voi | porgete | porgevate | avete porto |
| loro/Loro | porgono | porgevano | hanno porto |

|  | Future | Pluperfect | Past Historic |
|---|---|---|---|
| io | porgerò | avevo porto | porsi |
| tu | porgerai | avevi porto | porgesti |
| lui/lei/Lei | porgerà | aveva porto | porse |
| noi | porgeremo | avevamo porto | porgemmo |
| voi | porgerete | avevate porto | porgeste |
| loro/Loro | porgeranno | avevano porto | porsero |

|  | Future Perfect |  | Past Anterior |
|---|---|---|---|
| io | avrò porto |  | ebbi porto |

## CONDITIONAL $\quad$ SUBJUNCTIVE

|  | Present | Present | Imperfect |
|---|---|---|---|
| io | porgerei | porga | porgessi |
| tu | porgeresti | porga | porgessi |
| lui/lei/Lei | porgerebbe | porga | porgesse |
| noi | porgeremmo | porgiamo | progessimo |
| voi | porgereste | porgiate | porgeste |
| loro/Loro | porgerebbero | porgano | porgessero |

|  | Perfect | Perfect | Pluperfect |
|---|---|---|---|
| io | avrei porto | abbia porto | avessi porto |

| GERUND | PAST PARTICIPLE | IMPERATIVE |
|---|---|---|
| porgendo | porto | porgi, porga, porgiamo, porgete, porgano |

**Porgimi la borsa, per favore.** *Hand me the bag, please.*
**Luigi porse il braccio a suo fratello.** *Luigi offered his arm to his brother.*
**Parlerò quando si porgerà l'occasione.** *I will speak when the opportunity arises.*
**porgere la guancia a qualcuno** *to present one's cheek to somebody (for a kiss)*
**porgere l'altra guancia** *to turn the other cheek*
**porgere orecchio/ascolto a** *to listen to*
**Porgi attenzione!** *Pay attention!*

# 123 porre *to put, place* tr.

## INDICATIVE

|  | Present | Imperfect | Perfect |
|---|---|---|---|
| io | pongo | ponevo | ho posto |
| tu | poni | ponevi | hai posto |
| lui/lei/Lei | pone | poneva | ha posto |
| noi | poniamo | ponevamo | abbiamo posto |
| voi | ponete | ponevate | avete posto |
| loro/Loro | pongono | ponevano | hanno posto |

|  | Future | Pluperfect | Past Historic |
|---|---|---|---|
| io | porrò | avevo posto | posi |
| tu | porrai | avevi posto | ponesti |
| lui/lei/Lei | porrà | aveva posto | pose |
| noi | porremo | avevamo posto | ponemmo |
| voi | porrete | avevate posto | poneste |
| loro/Loro | porranno | avevano posto | posero |

|  | Future Perfect |  | Past Anterior |
|---|---|---|---|
| io | avrò posto |  | ebbi posto |

## CONDITIONAL   SUBJUNCTIVE

|  | Present | Present | Imperfect |
|---|---|---|---|
| io | porrei | ponga | ponessi |
| tu | porresti | ponga | ponessi |
| lui/lei/Lei | porrebbe | ponga | ponesse |
| noi | porremmo | poniamo | ponessimo |
| voi | porreste | poniate | poneste |
| loro/Loro | porrebbero | pongano | ponessero |

|  | Perfect | Perfect | Pluperfect |
|---|---|---|---|
| io | avrei posto | abbia posto | avessi posto |

| GERUND | PAST PARTICIPLE | IMPERATIVE |
|---|---|---|
| ponendo | posto | poni, ponga, poniamo, ponete, pongano |

**Mi poni davanti a un dilemma.** *You place me in a dilemma.*
**Bisogna porre le basi per un accordo.** *It's necessary to lay the foundations for an agreement.*
**Lo scandalo porrà fine alla sua carriera.** *The scandal will put an end to his career.*
**Hanno posto queste condizioni.** *They laid down these conditions.*
**porre in atto una minaccia** *to carry out a threat*
**porre una domanda a qualcuno** *to ask somebody a question*
**Poniamo che lui non venga.** *Let's suppose he cannot come.*
**Posi in salvo in bambino.** *I brought the child to safety.*
**Il giudice pose in libertà il prigioniero.** *The judge set the prisoner free.*
**senza porre tempo** *without delay*

**il posto** *place, seat*                              **far posto** *to make room for*
**sul posto** *on the spot*

# portare  *to bring, carry, take*  tr.  **124**

## INDICATIVE

|  | Present | Imperfect | Perfect |
|---|---|---|---|
| io | porto | portavo | ho portato |
| tu | porti | portavi | hai portato |
| lui/lei/Lei | porta | portava | ha portato |
| noi | portiamo | portavamo | abbiamo portato |
| voi | portate | portavate | avete portato |
| loro/Loro | portano | portavano | hanno portato |

|  | Future | Pluperfect | Past Historic |
|---|---|---|---|
| io | porterò | avevo portato | portai |
| tu | porterai | avevi portato | portasti |
| lui/lei/Lei | porterà | aveva portato | portò |
| noi | porteremo | avevamo portato | portammo |
| voi | porterete | avevate portato | portaste |
| loro/Loro | porteranno | avevano portato | portarono |

|  | Future Perfect | | Past Anterior |
|---|---|---|---|
| io | avrò portato | | ebbi portato |

## CONDITIONAL  SUBJUNCTIVE

|  | Present | Present | Imperfect |
|---|---|---|---|
| io | porterei | porti | portassi |
| tu | porteresti | porti | portassi |
| lui/lei/Lei | porterebbe | porti | portasse |
| noi | porteremmo | portiamo | portassimo |
| voi | portereste | portiate | portaste |
| loro/Loro | porterebbero | portino | portassero |

|  | Perfect | Perfect | Pluperfect |
|---|---|---|---|
| io | avrei portato | abbia portato | avessi portato |

| GERUND | PAST PARTICIPLE | IMPERATIVE |
|---|---|---|
| portando | portato | porta, porti, portiamo, portate, portino |

**Mi porti un bicchiere di vino, per favore?**  *Can you bring me a glass of wine, please?*
**Portava una borsa pesante.**  *He was carrying a heavy bag.*
**Devo portare i bambini a scuola.**  *I must take the children to school.*
**Maria portava un abito blu.**  *Maria was wearing a blue dress.*
**Luigi porta bene i suoi anni.**  *Luigi doesn't look his age.*
**portare l'acqua al proprio mulino**  *to bring grist to the mill*
**Tutte le strade portano a Roma.**  *All roads lead to Rome.*
**Questo colore mi porta fortuna.**  *The colour brings me luck.*

**il portamento** *bearing*
**la portata** *course (of a meal), flow (of a river)*

**portatile** *portable*
**a portata di mano** *within (arm's) reach*
**di grande portata** *of great significance*

# 125 possedere *to possess* tr.

## INDICATIVE

|  | Present | Imperfect | Perfect |
|---|---|---|---|
| io | possiedo (posseggo) | possedevo | ho posseduto |
| tu | possiedi | possedevi | hai posseduto |
| lui/lei/Lei | possiede | possedeva | ha posseduto |
| noi | possediamo | possedevamo | abbiamo posseduto |
| voi | possedete | possedevate | avete posseduto |
| loro/Loro | possiedono (posseggono) | possedevano | hanno posseduto |

|  | Future | Pluperfect | Past Historic |
|---|---|---|---|
| io | poss(i)ederò | avevo posseduto | possedei (possedetti) |
| tu | poss(i)ederai | avevi posseduto | possedesti |
| lui/lei/Lei | poss(i)ederà | aveva posseduto | possedè (possedette) |
| noi | poss(i)ederemo | avevamo posseduto | possedemmo |
| voi | poss(i)ederete | avevate posseduto | possedeste |
| loro/Loro | poss(i)ederanno | avevano posseduto | possederono (possedettero) |

|  | Future Perfect | Past Anterior | |
|---|---|---|---|
| io | avrò posseduto | ebbi posseduto | |

## CONDITIONAL    SUBJUNCTIVE

|  | Present | Present | Imperfect |
|---|---|---|---|
| io | poss(i)ederei | possieda (possegga) | possedessi |
| tu | poss(i)ederesti | possieda (possegga) | possedessi |
| lui/lei/Lei | poss(i)ederebbe | possieda (possegga) | possedesse |
| noi | poss(i)ederemmo | possediamo | possedessimo |
| voi | poss(i)edereste | possediate | possedeste |
| loro/Loro | poss(i)ederebbero | possiedano (posseggano) | possedessero |

|  | Perfect | Perfect | Pluperfect |
|---|---|---|---|
| io | avrei posseduto | abbia posseduto | avessi posseduto |

| GERUND | PAST PARTICIPLE | IMPERATIVE |
|---|---|---|
| possedendo | posseduto | possiedi, possieda, possediamo, possedete, possiedano |

**Possedete molti negozi?** *Do you own many shops?*
**Luigi possiede molte buone qualità.** *Luigi has many good qualities.*
**È tutto ciò che possiedo.** *It is all I have got.*
**Possedevano molte auto.** *They used to have many cars.*
**Il Signor Rossi possiede una casa in campagna.** *Mr Rossi owns a house in the country*
**Quell'uomo è posseduto dall'odio.** *That man is possessed by hatred.*

**il possedimento** *ownership, possession*
**avere molti possedimenti** *to own many possessions*
**il possesso** *possession*
**entrare in possesso di qualcosa** *to come into possession of something*

# potere *can, be able to, may* intr. **126**

## INDICATIVE

| | Present | Imperfect | Perfect |
|---|---|---|---|
| io | posso | potevo | ho potuto |
| tu | puoi | potevi | hai potuto |
| lui/lei/Lei | può | poteva | ha potuto |
| noi | possiamo | potevamo | abbiamo potuto |
| voi | potete | potevate | avete potuto |
| loro/Loro | possono | potevano | hanno potuto |

| | Future | Pluperfect | Past Historic |
|---|---|---|---|
| io | potrò | avevo potuto | potei (potetti) |
| tu | potrai | avevi potuto | potesti |
| lui/lei/Lei | potrà | aveva potuto | potè (potette) |
| noi | potremo | avevamo potuto | potemmo |
| voi | potrete | avevate potuto | poteste |
| loro/Loro | potranno | avevano potuto | poterono (potettero) |

| | Future Perfect | | Past Anterior |
|---|---|---|---|
| io | avrò potuto | | ebbi potuto |

## CONDITIONAL    SUBJUNCTIVE

| | Present | Present | Imperfect |
|---|---|---|---|
| io | potrei | possa | potessi |
| tu | potresti | possa | potessi |
| lui/lei/Lei | potrebbe | possa | potesse |
| noi | potremmo | possiamo | potessimo |
| voi | potreste | possiate | poteste |
| loro/Loro | potrebbero | possano | potessero |

| | Perfect | Perfect | Pluperfect |
|---|---|---|---|
| io | avrei potuto | abbia potuto | avessi potuto |

| GERUND | PAST PARTICIPLE | IMPERATIVE |
|---|---|---|
| potendo | potuto | |

**Potete aprire la finestra, per favore?** *Can you open the window, please?*
**Paolo non ha potuto uscire.** *Paolo couldn't go out.*
**Potrai venire domani?** *Will you be able to come tomorrow?*
**Se potessi, verrei volentieri.** *If I could, I would be happy to come.*
**Posso entrare?** *May I come in?*
**non poterne più** *to have had enough*
**può darsi** *maybe*

**il potere** *power*
**essere al potere** *to be in power*
**la potenza** *power*
**la potenza dell'amore** *the power of love*

# 127 preferire *to prefer* tr.

## INDICATIVE

| | Present | Imperfect | Perfect |
|---|---|---|---|
| io | preferisco | preferivo | ho preferito |
| tu | prefersci | preferivi | hai preferito |
| lui/lei/Lei | preferisce | preferiva | ha preferito |
| noi | preferiamo | preferivamo | abbiamo preferito |
| voi | preferite | preferivate | avete preferito |
| loro/Loro | preferiscono | preferivano | hanno preferito |

| | Future | Pluperfect | Past Historic |
|---|---|---|---|
| io | preferirò | avevo preferito | preferii |
| tu | preferirai | avevi preferito | preferisti |
| lui/lei/Lei | preferirà | aveva preferito | preferì |
| noi | preferiremo | avevamo preferito | preferimmo |
| voi | preferirete | avevate preferito | preferiste |
| loro/Loro | preferiranno | avevano preferito | preferirono |

| | Future Perfect | | Past Anterior |
|---|---|---|---|
| io | avrò preferito | | ebbi preferito |

## CONDITIONAL    SUBJUNCTIVE

| | Present | Present | Imperfect |
|---|---|---|---|
| io | preferirei | preferisca | preferissi |
| tu | preferiresti | preferisca | preferissi |
| lui/lei/Lei | preferirebbe | preferisca | preferisse |
| noi | preferiremmo | preferiamo | preferissimo |
| voi | preferireste | preferiate | preferiste |
| loro/Loro | preferirebbero | preferiscano | preferissero |

| | Perfect | Perfect | Pluperfect |
|---|---|---|---|
| io | avrei preferito | abbia preferito | avessi preferito |

| GERUND | PAST PARTICIPLE | IMPERATIVE |
|---|---|---|
| preferendo | preferito | preferisci, preferisca, preferiamo, preferite, preferiscano |

**Preferisci tè o caffè, Maria? Preferisco il caffè.** *Do you prefer tea or coffee, Maria? I prefer coffee.*
**Preferirei non andare.** *I would rather not go.*
**Preferirebbero che noi studiassimo.** *They would rather we studied.*
**Hanno preferito abitare a Londra.** *They preferred to live in London.*
**Preferirei la morte al disonore.** *I prefer death to dishonour.*

**il preferito** *favourite, pet*
**essere il preferito di qualcuno** *to be somebody's pet*
**la preferenza** *preference*
**a preferenza di** *rather than*
**avere preferenza per qualcuno** *to have a preference for somebody*

# prendere *to take, catch* tr. **128**

## INDICATIVE

| | Present | Imperfect | Perfect |
|---|---|---|---|
| io | prendo | prendevo | ho preso |
| tu | prendi | prendevi | hai preso |
| lui/lei/Lei | prende | prendeva | ha preso |
| noi | prendiamo | prendevamo | abbiamo preso |
| voi | prendete | prendevate | avete preso |
| loro/Loro | prendono | prendevano | hanno preso |

| | Future | Pluperfect | Past Historic |
|---|---|---|---|
| io | prenderò | avevo preso | presi |
| tu | prenderai | avevi preso | prendesti |
| lui/lei/Lei | prenderà | aveva preso | prese |
| noi | prenderemo | avevamo preso | prendemmo |
| voi | prenderete | avevate preso | prendeste |
| loro/Loro | prenderanno | avevano preso | presero |

| | Future Perfect | | Past Anterior |
|---|---|---|---|
| io | avrò preso | | ebbi preso |

## CONDITIONAL    SUBJUNCTIVE

| | Present | Present | Imperfect |
|---|---|---|---|
| io | prenderei | prenda | prendessi |
| tu | prenderesti | prenda | prendessi |
| lui/lei/Lei | prenderebbe | prenda | prendesse |
| noi | prenderemmo | prendiamo | prendessimo |
| voi | prendereste | prendiate | prendeste |
| loro/Loro | prenderebbero | prendano | prendessero |

| | Perfect | Perfect | Pluperfect |
|---|---|---|---|
| io | avrei preso | abbia preso | avessi preso |

| GERUND | PAST PARTICIPLE | IMPERATIVE |
|---|---|---|
| prendendo | preso | prendi, prenda, prendiamo, prendete, prendano |

**Prendiamo il cappotto perché fa freddo.** *Let's take our coats because it is cold.*
**Ho preso l'autobus per il centro.** *I have caught the bus for the centre.*
**Vado a prendere i bambini a scuola.** *I'm going to fetch the children from school.*
**Vai a prendere il latte.** *Go and get the milk.*
**Che cosa prendi? Prendo un caffè.** *What will you have? I'll have a coffee.*
**Quanto prende all'ora?** *How much does he charge/earn per hour?*
**Non prenderlo in giro.** *Do not tease him.*
**Non prendertela.** *Don't get upset.*
**Paolo sa come prenderla.** *Paolo knows how to deal with her.*
**prendere due piccioni con una fava** *to kill two birds with one stone*

**essere preso** *to be busy*
**una presa di sale** *a pinch of salt*

# 129 presumere *to presume* intr.

## INDICATIVE

| | Present | Imperfect | Perfect |
|---|---|---|---|
| io | presumo | presumevo | ho presunto |
| tu | presumi | presumevi | hai presunto |
| lui/lei/Lei | presume | presumeva | ha presunto |
| noi | presumiamo | presumevamo | abbiamo presunto |
| voi | presumete | presumevate | avete presunto |
| loro/Loro | presumono | presumevano | hanno presunto |

| | Future | Pluperfect | Past Historic |
|---|---|---|---|
| io | presumerò | avevo presunto | presunsi |
| tu | presumerai | avevi presunto | presumesti |
| lui/lei/Lei | presumerà | aveva presunto | presunse |
| noi | presumeremo | avevamo presunto | presumemmo |
| voi | presumerete | avevate presunto | presumeste |
| loro/Loro | presumeranno | avevano presunto | presunsero |

| | Future Perfect | | Past Anterior |
|---|---|---|---|
| io | avrò presunto | | ebbi presunto |

## CONDITIONAL    SUBJUNCTIVE

| | Present | Present | Imperfect |
|---|---|---|---|
| io | presumerei | presuma | presumessi |
| tu | presumeresti | presuma | presumessi |
| lui/lei/Lei | presumerebbe | presuma | presumesse |
| noi | presumeremmo | presumiamo | presumessimo |
| voi | presumereste | presumiate | presumeste |
| loro/Loro | presumerebbero | presumano | presumessero |

| | Perfect | Perfect | Pluperfect |
|---|---|---|---|
| io | avrei presunto | abbia presunto | avessi presunto |

| GERUND | PAST PARTICIPLE | IMPERATIVE |
|---|---|---|
| presumendo | presunto | presumi, presuma, presumiamo, presumete, presumano |

**Luigi presume di poter fare ciò che vuole.** *Luigi thinks that he can do what he wants.*
**Presumevi che venissero.** *You expected them to come.*
**Presumevamo che Paolo avrebbe fatto tardi.** *We thought Paolo would be late.*
**Presume di sapere tutto.** *He thinks he's got all the answers.*
**Loro presumono di poterci giudicare.** *They assume they can judge us.*

**la presunzione** *presumption*                     **È presumibile che...** *It is probable that...*
**il presuntuoso** *presumptuous person*     **come è presumibile** *as may be expected*

# prevenire _to anticipate, prevent_ tr. **130**

## INDICATIVE

| | Present | Imperfect | Perfect |
|---|---|---|---|
| io | prevengo | prevenivo | ho prevenuto |
| tu | previeni | prevenivi | hai prevenuto |
| lui/lei/Lei | previene | preveniva | ha prevenuto |
| noi | preveniamo | prevenivamo | abbiamo prevenuto |
| voi | prevenite | prevenivate | avete prevenuto |
| loro/Loro | prevengono | prevenivano | hanno prevenuto |

| | Future | Pluperfect | Past Historic |
|---|---|---|---|
| io | preverrò | avevo prevenuto | prevenni |
| tu | preverrai | avevi prevenuto | prevenisti |
| lui/lei/Lei | preverrà | aveva prevenuto | prevenne |
| noi | preverremo | avevamo prevenuto | prevenimmo |
| voi | preverrete | avevate prevenuto | preveniste |
| loro/Loro | preverranno | avevano prevenuto | prevennero |

| | Future Perfect | | Past Anterior |
|---|---|---|---|
| io | avrò prevenuto | | ebbi prevenuto |

## CONDITIONAL  SUBJUNCTIVE

| | Present | Present | Imperfect |
|---|---|---|---|
| io | preverrei | prevenga | prevenissi |
| tu | preverresti | prevenga | prevenissi |
| lui/lei/Lei | preverrebbe | prevenga | prevenisse |
| noi | preverremmo | preveniamo | prevenissimo |
| voi | preverreste | preveniate | preveniste |
| loro/Loro | preverrebbero | prevengano | prevenissero |

| | Perfect | Perfect | Pluperfect |
|---|---|---|---|
| io | avrei prevenuto | abbia prevenuto | avessi prevenuto |

| GERUND | PAST PARTICIPLE | IMPERATIVE |
|---|---|---|
| prevenendo | prevenuto | previeni, prevenga, preveniamo, prevenite, prevengano |

**prevenire una domanda** _to anticipate a question_
**prevenire il desiderio di qualcuno** _to anticipate somebody's wish_
**Una vita sana potrà prevenire quella malattia.** _A healthy life will be able to prevent that illness._
**Mi ha prevenuto con un telegramma.** _He has warned me by telegram._
**Sii puntuale per prevenire ogni discussione.** _Be punctual to avoid all dispute._
**Quel paese prevenne una guerra.** _That country averted a war._

**un preventivo** _an estimate_
**preventivo** _preventive_
**carcere preventivo** _custody_
**bilancio preventivo** _budget_
**la prevenzione** _prevention, prejudice_
**essere prevenuto contro qualcuno** _to be prejudiced against somebody_

# 131 produrre *to produce* tr.

## INDICATIVE

|  | Present | Imperfect | Perfect |
|---|---|---|---|
| io | produco | producevo | ho prodotto |
| tu | produci | producevi | hai prodotto |
| lui/lei/Lei | produce | produceva | hai prodotto |
| noi | produciamo | producevamo | abbiamo prodotto |
| voi | producete | producevate | avete prodotto |
| loro/Loro | producono | producevano | hanno prodotto |

|  | Future | Pluperfect | Past Historic |
|---|---|---|---|
| io | produrrò | avevo prodotto | produssi |
| tu | produrrai | avevi prodotto | producesti |
| lui/lei/Lei | produrrà | aveva prodotto | produsse |
| noi | produrremo | avevamo prodotto | producemmo |
| voi | produrrete | avevate prodotto | produceste |
| loro/Loro | produrranno | avevano prodotto | produssero |

|  | Future Perfect |  | Past Anterior |
|---|---|---|---|
| io | avrò prodotto |  | ebbi prodotto |

## CONDITIONAL   SUBJUNCTIVE

|  | Present | Present | Imperfect |
|---|---|---|---|
| io | produrrei | produca | producessi |
| tu | produrresti | produca | producessi |
| lui/lei/Lei | produrrebbe | produca | producesse |
| noi | produrremmo | produciamo | producessimo |
| voi | produrreste | produciate | produceste |
| loro/Loro | produrrebbero | producano | producessero |

|  | Perfect | Perfect | Pluperfect |
|---|---|---|---|
| io | avrei prodotto | abbia prodotto | avessi prodotto |

| GERUND | PAST PARTICIPLE | IMPERATIVE |
|---|---|---|
| producendo | prodotto | produci, produca, produciamo, producete, producano |

**Questa ditta produce materie plastiche.** *This company manufactures plastics.*
**Questo scrittore produce tanti libri.** *This writer produces many books.*
**L'Italia produsse molti artisti.** *Italy has produced many artists.*
**Il cattivo tempo produsse molti danni.** *The bad weather caused a lot of damage.*
**Avete prodotto delle prove?** *Have you produced any evidence?*
**produrre in serie** *to mass-produce*
**produrre frutti** *to bear fruit*
**produrre un'emozione** *to give rise to an emotion*

**il produttore/la produttrice** *producer*          **il prodotto** *product*
**la produzione** *production*          **prodotto di marca** *brand product*

# proibire *to forbid* tr. **132**

## INDICATIVE

| | Present | Imperfect | Perfect |
|---|---|---|---|
| io | proibisco | proibivo | ho proibito |
| tu | probisci | proibivi | hai proibito |
| lui/lei/Lei | proibisce | proibiva | ha proibito |
| noi | proibiamo | proibivamo | abbiamo proibito |
| voi | proibite | proibivate | avete proibito |
| loro/Loro | proibiscono | proibivano | hanno proibito |

| | Future | Pluperfect | Past Historic |
|---|---|---|---|
| io | proibirò | avevo proibito | proibii |
| tu | proibirai | avevi proibito | proibisti |
| lui/lei/Lei | proibirà | aveva proibito | proibì |
| noi | proibiremo | avevamo proibito | proibimmo |
| voi | proibirete | avevate proibito | proibiste |
| loro/Loro | proibiranno | avevano proibito | proibirono |

| | Future Perfect | | Past Anterior |
|---|---|---|---|
| io | avrò proibito | | ebbi proibito |

## CONDITIONAL    SUBJUNCTIVE

| | Present | Present | Imperfect |
|---|---|---|---|
| io | proibirei | proibisca | proibissi |
| tu | proibiresti | proibisca | proibissi |
| lui/lei/Lei | proibirebbe | proibisca | proibisse |
| noi | proibiremmo | proibiamo | proibissimo |
| voi | proibireste | proibiate | proibiste |
| loro/Loro | proibirebbero | proibiscano | proibissero |

| | Perfect | Perfect | Pluperfect |
|---|---|---|---|
| io | avrei proibito | abbia proibito | avessi proibito |

| GERUND | PAST PARTICIPLE | IMPERATIVE |
|---|---|---|
| proibendo | proibito | proibisci, proibisca, proibiamo, proibite, proibiscano |

**La mamma mi proibisce di uscire.** *Mother forbids me to go out.*
**Ti proibiamo di farlo.** *We forbid you to do it.*
**Il medico gli ha proibito di bere.** *The doctor has forbidden him to drink.*
**Le hanno proibito di parlare in pubblico.** *She was forbidden from speaking in public.*
**La legge proibisce la vendita di questa carne.** *The law prohibits the selling of this meat.*

**il proibizionismo** *prohibition*
**la proibizione** *prohibition*
**prezzi proibitivi** *prohibitive prices*

**il frutto proibito** *the forbidden fruit*
**proibito dalla legge** *against the law*

# 133 **promettere** *to promise* tr.

## INDICATIVE

| | Present | Imperfect | Perfect |
|---|---|---|---|
| io | prometto | promettevo | ho promesso |
| tu | prometti | promettevi | hai promesso |
| lui/lei/Lei | promette | prometteva | ha promesso |
| noi | promettiamo | promettevamo | abbiamo promesso |
| voi | promettete | promettevate | avete promesso |
| loro/Loro | promettono | promettevano | hanno promesso |

| | Future | Pluperfect | Past Historic |
|---|---|---|---|
| io | prometterò | avevo promesso | promisi |
| tu | prometterai | avevi promesso | promettesti |
| lui/lei/Lei | prometterà | aveva promesso | promise |
| noi | prometteremo | avevamo promesso | promettemmo |
| voi | prometterete | avevate promesso | prometteste |
| loro/Loro | prometteranno | avevano promesso | promisero |

| | Future Perfect | | Past Anterior |
|---|---|---|---|
| io | avrò promesso | | ebbi promesso |

## CONDITIONAL    SUBJUNCTIVE

| | Present | Present | Imperfect |
|---|---|---|---|
| io | prometterei | prometta | promettessi |
| tu | prometteresti | prometta | promettessi |
| lui/lei/Lei | prometterebbe | prometta | promettesse |
| noi | prometteremmo | promettiamo | promettessimo |
| voi | promettereste | promettiate | prometteste |
| loro/Loro | prometterebbero | promettano | promettessero |

| | Perfect | Perfect | Pluperfect |
|---|---|---|---|
| io | avrei promesso | abbia promesso | avessi promesso |

| GERUND | PAST PARTICIPLE | IMPERATIVE |
|---|---|---|
| promettendo | promesso | prometti, prometta, promettiamo, promettete, promettano |

**Mi promisero che sarebbero tornati.** *They promised me they would return.*
**Ti prometto di venire.** *I promise you I'll come.*
**Paolo non ha promesso nulla.** *Paolo has not promised anything.*
**Gli hanno promesso un premio.** *He has been promised a prize.*
**Te lo prometto.** *I promise you.*
**Il tempo promette bene.** *The weather is promising.*
**Avete promesso mari e monti.** *You have promised heaven and earth.*

**la promessa** *promise*
**promettente** *promising*

**fare una promessa** *to make a promise*
**mancare a una promessa** *to break a promise*
**mantenere una promessa** *to keep a promise*

# proteggere *to protect* tr. **134**

## INDICATIVE

| | Present | Imperfect | Perfect |
|---|---|---|---|
| io | proteggo | proteggevo | ho protetto |
| tu | proteggi | proteggevi | hai protetto |
| lui/lei/Lei | protegge | proteggeva | ha protetto |
| noi | proteggiamo | proteggevamo | abbiamo protetto |
| voi | proteggete | proteggevate | avete protetto |
| loro/Loro | proteggono | proteggevano | hanno protetto |

| | Future | Pluperfect | Past Historic |
|---|---|---|---|
| io | proteggerò | avevo protetto | protessi |
| tu | proteggerai | avevi protetto | proteggesti |
| lui/lei/Lei | proteggerà | aveva protetto | protesse |
| noi | proteggeremo | avevamo protetto | proteggemmo |
| voi | proteggerete | avevate protetto | proteggeste |
| loro/Loro | proteggeranno | avevano protetto | protessero |

| | Future Perfect | | Past Anterior |
|---|---|---|---|
| io | avrò protetto | | ebbi protetto |

## CONDITIONAL    SUBJUNCTIVE

| | Present | Present | Imperfect |
|---|---|---|---|
| io | proteggerei | protegga | proteggessi |
| tu | proteggeresti | protegga | proteggessi |
| lui/lei/Lei | proteggerebbe | protegga | proteggesse |
| noi | proteggeremmo | proteggiamo | proteggessimo |
| voi | proteggereste | proteggiate | proteggeste |
| loro/Loro | proteggerebbero | proteggano | proteggessero |

| | Perfect | Perfect | Pluperfect |
|---|---|---|---|
| io | avrei protetto | abbia protetto | avessi protetto |

| GERUND | PAST PARTICIPLE | IMPERATIVE |
|---|---|---|
| proteggendo | protetto | proteggi, protegga, proteggiamo, proteggete, proteggano |

**La sciarpa ti proteggerà dal freddo.** *The scarf will protect you from the cold.*
**Questa città è protetta dai venti.** *This city is sheltered from the winds.*
**Lui accusa il figlio e la madre lo protegge.** *He blames his son and the mother takes his side.*
**Siamo protetti dalla polizia.** *We are guarded by the police.*
**Dio ti protegga!** *God protect you!*
**La fortuna protegge gli audaci.** *Fortune favours the brave.*

**il protettore/la protettrice** *protector*
**un protettore delle arti** *a patron of the arts*
**la protezione** *protection*
**protezione dell'ambiente** *environmental protection*
**protezione civile** *civil defence*

# 135 provvedere *to provide* intr./tr.

## INDICATIVE

|  | Present | Imperfect | Perfect |
|---|---|---|---|
| io | provvedo | provvedevo | ho provvisto |
| tu | provvedi | provvedevi | hai provvisto |
| lui/lei/Lei | provvede | provvedeva | ha provvisto |
| noi | provvediamo | provvedevamo | abbiamo provvisto |
| voi | provvedete | provvedevate | avete provvisto |
| loro/Loro | provvedono | provvedevano | hanno provvisto |

|  | Future | Pluperfect | Past Historic |
|---|---|---|---|
| io | provvederò | avevo provvisto | provvidi |
| tu | provvederai | avevi provvisto | provvedesti |
| lui/lei/Lei | provvederà | aveva provvisto | provvide |
| noi | provvederemo | avevamo provvisto | provvedemmo |
| voi | provvederete | avevate provvisto | provvedeste |
| loro/Loro | provvederanno | avevano provvisto | provvidero |

|  | Future Perfect |  | Past Anterior |
|---|---|---|---|
| io | avrò provvisto |  | ebbi provvisto |

## CONDITIONAL · SUBJUNCTIVE

|  | Present | Present | Imperfect |
|---|---|---|---|
| io | provvederei | provveda | provvedessi |
| tu | provvederesti | provveda | provvedessi |
| lui/lei/Lei | provvederebbe | provveda | provvedesse |
| noi | provvederemmo | provvediamo | provvedessimo |
| voi | provvedereste | provvediate | provvedeste |
| loro/Loro | provvederebbero | provvedano | provvedessero |

|  | Perfect | Perfect | Pluperfect |
|---|---|---|---|
| io | avrei provvisto | abbia provvisto | avessi provvisto |

| GERUND | PAST PARTICIPLE | IMPERATIVE |
|---|---|---|
| provvedendo | provvisto (provveduto) | provvedi, provveda, provvediamo, provvedete, provvedano |

**Provvedono ai bisogni dei loro figli.** *They provide for their children.*
**Chi provvederà a tua madre?** *Who will look after your mother?*
**Il comune provvederà a pulire le strade.** *The town council will arrange for the streets to be cleaned.*
**Noi provvediamo alla pulizia della casa.** *We take care of the cleaning of the house.*
**Devi provvedere immediatamente.** *You must act immediately.*
**provvedere a** *to see to*
**provvedersi di...** *to get in supplies of...*

**la provvidenza** *providence*
**la provvigione** *commission*
**la provvista** *supply, stock*

**fare provvista di qualcosa** *to stock up on something*

# radere  *to shave, raze*  tr.  **136**

## INDICATIVE

| | Present | Imperfect | Perfect |
|---|---|---|---|
| io | rado | radevo | ho raso |
| tu | radi | radevi | hai raso |
| lui/lei/Lei | rade | radeva | ha raso |
| noi | radiamo | radevamo | abbiamo raso |
| voi | radete | radevate | avete raso |
| loro/Loro | radono | radevano | hanno raso |

| | Future | Pluperfect | Past Historic |
|---|---|---|---|
| io | raderò | avevo raso | rasi |
| tu | raderai | avevi raso | radesti |
| lui/lei/Lei | raderà | aveva raso | rase |
| noi | raderemo | avevamo raso | rademmo |
| voi | raderete | avevate raso | radeste |
| loro/Loro | raderanno | avevano raso | rasero |

| | Future Perfect | Past Anterior |
|---|---|---|
| io | avrò raso | ebbi raso |

## CONDITIONAL     SUBJUNCTIVE

| | Present | Present | Imperfect |
|---|---|---|---|
| io | raderei | rada | radessi |
| tu | raderesti | rada | radessi |
| lui/lei/Lei | raderebbe | rada | radesse |
| noi | raderemmo | radiamo | radessimo |
| voi | radereste | radiate | radeste |
| loro/Loro | raderebbero | radano | radessero |

| | Perfect | Perfect | Pluperfect |
|---|---|---|---|
| io | avrei raso | abbia raso | avessi raso |

| GERUND | PAST PARTICIPLE | IMPERATIVE |
|---|---|---|
| radendo | raso | radi, rada, radiamo, radete, radano |

**radere la barba**  to shave
**Mi rado ogni mattina.**  *I shave every morning.*
**Non vi siete rasi bene.**  *You have not shaved well.*
**Mi sono raso i capelli a zero.**  *I had my hair shaved off.*
**La città fu rasa al suolo.**  *The city was razed to the ground.*
**Gli elicotteri volavano così bassi da radere le cime degli alberi.**  *The helicopters were flying so low as to skim the treetops.*

**rado**  *thin*
**di rado**  *seldom*
**il rasoio**  *razor*

**raso**  *shorn, shaved*
**un cucchiaio raso di farina**  *a level teaspoon of flour*
**volare raso terra**  *to fly close to the ground*

# 137 raggiungere *to reach* tr.

## INDICATIVE

|  | Present | Imperfect | Perfect |
|---|---|---|---|
| io | raggiungo | raggiungevo | ho raggiunto |
| tu | raggiungi | raggiungevi | hai raggiunto |
| lui/lei/Lei | raggiunge | raggiungeva | ha raggiunto |
| noi | raggiungiamo | raggiungevamo | abbiamo raggiunto |
| voi | raggiungete | raggiungevate | avete raggiunto |
| loro/Loro | raggiungono | raggiungevano | hanno raggiunto |

|  | Future | Pluperfect | Past Historic |
|---|---|---|---|
| io | raggiungerò | avevo raggiunto | raggiunsi |
| tu | raggiungerai | avevi raggiunto | raggiungesti |
| lui/lei/Lei | raggiungerà | aveva raggiunto | raggiunse |
| noi | raggiungeremo | avevamo raggiunto | raggiungemmo |
| voi | raggiungerete | avevate raggiunto | raggiungeste |
| loro/Loro | raggiungeranno | avevano raggiunto | raggiunsero |

|  | Future Perfect |  | Past Anterior |
|---|---|---|---|
| io | avrò raggiunto |  | ebbi raggiunto |

## CONDITIONAL · SUBJUNCTIVE

|  | Present | Present | Imperfect |
|---|---|---|---|
| io | raggiungerei | raggiunga | raggiungessi |
| tu | raggiungeresti | raggiunga | raggiungessi |
| lui/lei/Lei | raggiungerebbe | raggiunga | raggiungesse |
| noi | raggiungeremmo | raggiungiamo | raggiungessimo |
| voi | raggiungereste | raggiungiate | raggiungeste |
| loro/Loro | raggiungerebbero | raggiungano | raggiungessero |

|  | Perfect | Perfect | Pluperfect |
|---|---|---|---|
| io | avrei raggiunto | abbia raggiunto | avessi raggiunto |

| GERUND | PAST PARTICIPLE | IMPERATIVE |
|---|---|---|
| raggiungendo | raggiunto | raggiungi, raggiunga, raggiungiamo, raggiungete, raggiungano |

**Abbiamo raggiunto la cima della montagna.** *We have reached the top of the mountain.*
**Paolo ci raggiungerà appena possibile.** *Paolo will catch up as soon as possible.*
**Se corri lo raggiungerai.** *If you run you will catch up with him.*
**Lo studente ha raggiunto buoni risultati.** *The student achieved good results.*
**raggiungere lo scopo** *to reach one's aim*
**raggiungere un accordo** *to come to an agreement*
**Paolo raggiungerà la maggiore età l'anno prossimo.** *Paolo will come of age next year.*
**La soluzione è raggiungibile.** *The solution is within reach.*

**il raggiungimento** *achievement*
**raggiungibile** *reachable, attainable*

# reggere  *to support*  tr.  **138**

## INDICATIVE

|  | Present | Imperfect | Perfect |
|---|---|---|---|
| io | reggo | reggevo | ho retto |
| tu | reggi | reggevi | hai retto |
| lui/lei/Lei | regge | reggeva | ha retto |
| noi | reggiamo | reggevamo | abbiamo retto |
| voi | reggete | reggevate | avete retto |
| loro/Loro | reggono | reggevano | hanno retto |

|  | Future | Pluperfect | Past Historic |
|---|---|---|---|
| io | reggerò | avevo retto | ressi |
| tu | reggerai | avevi retto | reggesti |
| lui/lei/Lei | reggerà | aveva retto | resse |
| noi | reggeremo | avevamo retto | reggemmo |
| voi | reggerete | avevate retto | reggeste |
| loro/Loro | reggeranno | avevano retto | ressero |

|  | Future Perfect |  | Past Anterior |
|---|---|---|---|
| io | avrò retto |  | ebbi retto |

## CONDITIONAL  SUBJUNCTIVE

|  | Present | Present | Imperfect |
|---|---|---|---|
| io | reggerei | regga | reggessi |
| tu | reggeresti | regga | reggessi |
| lui/lei/Lei | reggerebbe | regga | reggesse |
| noi | reggeremmo | reggiamo | reggessimo |
| voi | reggereste | reggiate | reggeste |
| loro/Loro | reggerebbero | reggano | reggessero |

|  | Perfect | Perfect | Pluperfect |
|---|---|---|---|
| io | avrei retto | abbia retto | avessi retto |

| GERUND | PAST PARTICIPLE | IMPERATIVE |
|---|---|---|
| reggendo | retto | reggi, regga, reggiamo, reggete, reggano |

**Reggimi questo libro, per favore.** *Hold this book for me, please.*
**Reggeva il bambino per aiutarlo a camminare.** *He was supporting the child to help him walk.*
**Non reggeva alla fame.** *He/she couldn't bear hunger.*
**Non reggo il vino.** *I cannot hold my drink.*
**Non ressero alla prova.** *They did not stand up to the test.*
**reggere al confronto con** *to bear comparison with*
**La sua teoria non regge.** *His theory does not stand up.*
**reggersi in piedi** *to stand up*
**La regione è retta da una giunta regionale.** *The region is governed by a regional council.*

**il/la reggente** *regent*                    **il reggipetto/reggiseno** *brassière*
**principe reggente** *prince regent*

# 139 respingere *to reject* tr.

## INDICATIVE

|  | Present | Imperfect | Perfect |
|---|---|---|---|
| io | respingo | respingevo | ho respinto |
| tu | respingi | respingevi | hai respinto |
| lui/lei/Lei | respinge | respingeva | ha respinto |
| noi | respingiamo | respingevamo | abbiamo respinto |
| voi | respingete | respingevate | avete respinto |
| loro/Loro | respingono | respingevano | hanno respinto |

|  | Future | Pluperfect | Past Historic |
|---|---|---|---|
| io | respingerò | avevo respinto | respinsi |
| tu | respingerai | avevi respinto | respingesti |
| lui/lei/Lei | respingerà | aveva respinto | respinse |
| noi | respingeremo | avevamo respinto | respingemmo |
| voi | respingerete | avevate respinto | respingeste |
| loro/Loro | repingeranno | avevano respinto | respinsero |

|  | Future Perfect |  | Past Anterior |
|---|---|---|---|
| io | avrò respinto |  | ebbi respinto |

## CONDITIONAL   SUBJUNCTIVE

|  | Present | Present | Imperfect |
|---|---|---|---|
| io | respingerei | respinga | respingessi |
| tu | respingeresti | respinga | respingessi |
| lui/lei/Lei | respingerebbe | respinga | respingesse |
| noi | respingeremmo | respingiamo | respingessimo |
| voi | respingereste | respingiate | respingeste |
| loro/Loro | respingerebbero | respingano | respingessero |

|  | Perfect | Perfect | Pluperfect |
|---|---|---|---|
| io | avrei respinto | abbia respinto | avessi respinto |

| GERUND | PAST PARTICIPLE | IMPERATIVE |
|---|---|---|
| respingendo | respinto | respingi, respinga, respingiamo, respingete, respingano |

**Respingerai l'offerta?** *Will you reject the offer?*
**respingere un'accusa** *to reject an accusation*
**respingere una proposta di legge** *to reject a bill*
**Le guardie respinsero la folla.** *The guards drove back the crowd.*
**Il nemico sarà respinto.** *The enemy will be repelled.*
**Luigi è stato respinto agli esami.** *Luigi failed the examinations.*
**respingere un pacco al mittente** *to return a package to the sender*

**respinto al mittente** *returned to sender*
**il respinto** *flunker, failed candidate*

# restare *to stay* intr. **140**

## INDICATIVE

| | Present | Imperfect | Perfect |
|---|---|---|---|
| io | resto | restavo | sono restato/a |
| tu | resti | restavi | sei restato/a |
| lui/lei/Lei | resta | restava | è restato/a |
| noi | restiamo | restavamo | siamo restati/e |
| voi | restate | restavate | siete restati/e |
| loro/Loro | restano | restavano | sono restati/e |

| | Future | Pluperfect | Past Historic |
|---|---|---|---|
| io | resterò | ero restato/a | restai |
| tu | resterai | eri restato/a | restasti |
| lui/lei/Lei | resterà | era restato/a | restò |
| noi | resteremo | eravamo restati/e | restammo |
| voi | resterete | eravate restati/e | restaste |
| loro/Loro | resteranno | erano restati/e | restarono |

| | Future Perfect | | Past Anterior |
|---|---|---|---|
| io | sarò restato/a | | fui restato/a |

## CONDITIONAL   SUBJUNCTIVE

| | Present | Present | Imperfect |
|---|---|---|---|
| io | resterei | resti | restassi |
| tu | resteresti | resti | restassi |
| lui/lei/Lei | resterebbe | resti | restasse |
| noi | resteremmo | restiamo | restassimo |
| voi | restereste | restiate | restaste |
| loro/Loro | resterebbero | restino | restassero |

| | Perfect | Perfect | Pluperfect |
|---|---|---|---|
| io | sarei restato/a | sia restato/a | fossi restato/a |

| GERUND | PAST PARTICIPLE | IMPERATIVE |
|---|---|---|
| restando | restato/a/i/e | resta, resti, restiamo, restate, restino |

**Vieni con me? No, resto qui.** *Are you coming with me? No, I am staying here.*
**Resta a mangiare con noi.** *Stay and eat with us.*
**Non restare in piedi.** *Don't remain standing.*
**È restato qualcosa per noi?** *Isn't there anything left for us?*
**Resta ancora molto da fare.** *There's still a lot to do.*
**Paolo restò a bocca aperta.** *Paolo was astonished.*
**Restai di stucco/senza parole.** *I was drumbstruck.*
**restare a galla** *to float*
**che resti fra noi** *just between us*

**il resto** *change, rest*          **restante** *left-over, remaining*
**del resto** *besides, after all*

# 141 ricevere *to receive* tr.

## INDICATIVE

| | Present | Imperfect | Perfect |
|---|---|---|---|
| io | ricevo | ricevevo | ho ricevuto |
| tu | ricevi | ricevevi | hai ricevuto |
| lui/lei/Lei | riceve | riceveva | ha ricevuto |
| noi | riceviamo | ricevevamo | abbiamo ricevuto |
| voi | ricevete | ricevevate | avete ricevuto |
| loro/Loro | ricevono | ricevevano | hanno ricevuto |

| | Future | Pluperfect | Past Historic |
|---|---|---|---|
| io | riceverò | avevo ricevuto | ricevei (ricevetti) |
| tu | riceverai | avevi ricevuto | ricevesti |
| lui/lei/Lei | riceverà | aveva ricevuto | ricevè (ricevette) |
| noi | riceveremo | avevamo ricevuto | ricevemmo |
| voi | riceverete | avevate ricevuto | riceveste |
| loro/Loro | riceveranno | avevano ricevuto | riceverono (ricevettero) |

| | Future Perfect | | Past Anterior |
|---|---|---|---|
| io | avrò ricevuto | | ebbi ricevuto |

## CONDITIONAL    SUBJUNCTIVE

| | Present | Present | Imperfect |
|---|---|---|---|
| io | riceverei | riceva | ricevessi |
| tu | riceveresti | riceva | ricevessi |
| lui/lei/Lei | riceverebbe | riceva | ricevesse |
| noi | riceveremmo | riceviamo | ricevessimo |
| voi | ricevereste | riceviate | riceveste |
| loro/Loro | riceverebbero | ricevano | ricevessero |

| | Perfect | Perfect | Pluperfect |
|---|---|---|---|
| io | avrei ricevuto | abbia ricevuto | avessi ricevuto |

| GERUND | PAST PARTICIPLE | IMPERATIVE |
|---|---|---|
| ricevendo | ricevuto | ricevi, riceva, riceviamo, ricevete, ricevano |

**Non so perché non riceve le mie email.** *I don't know why he doesn't receive my emails.*
**Mi hanno ricevuto a braccia aperte.** *They received me with open arms.*
**Sono stati ricevuti nel circolo.** *They have been admitted into the club.*
**Il dottore non riceve ora.** *The doctor cannot see anyone now.*
**Riceva i miei migliori auguri.** *Please accept my best wishes.*
**ricevere qualcosa in premio** *to be awarded something*
**ricevere un rifiuto** *to meet with a refusal*

**il ricevimento** *reception*
**offrire un ricevimento** *to hold a reception*

**il ricevitore** *receiver*
**la ricevuta** *receipt*

# riconoscere *to recognize* tr. **142**

## INDICATIVE

|  | Present | Imperfect | Perfect |
|---|---|---|---|
| io | riconosco | riconoscevo | ho riconosciuto |
| tu | riconosci | riconoscevi | hai riconosciuto |
| lui/lei/Lei | riconosce | riconosceva | ha riconosciuto |
| noi | riconosciamo | riconoscevamo | abbiamo riconosciuto |
| voi | riconoscete | riconoscevate | avete riconosciuto |
| loro/Loro | riconoscono | riconoscevano | hanno riconsciuto |

|  | Future | Pluperfect | Past Historic |
|---|---|---|---|
| io | riconoscerò | avevo riconosciuto | riconobbi |
| tu | riconoscerai | avevi riconosciuto | riconoscesti |
| lui/lei/Lei | riconoscerà | aveva riconosciuto | riconobbe |
| noi | riconosceremo | avevamo riconosciuto | riconoscemmo |
| voi | riconoscerete | avevate riconosciuto | riconosceste |
| loro/Loro | riconosceranno | avevano riconosciuto | riconobbero |

|  | Future Perfect | | Past Anterior |
|---|---|---|---|
| io | avrò riconosciuto | | ebbi riconosciuto |

## CONDITIONAL    SUBJUNCTIVE

|  | Present | Present | Imperfect |
|---|---|---|---|
| io | riconoscerei | riconosca | riconoscessi |
| tu | riconosceresti | riconosca | riconoscessi |
| lui/lei/Lei | riconoscerebbe | riconosca | riconoscesse |
| noi | riconosceremmo | riconosciamo | riconoscessimo |
| voi | riconoscereste | riconosciate | riconosceste |
| loro/Loro | riconoscerebbero | riconoscano | riconoscessero |

|  | Perfect | Perfect | Pluperfect |
|---|---|---|---|
| io | avrei riconosciuto | abbia riconosciuto | avessi riconosciuto |

| GERUND | PAST PARTICIPLE | IMPERATIVE |
|---|---|---|
| riconoscendo | riconosciuto | riconosci, riconosca, riconosciamo, riconoscete, riconoscano |

**Sono Luigi, non mi riconoscete?** *I am Luigi, don't you recognize me?*
**Paolo riconobbe subito il suo errore.** *Paolo admitted his mistake immediately.*
**Lo riconosceranno dal passo.** *They will recognize him by his walk.*
**Ho dovuto riconoscere il cadavere.** *I had to identify the body.*
**L'indipendenza di questo paese è stata riconosciuta.** *The independence of this country has been recognized.*
**farsi riconoscere** *to make oneself known*
**riconoscere un figlio** *to acknowledge a child*
**Devo riconoscere che non è vero.** *I must admit it isn't true.*

**il riconoscimento** *recognition*
**merita un riconoscimento** *he/she deserves a reward*

**la riconoscenza** *gratitude*
**riconoscente** *grateful*

# 143 ridere *to laugh* intr.

## INDICATIVE

| | Present | Imperfect | Perfect |
|---|---|---|---|
| io | rido | ridevo | ho riso |
| tu | ridi | ridevi | hai riso |
| lui/lei/Lei | ride | rideva | ha riso |
| noi | ridiamo | ridevamo | abbiamo riso |
| voi | ridete | ridevate | avete riso |
| loro/Loro | ridono | ridevano | hanno riso |

| | Future | Pluperfect | Past Historic |
|---|---|---|---|
| io | riderò | avevo riso | risi |
| tu | riderai | avevi riso | ridesti |
| lui/lei/Lei | riderà | aveva riso | rise |
| noi | rideremo | avevamo riso | ridemmo |
| voi | riderete | avevate riso | rideste |
| loro/Loro | rideranno | avevano riso | risero |

| | Future Perfect | | Past Anterior |
|---|---|---|---|
| io | avrò riso | | ebbi riso |

## CONDITIONAL     SUBJUNCTIVE

| | Present | Present | Imperfect |
|---|---|---|---|
| io | riderei | rida | ridessi |
| tu | rideresti | rida | ridessi |
| lui/lei/Lei | riderebbe | rida | ridesse |
| noi | rideremmo | ridiamo | ridessimo |
| voi | ridereste | ridiate | rideste |
| loro/Loro | riderebbero | ridano | ridessero |

| | Perfect | Perfect | Pluperfect |
|---|---|---|---|
| io | avrei riso | abbia riso | avessi riso |

| GERUND | PAST PARTICIPLE | IMPERATIVE |
|---|---|---|
| ridendo | riso | ridi, rida, ridiamo, ridete, ridano |

---

**Non farmi ridere!** *Don't make me laugh!*
**Paolo gli rise in faccia.** *Paolo laughed in his face.*
**Gli amici ridevano di lui.** *His friends were making fun of him.*
**Ti rideranno dietro tutti.** *You will become a laughing stock.*
**Non ridere alle sue spalle.** *Do not laugh behind his/her back.*
**Scoppiarono a ridere.** *They burst out laughing.*
**Perché ridi sotto i baffi?** *Why are you laughing up your sleeve?*
**far ridere** *to be funny*

**il riso** *laughter*
**ridicolo** *ridiculous*

**il sorriso** *smile*
**sorridere** *to smile*

# riempire *to fill* tr.

## INDICATIVE

| | Present | Imperfect | Perfect |
|---|---|---|---|
| io | riempio | riempivo | ho riempito |
| tu | riempi | riempivi | hai riempito |
| lui/lei/Lei | riempie | riempiva | ha riempito |
| noi | riempiamo | riempivamo | abbiamo riempito |
| voi | riempite | riempivate | avete riempito |
| loro/Loro | riempiono | riempivano | hanno riempito |

| | Future | Pluperfect | Past Historic |
|---|---|---|---|
| io | riempirò | avevo riempito | riempii |
| tu | riempirai | avevi riempito | riempisti |
| lui/lei/Lei | riempirà | aveva riempito | riempì |
| noi | riempiremo | avevamo riempito | riempimmo |
| voi | riempirete | avevate riempito | riempiste |
| loro/Loro | riempiranno | avevano riempito | riempirono |

| | Future Perfect | | Past Anterior |
|---|---|---|---|
| io | avrò riempito | | ebbi riempito |

## CONDITIONAL  SUBJUNCTIVE

| | Present | Present | Imperfect |
|---|---|---|---|
| io | riempirei | riempia | riempissi |
| tu | riempiresti | riempia | riempissi |
| lui/lei/Lei | riempirebbe | riempia | riempisse |
| noi | riempiremmo | riempiamo | riempissimo |
| voi | riempireste | riempiate | riempiste |
| loro/Loro | riempirebbero | riempiano | riempissero |

| | Perfect | Perfect | Pluperfect |
|---|---|---|---|
| io | avrei riempito | abbia riempito | avessi riempito |

| GERUND | PAST PARTICIPLE | IMPERATIVE |
|---|---|---|
| riempiendo | riempito | riempi, riempia, riempiamo, riempite, riempiano |

**Riempimi il bicchiere di vino, per favore.** *Fill up my glass with wine, please.*
**Hanno riempito la stanza di quadri.** *They have filled the room with pictures.*
**La presenza di Luigi mi riempì di gioia.** *Luigi's presence filled me with joy.*
**Riempi questo modulo.** *Fill in this form.*
**riempire i vuoti** *to refill the empties*
**riempire una lacuna** *to fill a gap*
**La piazza si riempì di dimostranti.** *The square filled up with protesters.*

**il riempimento** *filling*
**materiale di riempimento** *fill material*

# 145 riflettere *to reflect* intr./tr.

## INDICATIVE

| | Present | Imperfect | Perfect |
|---|---|---|---|
| io | rifletto | riflettevo | ho riflesso |
| tu | rifletti | riflettevi | hai riflesso |
| lui/lei/Lei | riflette | rifletteva | ha riflesso |
| noi | riflettiamo | riflettevamo | abbiamo riflesso |
| voi | riflettete | riflettevate | avete riflesso |
| loro/Loro | riflettono | riflettevano | hanno riflesso |

| | Future | Pluperfect | Past Historic |
|---|---|---|---|
| io | rifletterò | avevo riflesso | riflessi (rifletti) |
| tu | rifletterai | avevi riflesso | riflettesti |
| lui/lei/Lei | rifletterà | aveva riflesso | riflesse (rifletté) |
| noi | rifletteremo | avevamo riflesso | riflettemmo |
| voi | rifletterete | avevate riflesso | rifletteste |
| loro/Loro | rifletteranno | avevano riflesso | riflessero (rifletterono) |

| | Future Perfect | | Past Anterior |
|---|---|---|---|
| io | avrò riflesso | | ebbi riflesso |

## CONDITIONAL        SUBJUNCTIVE

| | Present | Present | Imperfect |
|---|---|---|---|
| io | rifletterei | rifletta | riflettessi |
| tu | rifletteresti | rifletta | riflettessi |
| lui/lei/Lei | rifletterebbe | rifletta | riflettesse |
| noi | rifletteremmo | riflettiamo | riflettessimo |
| voi | riflettereste | riflettiate | rifletteste |
| loro/Loro | rifletterebbero | riflettano | riflettessero |

| | Perfect | Perfect | Pluperfect |
|---|---|---|---|
| io | avrei riflesso | abbia riflesso | avessi riflesso |

| GERUND | PAST PARTICIPLE | IMPERATIVE |
|---|---|---|
| riflettendo | riflesso, rifletuto | rifletti, rifletta, riflettiamo, riflettete, riflettano |

**Lo specchio riflette l'immagine.** *The mirror reflects the image.*
**Luigi rifletterà prima di andare.** *Luigi will think it over before going.*
**Rifletteranno sulle conseguenze.** *They thought about the consequences.*
**senza riflettere** *without thinking*
**dopo avere molto riflettuto** *after much thought*
**Rifletti bene.** *Think it over.*
**Falla riflettere.** *Give her food for thought.*

**il riflettore** *reflector, spotlight*
**il riflesso** *reflex, reflection*
**riflessivo** *reflective, thoughtful*
**la riflessione** *thought, meditation*

# rimanere *to stay* intr. **146**

## INDICATIVE

| | Present | Imperfect | Perfect |
|---|---|---|---|
| io | rimango | rimanevo | sono rimasto/a |
| tu | rimani | rimanevi | sei rimasto/a |
| lui/lei/Lei | rimane | rimaneva | è rimasto/a |
| noi | rimaniamo | rimanevamo | siamo rimasti/e |
| voi | rimanete | rimanevate | siete rimasti/e |
| loro/Loro | rimangono | rimanevano | sono rimasti/e |

| | Future | Pluperfect | Past Historic |
|---|---|---|---|
| io | rimarrò | ero rimasto/a | rimasi |
| tu | rimarrai | eri rimasto/a | rimanesti |
| lui/lei/Lei | rimarrà | era rimasto/a | rimase |
| noi | rimarremo | eravamo rimasti/e | rimanemmo |
| voi | rimarrete | eravate rimasti/e | rimaneste |
| loro/Loro | rimarranno | erano rimasti/e | rimasero |

| | Future Perfect | | Past Anterior |
|---|---|---|---|
| io | sarò rimasto/a | | fui rimasto/a |

## CONDITIONAL   SUBJUNCTIVE

| | Present | Present | Imperfect |
|---|---|---|---|
| io | rimarrei | rimanga | rimanessi |
| tu | rimarresti | rimanga | rimanessi |
| lui/lei/Lei | rimarrebbe | rimanga | rimanesse |
| noi | rimarremmo | rimaniamo | rimanessimo |
| voi | rimarreste | rimaniate | rimaneste |
| loro/Loro | rimarrebbero | rimangano | rimanessero |

| | Perfect | Perfect | Pluperfect |
|---|---|---|---|
| io | sarei rimasto/a | sia rimasto/a | fossi rimasto/a |

| GERUND | PAST PARTICIPLE | IMPERATIVE |
|---|---|---|
| rimanendo | rimasto/a/i/e | rimani, rimanga, rimaniamo, rimanete, rimangano |

**Luigi è rimasto a letto tutto il giorno.** *Luigi has stayed in bed all day.*
**Potete rimanere ancora un po'?** *Can you stay a little longer?*
**Perché è rimasto indietro?** *Why was he left behind?*
**Mi rimangono pochi soldi.** *I have little money left.*
**rimanere soddisfatto** *to be satisfied*
**Ci sono rimasto male.** *I was hurt /offended.*
**Siamo rimasti d'accordo così.** *That's what we have agreed.*
**Rimasero uccisi sul colpo.** *They were killed on the spot.*

**la rimanenza** *left-over*
**rimanenza di cassa** *cash in hand*
**rimanente** *remaining*
**tutti i rimanenti** *all the rest, all the others*

# 147 rimpiangere *to regret* tr.

## INDICATIVE

| | Present | Imperfect | Perfect |
|---|---|---|---|
| io | rimpiango | rimpiangevo | ho rimpianto |
| tu | rimpiangi | rimpiangevi | hai rimpianto |
| lui/lei/Lei | rimpiange | rimpiangeva | ha rimpianto |
| noi | rimpiangiamo | rimpiangevamo | abbiamo rimpianto |
| voi | rimpiangete | rimpiangevate | avete rimpianto |
| loro/Loro | rimpiangono | rimpiangevano | hanno rimpianto |

| | Future | Pluperfect | Past Historic |
|---|---|---|---|
| io | rimpiangerò | avevo rimpianto | rimpiansi |
| tu | rimpiangerai | avevi rimpianto | rimpiangesti |
| lui/lei/Lei | rimpiangerà | aveva rimpianto | rimpianse |
| noi | rimpiangeremo | avevamo rimpianto | rimpiangemmo |
| voi | rimpiangerete | avevate rimpianto | rimpiangeste |
| loro/Loro | rimpiangeranno | avevano rimpianto | rimpiansero |

| | Future Perfect | | Past Anterior |
|---|---|---|---|
| io | avrò rimpianto | | ebbi rimpianto |

## CONDITIONAL   SUBJUNCTIVE

| | Present | Present | Imperfect |
|---|---|---|---|
| io | rimpiangerei | rimpianga | rimpiangessi |
| tu | rimpiangeresti | rimpianga | rimpiangessi |
| lui/lei/Lei | rimpiangerebbe | rimpianga | rimpiangesse |
| noi | rimpiangeremmo | rimpiangiamo | rimpiangessimo |
| voi | rimpiangereste | rimpiangiate | rimpiangeste |
| loro/Loro | rimpiangerebbero | rimpiangano | rimpiangessero |

| | Perfect | Perfect | Pluperfect |
|---|---|---|---|
| io | avrei rimpianto | abbia rimpianto | avessi rimpianto |

| GERUND | PAST PARTICIPLE | IMPERATIVE |
|---|---|---|
| rimpiangendo | rimpianto | rimpiangi, rimpianga, rimpiangiamo, rimpiangete, rimpiangano |

---

**Se non ci andrò, lo rimpiangerò.** *If I don't go, I will regret it.*
**Rimpiangerai di non averlo fatto.** *You'll regret you didn't do it.*
**Tutti la rimpiangono.** *She's sadly missed.*
**Abbiamo rimpianto la sua perdita.** *We have lamented his/her loss.*
**rimpiangere un amore perduto** *to regret one's lost love*
**Rimpiangi la tua giovinezza?** *Do you look back on your youth with regret?*

**il rimpianto** *regret*
**rimpianto dei giorni passati** *regret for the good old days*
**non avere rimpianti** *to have no regrets*
**avere inutili rimpianti** *to cry over spilt milk*

# ringraziare *to thank* tr. **148**

## INDICATIVE

| | Present | Imperfect | Perfect |
|---|---|---|---|
| io | ringrazio | ringraziavo | ho ringraziato |
| tu | ringrazi | ringraziavi | hai ringraziato |
| lui/lei/Lei | ringrazia | ringraziava | ha ringraziato |
| noi | ringraziamo | ringraziavamo | abbiamo ringraziato |
| voi | ringraziate | ringraziavate | avete ringraziato |
| loro/Loro | ringraziano | ringraziavano | hanno ringraziato |
| | **Future** | **Pluperfect** | **Past Historic** |
| io | ringrazierò | avevo ringraziato | ringraziai |
| tu | ringrazierai | avevi ringraziato | ringraziasti |
| lui/lei/Lei | ringrazierà | aveva ringraziato | ringraziò |
| noi | ringrazieremo | avevamo ringraziato | ringraziammo |
| voi | ringrazierete | avevate ringraziato | ringraziaste |
| loro/Loro | ringrazieranno | avevano ringraziato | ringraziarono |
| | **Future Perfect** | | **Past Anterior** |
| io | avrò ringraziato | | ebbi ringraziato |

## CONDITIONAL · SUBJUNCTIVE

| | Present | Present | Imperfect |
|---|---|---|---|
| io | ringrazierei | ringrazi | ringraziassi |
| tu | ringrazieresti | ringrazi | ringraziassi |
| lui/lei/Lei | ringrazierebbe | ringrazi | ringraziasse |
| noi | ringrazieremmo | ringraziamo | ringraziassimo |
| voi | ringraziereste | ringraziate | ringraziaste |
| loro/Loro | ringrazierebbero | ringrazino | ringraziassero |
| | **Perfect** | **Perfect** | **Pluperfect** |
| io | avrei ringraziato | abbia ringraziato | avessi ringraziato |

| GERUND | PAST PARTICIPLE | IMPERATIVE |
|---|---|---|
| ringraziando | ringraziato | ringrazia, ringrazi, ringraziamo, ringraziate, ringrazino |

**La ringrazio della visita, Signora Rossi.** *Thank you for coming, Mrs Rossi.*
**Li ringraziarono del regalo.** *They thank them for the present.*
**Devi ringraziare solo te stesso.** *You have only yourself to thank.*
**Ti ringrazio di essere venuto.** *Thank you for coming.*
**Mi ringraziò di cuore.** *He/she thanked me sincerely.*
**Devi ringraziare per iscritto.** *You must write to say thank you.*
**Sia ringraziato il cielo!** *Thank heavens!*

**il ringraziamento** *thanks*
**lettera di ringraziamento** *thank-you letter*
**esprimere il proprio ringraziamento** *to express one's thanks*
**parole di ringraziamento** *words of thanks*
**grazie** *thank you*

# 149 risolvere *to solve, resolve* tr.

## INDICATIVE

|  | Present | Imperfect | Perfect |
|---|---|---|---|
| io | risolvo | risolvevo | ho risolto |
| tu | risolvi | risolvevi | hai risolto |
| lui/lei/Lei | risolve | risolveva | ha risolto |
| noi | risolviamo | risolvevamo | abbiamo risolto |
| voi | risolvete | risolvevate | avete risolto |
| loro/Loro | risolvono | risolvevano | hanno risolto |

|  | Future | Pluperfect | Past Historic |
|---|---|---|---|
| io | risolverò | avevo risolto | risolsi (risolvetti) |
| tu | risolverai | avevi risolto | risolvesti |
| lui/lei/Lei | risolverà | aveva risolto | risolse (risolvette) |
| noi | risolveremo | avevamo risolto | risolvemmo |
| voi | risolverete | avevate risolto | risolveste |
| loro/Loro | risolveranno | avevano risolto | risolsero (risolvettero) |

|  | Future Perfect |  | Past Anterior |
|---|---|---|---|
| io | avrò risolto |  | ebbi resilto |

## CONDITIONAL    SUBJUNCTIVE

|  | Present | Present | Imperfect |
|---|---|---|---|
| io | risolverei | risolva | risolvessi |
| tu | risolveresti | risolva | risolvesssi |
| lui/lei/Lei | risolverebbe | risolva | risolvesse |
| noi | risolveremmo | risolviamo | risolvessimo |
| voi | risolvereste | risolviate | risolveste |
| loro/Loro | risolverebbero | risolvano | risolvessero |

|  | Perfect | Perfect | Pluperfect |
|---|---|---|---|
| io | avrei risolto | abbia risolto | avessi risolto |

## GERUND    PAST PARTICIPLE    IMPERATIVE

| risolvendo | risolto | risolvi, risolva, risolviamo, risolvete, risolvano |
|---|---|---|

**Avete risolto i vostri dubbi? Sì, li abbiamo risolti.** *Have you resolved your doubts? Yes, we have resolved them.*
**Hai risolto il problema?** *Have you solved the problem?*
**risolvere una questione** *to settle a matter*
**Risolsero di farlo da soli.** *They decided to do it on their own.*
**Luigi non sa risolversi.** *Luigi cannot make his mind up.*
**La febbre si risolverà presto.** *The fever will soon clear up.*
**Tutto si risolse in nulla.** *It all came to nothing.*
**Tutto si è risolto bene.** *Everything turned out well.*

**la risoluzione** *resolution*
**la risoluzione di un contratto** *the cancellation of a contract*
**prendere una risoluzione** *to take a decision*
**risoluto** *resolute*

# rispondere *to answer* intr. **150**

## INDICATIVE

|  | Present | Imperfect | Perfect |
|---|---|---|---|
| io | rispondo | rispondevo | ho risposto |
| tu | rispondi | rispondevi | hai risposto |
| lui/lei/Lei | risponde | rispondeva | ha risposto |
| noi | rispondiamo | rispondevamo | abbiamo risposto |
| voi | rispondete | rispondevate | avete risposto |
| loro/Loro | rispondono | rispondevano | hanno risposto |

|  | Future | Pluperfect | Past Historic |
|---|---|---|---|
| io | risponderò | avevo risposto | risposi |
| tu | risponderai | avevi risposto | rispondesti |
| lui/lei/Lei | risponderà | aveva risposto | rispose |
| noi | risponderemo | avevamo risposto | rispondemmo |
| voi | risponderete | avevate risposto | rispondeste |
| loro/Loro | risponderanno | avevano risposto | risposero |

|  | Future Perfect |  | Past Anterior |
|---|---|---|---|
| io | avrò risposto |  | ebbi risposto |

## CONDITIONAL  SUBJUNCTIVE

|  | Present | Present | Imperfect |
|---|---|---|---|
| io | risponderei | risponda | rispondessi |
| tu | risponderesti | risponda | rispondessi |
| lui/lei/Lei | risponderebbe | risponda | rispondesse |
| noi | risponderemmo | rispondiamo | rispondessimo |
| voi | rispondereste | rispondiate | rispondeste |
| loro/Loro | risponderebbero | rispondano | rispondessero |

|  | Perfect | Perfect | Pluperfect |
|---|---|---|---|
| io | avrei risposto | abbia risposto | avessi risposto |

| GERUND | PAST PARTICIPLE | IMPERATIVE |
|---|---|---|
| rispondendo | risposto | rispondi, risponda, rispondiamo, rispondete, rispondano |

**Ho risposto alla vosta lettera.** *I have replied to your letter.*
**Paolo rispose con un cenno del capo.** *Paolo answered with a nod.*
**Rispondi tu al telefono?** *Can you answer the phone?*
**Rispondete di sì.** *Say yes.*
**Solo lui può rispondere delle sue azioni.** *Only he can answer for his actions.*
**Rispondono al nome di...** *They are called...*
**rispondere picche** *to refuse flatly*
**rispondere di un danno** *to be liable for damage*

**la risposta** *answer, reply*
**botta e risposta** *thrust and counter thrust*
**senza risposta** *unanswered*
**rispondente a** *in accordance with*

# 151 riuscire *to succeed* intr.

## INDICATIVE

| | Present | Imperfect | Perfect |
|---|---|---|---|
| io | riesco | riuscivo | sono riuscito/a |
| tu | riesci | riuscivi | sei riuscito/a |
| lui/lei/Lei | riesce | riusciva | è riuscito/a |
| noi | riusciamo | riuscivamo | siamo riusciti/e |
| voi | riuscite | riuscivate | siete riusciti/e |
| loro/Loro | riescono | riuscivano | sono riusciti/e |

| | Future | Pluperfect | Past Historic |
|---|---|---|---|
| io | riuscirò | ero riuscito/a | riuscii |
| tu | riuscirai | eri riuscito/a | riuscisti |
| lui/lei/Lei | riuscirà | era riuscito/a | riuscì |
| noi | riusciremo | eravamo riusciti/e | riuscimmo |
| voi | riuscirete | eravate riusciti/e | riusciste |
| loro/Loro | riusciranno | erano riusciti/e | riuscirono |

| | Future Perfect | | Past Anterior |
|---|---|---|---|
| io | sarò riuscito/a | | fui riuscito/a |

## CONDITIONAL   SUBJUNCTIVE

| | Present | Present | Imperfect |
|---|---|---|---|
| io | riuscirei | riesca | riuscissi |
| tu | riusciresti | riesca | riuscissi |
| lui/lei/Lei | riuscirebbe | riesca | riuscisse |
| noi | riusciremmo | riusciamo | riuscissimo |
| voi | riuscireste | riusciate | riusciste |
| loro/Loro | riuscirebbero | riescano | riuscissero |

| | Perfect | Perfect | Pluperfect |
|---|---|---|---|
| io | sarei riuscito/a | sia riuscito/a | fossi riuscito/a |

| GERUND | PAST PARTICIPLE | IMPERATIVE |
|---|---|---|
| riuscendo | riuscito/a/i/e | riesci, riesca, riusciamo, riuscite, riescano |

**Riuscii a farla venire qui.** *I was able to make her come here.*
**Non riesco a capire.** *I cannot understand.*
**Ci riesci?** *Can you manage?*
**Sono riusciti senza di me.** *They have succeeded without me.*
**È riuscito nella vita.** *He was successful in life.*
**Il segreto per riuscire.** *The secret of success.*
**riuscire nell'intento** *to achieve one's aim*
**Questo progetto è riuscito male.** *The project turned out badly.*
**Questo lavoro riesce bene.** *This job is turning out well.*

**la riuscita** *outcome, result, success*
**riuscito** *successful*
**un lavoro riuscito** *a job well done*

# rompere *to break* tr. **152**

## INDICATIVE

| | Present | Imperfect | Perfect |
|---|---|---|---|
| io | rompo | rompevo | ho rotto |
| tu | rompi | rompevi | hai rotto |
| lui/lei/Lei | rompe | rompeva | ha rotto |
| noi | rompiamo | rompevamo | abbiamo rotto |
| voi | rompete | rompevate | avete rotto |
| loro/Loro | rompono | rompevano | hanno rotto |

| | Future | Pluperfect | Past Historic |
|---|---|---|---|
| io | romperò | avevo rotto | ruppi |
| tu | romperai | avevi rotto | rompesti |
| lui/lei/Lei | romperà | aveva rotto | ruppe |
| noi | romperemo | avevamo rotto | rompemmo |
| voi | romperete | avevate rotto | rompeste |
| loro/Loro | romperanno | avevano rotto | ruppero |

| | Future Perfect | | Past Anterior |
|---|---|---|---|
| io | avrò rotto | | ebbi rotto |

## CONDITIONAL  SUBJUNCTIVE

| | Present | Present | Imperfect |
|---|---|---|---|
| io | romperei | rompa | rompessi |
| tu | romperesti | rompa | rompessi |
| lui/lei/Lei | romperebbe | rompa | rompesse |
| noi | romperemmo | rompiamo | rompessimo |
| voi | rompereste | rompiate | rompeste |
| loro/Loro | romperebbero | rompano | rompessero |

| | Perfect | Perfect | Pluperfect |
|---|---|---|---|
| io | avrei rotto | abbia rotto | avessi rotto |

| GERUND | PAST PARTICIPLE | IMPERATIVE |
|---|---|---|
| rompendo | rotto | rompi, rompa, rompiamo, rompete, rompano |

**Chi ha rotto il bicchiere?** *Who has broken the glass?*
**Avevano rotto i rapporti con lui.** *They had broken off with him.*
**La macchina si è rotta.** *The car broke down.*
**Mi sono rotto un braccio.** *I broke my arm.*
**Rischia di rompersi l'osso del collo.** *He risks breaking his neck.*
**Una forte esplosione ruppe il silenzio.** *A loud explosion broke the silence.*
**rompere l'anima/le scatole a qualcuno** *to pester somebody*
**Chi rompe paga.** *He who is guilty must pay for it.*

**un rompiscatole** *a pain in the neck*
**il rompicapo** *brain teaser, puzzle*
**il rompimento** *nuisance*
**la rottura** *breaking, split*

# 153 salire *to go up* intr./tr.

## INDICATIVE

| | Present | Imperfect | Perfect |
|---|---|---|---|
| io | salgo | salivo | sono salito/a |
| tu | sali | salivi | sei salito/a |
| lui/lei/Lei | sale | saliva | è salito/a |
| noi | saliamo | salivamo | siamo saliti/e |
| voi | salite | salivate | siete saliti/e |
| loro/Loro | salgono | salivano | sono saliti/e |

| | Future | Pluperfect | Past Historic |
|---|---|---|---|
| io | salirò | ero salito/a | salii |
| tu | salirai | eri salito/a | salisti |
| lui/lei/Lei | salirà | era salito/a | salì |
| noi | saliremo | eravamo saliti/e | salimmo |
| voi | salirete | eravate saliti/e | saliste |
| loro/Loro | saliranno | erano saliti/e | salirono |

| | Future Perfect | | Past Anterior |
|---|---|---|---|
| io | sarò salito/a | | fui salito/a |

## CONDITIONAL    SUBJUNCTIVE

| | Present | Present | Imperfect |
|---|---|---|---|
| io | salirei | salga | salissi |
| tu | saliresti | salga | salissi |
| lui/lei/Lei | salirebbe | salga | salisse |
| noi | saliremmo | saliamo | salissimo |
| voi | salireste | saliate | saliste |
| loro/Loro | salirebbero | salgano | salissero |

| | Perfect | Perfect | Pluperfect |
|---|---|---|---|
| io | sarei salito/a | sia salito/a | fossi salito/a |

| GERUND | PAST PARTICIPLE | IMPERATIVE |
|---|---|---|
| salendo | salito/a/i/e | sali, salga, saliamo, salite, salgano |

---

**Il bambino sale sulla sedia.** *The child gets up on the chair.*
**È salito sull'albero.** *He climbed the tree.*
**Ha salito le scale di corsa.** *He went up the stairs quickly.*
**Sali in macchina!** *Get into the car!*
**salire sul treno/sull'autobus** *to get on the train/bus*
**Salite a bordo.** *Go on board.*
**La temperatura salirà costantemente.** *The temperature will rise constantly.*
**Il prezzo della benzina sta salendo.** *Petrol price is going up.*
**I prezzi saliranno alle stelle.** *Prices will rocket.*
**Il re salì al trono nel 1930.** *The king ascended the throne in 1930.*

**la salita** *ascent, climb*
**in salita** *uphill*

# saltare *to jump* intr./tr. **154**

## INDICATIVE

|  | Present | Imperfect | Perfect |
|---|---|---|---|
| io | salto | saltavo | ho saltato |
| tu | salti | saltavi | hai saltato |
| lui/lei/Lei | salta | saltava | ha saltato |
| noi | saltiamo | saltavamo | abbiamo saltato |
| voi | saltate | saltavate | avete saltato |
| loro/Loro | saltano | saltavano | hanno saltato |

|  | Future | Pluperfect | Past Historic |
|---|---|---|---|
| io | salterò | avevo saltato | saltai |
| tu | salterai | avevi saltato | saltasti |
| lui/lei/Lei | salterà | aveva saltato | saltò |
| noi | salteremo | avevamo saltato | saltammo |
| voi | salterete | avevate saltato | saltaste |
| loro/Loro | salteranno | avevano saltato | saltarono |

|  | Future Perfect |  | Past Anterior |
|---|---|---|---|
| io | avrò saltato |  | ebbi saltato |

## CONDITIONAL  SUBJUNCTIVE

|  | Present | Present | Imperfect |
|---|---|---|---|
| io | salterei | salti | saltassi |
| tu | salteresti | salti | saltassi |
| lui/lei/Lei | salterebbe | salti | saltasse |
| noi | salteremmo | saltiamo | saltassimo |
| voi | saltereste | saltiate | saltaste |
| loro/Loro | salterebbero | saltino | saltassero |

|  | Perfect | Perfect | Pluperfect |
|---|---|---|---|
| io | avrei saltato | abbia saltato | avessi saltato |

| GERUND | PAST PARTICIPLE | IMPERATIVE |
|---|---|---|
| saltando | saltato | salta, salti, saltiamo, saltate, saltino |

**Il gatto è saltato sul tavolo.** *The cat jumped on the table.*
**Salta giù da quel muretto!** *Jump down from that wall!*
**I bambini saltavano dalla gioia.** *The children were jumping for joy.*
**Sai saltare su un piede solo?** *Can you hop?*
**Gli sono saltati addosso.** *They have jumped on him.*
**Che cosa ti è saltato in mente?** *What on earth are you thinking of?*
**saltare da un argomento all'altro** *to jump from one subject to another*
**Questo edificio salterà in aria.** *This building will blow up.*
**saltare la corda** *to skip*
**saltare un ostacolo** *to jump over a hurdle*
**saltare un pasto** *to skip a meal*

**il saltatore/la saltatrice** *jumper*          **salto nel buio** *leap in the dark*
**il salto** *jump, leap*

# 155 sapere *to know* tr.

## INDICATIVE

| | Present | Imperfect | Perfect |
|---|---|---|---|
| io | so | sapevo | ho saputo |
| tu | sai | sapevi | hai saputo |
| lui/lei/Lei | sa | sapeva | ha saputo |
| noi | sappiamo | sapevamo | abbiamo saputo |
| voi | sapete | sapevate | avete saputo |
| loro/Loro | sanno | sapevano | hanno saputo |

| | Future | Pluperfect | Past Historic |
|---|---|---|---|
| io | saprò | avevo saputo | seppi |
| tu | saprai | avevi saputo | sapesti |
| lui/lei/Lei | saprà | aveva saputo | seppe |
| noi | sapremo | avevamo saputo | sapemmo |
| voi | saprete | avevate saputo | sapeste |
| loro/Loro | sapranno | avevano saputo | seppero |

| | Future Perfect | | Past Anterior |
|---|---|---|---|
| io | avrò saputo | | ebbi saputo |

## CONDITIONAL  SUBJUNCTIVE

| | Present | Present | Imperfect |
|---|---|---|---|
| io | saprei | sappia | sapessi |
| tu | sapresti | sappia | sapessi |
| lui/lei/Lei | saprebbe | sappia | sapesse |
| noi | sapremmo | sappiamo | sapessimo |
| voi | sapreste | sappiate | sapeste |
| loro/Loro | saprebbero | sappiano | sapessero |

| | Perfect | Perfect | Pluperfect |
|---|---|---|---|
| io | avrei saputo | abbia saputo | avessi saputo |

| GERUND | PAST PARTICIPLE | IMPERATIVE |
|---|---|---|
| sapendo | saputo | sappi, sappia, sappiamo, sappiate, sappiano |

---

**Sa a che ora parte il treno per Milano? Mi dispiace, non lo so.** *Do you know what time the train for Milan leaves? I am sorry, I don't know.*
**Non sapevo che erano arrivati.** *I didn't know they had arrived.*
**Ne sai qualcosa?** *Do you know anything about it?*
**Paolo sapeva tre lingue.** *Paolo knew three languages.*
**Devi sapere questo brano a memoria.** *You must know this piece by heart.*
**Paolo la sa lunga.** *Paolo knows a thing or two.*
**sapere qualcosa per filo e per segno** *to know something like the back of one's hand*
**Non sa nuotare.** *She can't swim.*
**Credo che sappia andare in bicicletta.** *I think that he knows how to ride a bike.*
**Questa zuppa non sa di niente.** *This soup has no taste.*

---

**il sapere** *knowledge*
**la sapienza** *wisdom*

**sapiente** *learned*
**il sapientone** *know-all*

# scegliere *to choose* tr. **156**

## INDICATIVE

| | Present | Imperfect | Perfect |
|---|---|---|---|
| io | scelgo | sceglievo | ho scelto |
| tu | scegli | sceglievi | hai scelto |
| lui/lei/Lei | sceglie | sceglieva | ha scelto |
| noi | scegliamo | sceglievamo | abbiamo scelto |
| voi | scegliete | sceglievate | avete scelto |
| loro/Loro | scelgono | sceglievano | hanno scelto |

| | Future | Pluperfect | Past Historic |
|---|---|---|---|
| io | sceglierò | avevo scelto | scelsi |
| tu | sceglierai | avevi scelto | scegliesti |
| lui/lei/Lei | sceglierà | aveva scelto | scelse |
| noi | sceglieremo | avevamo scelto | scegliemmo |
| voi | sceglierete | avevate scelto | sceglieste |
| loro/Loro | sceglieranno | avevano scelto | scelsero |

| | Future Perfect | | Past Anterior |
|---|---|---|---|
| io | avrò scelto | | ebbi scelto |

## CONDITIONAL    SUBJUNCTIVE

| | Present | Present | Imperfect |
|---|---|---|---|
| io | sceglierei | scelga | scegliessi |
| tu | sceglieresti | scelga | scegliessi |
| lui/lei/Lei | sceglierebbe | scelga | scegliesse |
| noi | sceglieremmo | scegliamo | scegliessimo |
| voi | scegliereste | scegliate | sceglieste |
| loro/Loro | sceglierebbero | scelgano | scegliessero |

| | Perfect | Perfect | Pluperfect |
|---|---|---|---|
| io | avrei scelto | abbia scelto | avessi scelto |

| GERUND | PAST PARTICIPLE | IMPERATIVE |
|---|---|---|
| scegliendo | scelto | scegli, scelga, scegliamo, scegliete, scelgano |

**Hai scelto il vestito nuovo?** *Have you chosen the new dress?*
**Si è scelto dei bravi collaboratori.** *He has chosen a good team.*
**Scegli quello che vuoi.** *Take your pick.*
**Quanta frutta! Scegli solo la migliore.** *How much fruit! Pick only the best.*
**Sceglieremo il male minore.** *We will choose the lesser of the two evils.*
**Non c'è scegliere.** *There is not much choice.*
**C'è da scegliere.** *There is a lot to choose from.*

**la scelta** *choice*
**merce di prima scelta** *top grade goods*
**scelto** *chosen*
**un pubblico scelto** *a chosen public*

# 157 scendere *to descend, get off* intr./tr.

## INDICATIVE

|  | Present | Imperfect | Perfect |
|---|---|---|---|
| io | scendo | scendevo | sono sceso/a |
| tu | scendi | scendevi | sei sceso/a |
| lui/lei/Lei | scende | scendeva | è sceso/a |
| noi | scendiamo | scendevamo | siamo scesi/e |
| voi | scendete | scendevate | siete scesi/e |
| loro/Loro | scendono | scendevano | sono scesi/e |

|  | Future | Pluperfect | Past Historic |
|---|---|---|---|
| io | scenderò | ero sceso/a | scesi |
| tu | scenderai | eri sceso/a | scendesti |
| lui/lei/Lei | scenderà | era sceso/a | scese |
| noi | scenderemo | eravamo scesi/e | scendemmo |
| voi | scenderete | eravate scesi/e | scendeste |
| loro/Loro | scenderanno | erano scesi/e | scesero |

|  | Future Perfect |  | Past Anterior |
|---|---|---|---|
| io | sarò sceso/a |  | fui sceso/a |

## CONDITIONAL    SUBJUNCTIVE

|  | Present | Present | Imperfect |
|---|---|---|---|
| io | scenderei | scenda | scendessi |
| tu | scenderesti | scenda | scendessi |
| lui/lei/Lei | scenderebbe | scenda | scendesse |
| noi | scenderemmo | scendiamo | scendessimo |
| voi | scendereste | scendiate | scendeste |
| loro/Loro | scenderebbero | scendano | scendessero |

|  | Perfect | Perfect | Pluperfect |
|---|---|---|---|
| io | sarei sceso/a | sia sceso/a | fossi scenso/a |

| GERUND | PAST PARTICIPLE | IMPERATIVE |
|---|---|---|
| scendendo | sceso/a/i/e | scendi, scenda, scendiamo, scendete, scendano |

**Scendo in questo momento!** *I'm coming down right now!*
**Devi scendere alla prossima fermata.** *You must get off at the next stop.*
**scendere dall'autobus/dal treno** *to get off the bus/train*
**Sono scesi a terra?** *Have they gone ashore?*
**La strada scendeva fino a valle.** *The road ran down to the valley.*
**Paolo ha sceso le scale velocemente.** *Paolo came down the stairs quickly.*
**La temperatura è scesa.** *The temperature has dropped.*
**I prezzi scendono.** *The prices are falling.*
**scendere a patti con qualcuno** *to come to terms with somebody*

**la discesa** *descent, slope*
**in discesa** *downhill*
**lo scendiletto** *bedside rug*

# scommettere _to bet_ tr. **158**

|  | INDICATIVE | | |
|---|---|---|---|
|  | **Present** | **Imperfect** | **Perfect** |
| io | scommetto | scommettevo | ho scommesso |
| tu | scommetti | scommettevi | hai scommesso |
| lui/lei/Lei | scommette | scommetteva | ha scommesso |
| noi | scommettiamo | scommettevamo | abbiamo scommesso |
| voi | scommettete | scommettevate | avete scommesso |
| loro/Loro | scommettono | scommettevano | hanno scommesso |
|  | **Future** | **Pluperfect** | **Past Historic** |
| io | scommetterò | avevo scommesso | scommisi |
| tu | scommetterai | avevi scommesso | scommettesti |
| lui/lei/Lei | scommetterà | aveva scommesso | scommise |
| noi | scommetteremo | avevamo scommesso | scommettemmo |
| voi | scommetterete | avevate scommesso | scommetteste |
| loro/Loro | scommetteranno | avevano scommesso | scommisero |
|  | **Future Perfect** | | **Past Anterior** |
| io | avrò scommesso | | ebbi scommesso |

|  | CONDITIONAL | SUBJUNCTIVE | |
|---|---|---|---|
|  | **Present** | **Present** | **Imperfect** |
| io | scommetterei | scommetta | scommettessi |
| tu | scommetteresti | scommetta | scommettessi |
| lui/lei/Lei | scommetterebbe | scommetta | scommettesse |
| noi | scommetteremmo | scommettiamo | scommettessimo |
| voi | scommettereste | scommettiate | scommetteste |
| loro/Loro | scommetterebbero | scommettano | scommettessero |
|  | **Perfect** | **Perfect** | **Pluperfect** |
| io | avrei scommesso | abbia scommesso | avessi scommesso |

| GERUND | PAST PARTICIPLE | IMPERATIVE |
|---|---|---|
| scommettendo | scommesso | scommetti, scommetta, scommettiamo, scommettete, scommettano |

**Abbiamo scommesso che indovinerai.** _We have bet that you will guess._
**Scommetto dieci sterline che non ce la fai.** _I bet ten pounds that you won't make it._
**Scommetto che hai ragione.** _I bet you are right._
**Scommetto che non lo sai.** _I bet you don't know it._
**Scommetto che oggi ci sarà il sole.** _I dare say it is going to be sunny today._
**Scommetterete su questo cavallo?** _Will you bet on this horse?_
**Ci puoi scommettere!** _You bet!_

**la scommessa** _bet_
**fare una scommessa** _to make a bet_
**la somma scommessa** _the sum staked_

# 159 scomparire *to disappear* intr.

## INDICATIVE

| | Present | Imperfect | Perfect |
|---|---|---|---|
| io | scompaio (scomparisco) | scomparivo | sono scomparso/a |
| tu | scompari (scomparisci) | scomparivi | sei scomparso/a |
| lui/lei/Lei | scompare (scomparisce) | scompariva | è scomparso/a |
| noi | scompariamo | scomparivamo | siamo scomparsi/e |
| voi | scomparite | scomparivate | siete scomparsi/e |
| loro/Loro | scompaiono (scompariscono) | scomparivano | sono scomparsi/e |

| | Future | Pluperfect | Past Historic |
|---|---|---|---|
| io | scomparirò | ero scomparso/a | scomparvi (scomparii) |
| tu | scomparirai | eri scomparso/a | scomparisti |
| lui/lei/Lei | scomparirà | era scomparso/a | scomparve (scomparì) |
| noi | scompariremo | eravamo scomparsi/e | scomparimmo |
| voi | scomparirete | eravate scomparsi/e | scompariste |
| loro/Loro | scompariranno | erano scomparsi/e | scomparvero (scomparirono) |

| | Future Perfect | | Past Anterior |
|---|---|---|---|
| io | sarò scomparso/a | | fui scomparso/a |

## CONDITIONAL SUBJUNCTIVE

| | Present | Present | Imperfect |
|---|---|---|---|
| io | scomparirei | scompaia (scomparisca) | scomparissi |
| tu | scompariresti | scompaia (scomparisca) | scomparissi |
| lui/lei/Lei | scomparirebbe | scompaia (scomparisca) | scomparisse |
| noi | scompariremmo | scompariamo | scomparissimo |
| voi | scomparireste | scompariate | scompariste |
| loro/Loro | scomparirebbero | scompaiano (scompariscano) | scomparissero |

| | Perfect | Perfect | Pluperfect |
|---|---|---|---|
| io | sarei scomparso/a | sia scomparso/a | fossi scomparso/a |

## GERUND PAST PARTICIPLE IMPERATIVE

| GERUND | PAST PARTICIPLE | IMPERATIVE |
|---|---|---|
| scomparendo | scomparso/a/i/e | scompari (scomparisci), scompaia (scomparisca), scompariamo, scomparite, scompaiano (scompariscano) |

**Luigi è scomparso da un anno.** *Luigi disappeared a year ago.*
**Dove sei scomparso?** *Where have you gone to?*
**Rimase a guardarlo finché scomparve alla vista.** *She stayed and watched him until he was out of sight.*
**È scomparso un grande poeta.** *A great poet has died.*
**Il mio anello scompare di fronte al tuo.** *My ring is nothing compared with yours.*

**la scomparsa** *disappearance, death*
**a vent'anni dalla sua scomparsa** *twenty years after his death*

# scoprire *to discover, find out* tr. **160**

## INDICATIVE

|  | Present | Imperfect | Perfect |
|---|---|---|---|
| io | scopro | scoprivo | ho scoperto |
| tu | scopri | scoprivi | hai scoperto |
| lui/lei/Lei | scopre | scopriva | ha scoperto |
| noi | scopriamo | scoprivamo | abbiamo scoperto |
| voi | scoprite | scoprivate | avete scoperto |
| loro/Loro | scoprono | scoprivano | hanno scoperto |

|  | Future | Pluperfect | Past Historic |
|---|---|---|---|
| io | scoprirò | avevo scoperto | scoprii (scopersi) |
| tu | scoprirai | avevi scoperto | scopristi |
| lui/lei/Lei | scoprirà | aveva scoperto | scoprì (scoperse) |
| noi | scopriremo | avevamo scoperto | scoprimmo |
| voi | scoprirete | avevate scoperto | scopriste |
| loro/Loro | scopriranno | avevano scoperto | scoprirono (scopersero) |

|  | Future Perfect |  | Past Anterior |
|---|---|---|---|
| io | avrò scoperto |  | ebbi scoperto |

## CONDITIONAL  SUBJUNCTIVE

|  | Present | Present | Imperfect |
|---|---|---|---|
| io | scoprirei | scopra | scoprissi |
| tu | scopriresti | scopra | scoprissi |
| lui/lei/Lei | scoprirebbe | scopra | scoprisse |
| noi | scopriremmo | scopriamo | scoprissimo |
| voi | scoprireste | scopriate | scopriste |
| loro/Loro | scoprirebbero | scoprano | scoprissero |

|  | Perfect | Perfect | Pluperfect |
|---|---|---|---|
| io | avrei scoperto | abbia scoperto | avessi scoperto |

## GERUND  PAST PARTICIPLE  IMPERATIVE

| GERUND | PAST PARTICIPLE | IMPERATIVE |
|---|---|---|
| scoprendo | scoperto | scopri, scopra, scopriamo, scoprite, scoprano |

**La polizia scoprirà il colpevole.** *The police will detect the guilty man.*
**Scoprirono la verità.** *They found out the truth.*
**Ho scoperto di non avere il tuo indirizzo.** *I've realized I haven't got your address.*
**Scoprirà che non parlo inglese.** *He'll find out that I don't speak English.*
**scoprire le proprie intenzione** *to reveal one's intentions*
**Scopri le carte.** *Lay your cards on the table.*
**Fa freddo. Non scoprirti.** *It's cold. Keep wrapped up.*

**la scoperta** *discovery*
**avere un conto scoperto** *to be overdrawn*
**uscire allo scoperto** *to come out in the open*

# 161 scrivere *to write* tr.

## INDICATIVE

| | Present | Imperfect | Perfect |
|---|---|---|---|
| io | scrivo | scrivevo | ho scritto |
| tu | scrivi | scrivevi | hai scritto |
| lui/lei/Lei | scrive | scriveva | ha scritto |
| noi | scriviamo | scrivevamo | abbiamo scritto |
| voi | scrivete | scrivevate | avete scritto |
| loro/Loro | scrivono | scrivevano | hanno scritto |

| | Future | Pluperfect | Past Historic |
|---|---|---|---|
| io | scriverò | avevo scritto | scrissi |
| tu | scriverai | avevi scritto | scrivesti |
| lui/lei/Lei | scriverà | aveva scritto | scrisse |
| noi | scriveremo | avevamo scritto | scrivemmo |
| voi | scriverete | avevate scritto | scriveste |
| loro/Loro | scriveranno | avevano scritto | scrissero |

| | Future Perfect | | Past Anterior |
|---|---|---|---|
| io | avrò scritto | | ebbi scritto |

## CONDITIONAL    SUBJUNCTIVE

| | Present | Present | Imperfect |
|---|---|---|---|
| io | scriverei | scriva | scrivessi |
| tu | scriveresti | scriva | scrivessi |
| lui/lei/Lei | scriverebbe | scriva | scrivesse |
| noi | scriveremmo | scriviamo | scrivessimo |
| voi | scrivereste | scriviate | scriveste |
| loro/Loro | scriverebbero | scrivano | scrivessero |

| | Perfect | Perfect | Pluperfect |
|---|---|---|---|
| io | avrei scritto | abbia scritto | avessi scritto |

| GERUND | PAST PARTICIPLE | IMPERATIVE |
|---|---|---|
| scrivendo | scritto | scrivi, scriva, scriviamo, scrivete, scrivano |

**Hai scritto a tua madre? Sì, le ho scritto.** *Have you written to your mother? Yes, I have written to her.*
**Mi scrissero una lettera.** *They wrote a letter to me.*
**È molto tempo che Paolo non ci scrive.** *Paolo has not written to us for a long time.*
**Come si scrive?** *How do you spell/write it?*
**Le ho scritto che arrivo lunedì.** *I wrote to her that I'm arriving on Monday.*
**Scrivigli di non preoccuparsi.** *Write to him that he shouldn't worry.*
**Si prega di scrivere in stampatello.** *Please write in block capitals.*
**scrivere a mano/a penna/a matita** *to write by hand/in pen/in pencil*

**lo scrittore/la scrittrice** *writer*
**la scrivania** *desk*

**la scrittura** *writing, hand-writing*
**per iscritto** *in writing*

# sedersi *to sit down* r. **162**

## INDICATIVE

|  | Present | Imperfect | Perfect |
|---|---|---|---|
| io | mi siedo | mi sedevo | mi sono seduto/a |
| tu | ti siedi | ti sedevi | ti sei seduto/a |
| lui/lei/Lei | si siede | si sedeva | si è seduto/a |
| noi | ci sediamo | ci sedevamo | ci siamo seduti/e |
| voi | vi sedete | vi sedevate | vi siete seduti/e |
| loro/Loro | si siedono | si sedevano | si sono seduti/e |

|  | Future | Pluperfect | Past Historic |
|---|---|---|---|
| io | mi siederò | mi ero seduto/a | mi sedei (mi sedetti) |
| tu | ti siederai | ti eri seduto/a | ti sedesti |
| lui/lei/Lei | si siederà | si era seduto/a | si sedè (si sedette) |
| noi | ci siederemo | ci eravamo seduti/e | ci sedemmo |
| voi | vi siederete | vi eravate seduti/e | vi sedeste |
| loro/Loro | si siederanno | si erano seduti/e | si sederono (si sedettero) |

|  | Future Perfect | | Past Anterior |
|---|---|---|---|
| io | mi sarò seduto/a | | mi fui seduto/a |

## CONDITIONAL   SUBJUNCTIVE

|  | Present | Present | Imperfect |
|---|---|---|---|
| io | mi siederei | mi sieda | mi sedessi |
| tu | ti siederesti | ti sieda | ti sedessi |
| lui/lei/Lei | si siederebbe | si sieda | si sedesse |
| noi | ci siederemmo | ci sediamo | ci sedessimo |
| voi | vi siedereste | vi sediate | vi sedeste |
| loro/Loro | si siederebbero | si siedano | si sedessero |

|  | Perfect | Perfect | Pluperfect |
|---|---|---|---|
| io | mi sarei seduto/a | mi sia seduto | mi fossi seduto |

| GERUND | PAST PARTICIPLE | IMPERATIVE |
|---|---|---|
| sedendomi | seduto | siediti, si sieda, sediamoci, sedetevi, si siedano |

**Si sieda, per favore.** *Please, sit down.*
**Bambini, sedetevi a tavola.** *Children, sit at/come to the table.*
**Sono stanca. Ho bisogno di sedermi.** *I'm tired. I need to sit down.*
**sedersi su una sedia/in poltrona** *to sit on a chair/an armchair*
**mettersi a sedere** *to take a seat, to sit down*
**mettersi seduto** *to sit up*
**Fai sedere gli ospiti in giardino.** *Ask the guests to sit in the garden.*

**sedia** *chair*
**seduto** *sitting*
**seduta** *session, sitting*
**sede** *residence, headquarters*
**sedentario** *sedentary*

# 163 **sentire** *to hear, feel, smell, taste* tr.

## INDICATIVE

|  | Present | Imperfect | Perfect |
|---|---|---|---|
| io | sento | sentivo | ho sentito |
| tu | senti | sentivi | hai sentito |
| lui/lei/Lei | sente | sentiva | ha sentito |
| noi | sentiamo | sentivamo | abbiamo sentito |
| voi | sentite | sentivate | avete sentito |
| loro/Loro | sentono | sentivano | hanno sentito |

|  | Future | Pluperfect | Past Historic |
|---|---|---|---|
| io | sentirò | avevo sentito | sentii |
| tu | sentirai | avevi sentito | sentisti |
| lui/lei/Lei | sentirà | aveva sentito | sentì |
| noi | sentiremo | avevamo sentito | sentimmo |
| voi | sentirete | avevate sentito | sentiste |
| loro/Loro | sentiranno | avevano sentito | sentirono |

|  | Future Perfect | | Past Anterior |
|---|---|---|---|
| io | avrò sentito | | ebbi sentito |

## CONDITIONAL    SUBJUNCTIVE

|  | Present | Present | Imperfect |
|---|---|---|---|
| io | sentirei | senta | sentissi |
| tu | sentiresti | senta | sentissi |
| lui/lei/Lei | sentirebbe | senta | sentisse |
| noi | sentiremmo | sentiamo | sentissimo |
| voi | sentireste | sentiate | sentiste |
| loro/Loro | sentirebbero | sentano | sentissero |

|  | Perfect | Perfect | Pluperfect |
|---|---|---|---|
| io | avrei sentito | abbia sentito | avessi sentito |

| GERUND | PAST PARTICIPLE | IMPERATIVE |
|---|---|---|
| sentendo | sentito | senti, senta, sentiamo, sentite, sentano |

**Hanno sentito un rumore.** *They have heard a noise.*
**In questa stanza sento il freddo.** *In this room I feel the cold.*
**Senti questo profumo.** *Smell this perfume.*
**Senti com'è buona questa pizza.** *Taste how good this pizza is.*
**Ci sentivamo a nostro agio lì.** *We used to feel at ease there.*
**Fatti sentire.** *Keep in touch.*
**Mi sento bene/male.** *I feel well/ill.*
**Sento la tua mancanza.** *I miss you.*

**il sentimento** *feeling*
**sentimentale** *sentimental*
**il sentore** *inkling, feeling*

# servire   *to serve*   intr./tr.      **164**

## INDICATIVE

| | Present | Imperfect | Perfect |
|---|---|---|---|
| io | servo | servivo | ho servito |
| tu | servi | servivi | hai servito |
| lui/lei/Lei | serve | serviva | ha servito |
| noi | serviamo | servivamo | abbiamo servito |
| voi | servite | servivate | avete servito |
| loro/Loro | servono | servivano | hanno servito |

| | Future | Pluperfect | Past Historic |
|---|---|---|---|
| io | servirò | avevo servito | servii |
| tu | servirai | avevi servito | servisti |
| lui/lei/Lei | servirà | aveva servito | servì |
| noi | serviremo | avevamo servito | servimmo |
| voi | servirete | avevate servito | serviste |
| loro/Loro | serviranno | avevano servito | servirono |

| | Future Perfect | | Past Anterior |
|---|---|---|---|
| io | avrò servito | | ebbi servito |

## CONDITIONAL    SUBJUNCTIVE

| | Present | Present | Imperfect |
|---|---|---|---|
| io | servirei | serva | servissi |
| tu | serviresti | serva | servissi |
| lui/lei/Lei | servirebbe | serva | servisse |
| noi | serviremmo | serviamo | servissimo |
| voi | servireste | serviate | serviste |
| loro/Loro | servirebbero | servano | servissero |

| | Perfect | Perfect | Pluperfect |
|---|---|---|---|
| io | avrei servito | abbia servito | avessi servito |

| GERUND | PAST PARTICIPLE | IMPERATIVE |
|---|---|---|
| servendo | servito | servi, serva, serviamo, servite, servano |

**Il cameriere la serviva.** *The waiter served her.*
**Serviti! Si serva!** *Help yourself!*
**Ti dispiace servire il caffè?** *Do you mind serving the coffee?*
**Posso servirla?** *Can I help you?*
**Questo libro non mi è servito.** *This book has not been of use to me.*
**A che cosa serve?** *What is it used for?*
**Hanno sempre servito il loro paese.** *They have always served their country.*
**Lo hanno servito a dovere.** *They have given him what he deserved.*

**il servitore/la servitrice** *servant*      **stazione di servizio** *petrol station*
**il servizio** *service*      **fuori servizio** *out of order*
**area di servizio** *service area*      **di servizio** *on duty*

# 165 soffrire *to suffer* intr./tr.

## INDICATIVE

| | Present | Imperfect | Perfect |
|---|---|---|---|
| io | soffro | soffrivo | ho sofferto |
| tu | soffri | soffrivi | hai sofferto |
| lui/lei/Lei | soffre | soffriva | ha sofferto |
| noi | soffriamo | soffrivamo | abbiamo sofferto |
| voi | soffrite | soffrivate | avete sofferto |
| loro/Loro | soffrono | soffrivano | hanno sofferto |

| | Future | Pluperfect | Past Historic |
|---|---|---|---|
| io | soffrirò | avevo sofferto | soffrii (soffersi) |
| tu | soffrirai | avevi sofferto | soffristi |
| lui/lei/Lei | soffrirà | aveva sofferto | soffrì (sofferse) |
| noi | soffriremo | avevamo sofferto | soffrimmo |
| voi | soffrirete | avevate sofferto | soffriste |
| loro/Loro | soffriranno | avevano sofferto | soffrirono (soffersero) |

| | Future Perfect | | Past Anterior |
|---|---|---|---|
| io | avrò sofferto | | ebbi sofferto |

## CONDITIONAL    SUBJUNCTIVE

| | Present | Present | Imperfect |
|---|---|---|---|
| io | soffrirei | soffra | soffrissi |
| tu | soffriresti | soffra | soffrissi |
| lui/lei/Lei | soffrirebbe | soffra | soffrisse |
| noi | soffriremmo | soffriamo | soffrissimo |
| voi | soffrireste | soffriate | soffriste |
| loro/Loro | soffrirebbero | soffrano | soffrissero |

| | Perfect | Perfect | Pluperfect |
|---|---|---|---|
| io | avrei sofferto | abbia sofferto | avessi sofferto |

| GERUND | PAST PARTICIPLE | IMPERATIVE |
|---|---|---|
| soffrendo | sofferto | soffri, soffra, soffriamo, soffrite, soffrano |

**Paolo ha sofferto la fame.** *Paolo has suffered hunger.*
**Penso che soffra di reumatismi.** *I think he suffers from rheumatism.*
**Mio padre soffre di cuore.** *My father suffers from heart disease.*
**Hanno sofferto tanto nella vita.** *They suffered a lot in their life.*
**Non posso soffrire questo rumore.** *I cannot bear this noise.*
**Non posso soffrirla.** *I cannot stand her.*
**La vosta reputazione ne soffrirà.** *Your reputation will suffer.*
**soffrire il solletico** *to be ticklish*

**la sofferenza** *suffering*
**sofferto** *endured*
**sofferente** *suffering*
**essere sofferente di** *to suffer from*

# sognare *to dream* intr./tr. **166**

## INDICATIVE

| | Present | Imperfect | Perfect |
|---|---|---|---|
| io | sogno | sognavo | ho sognato |
| tu | sogni | sognavi | hai sognato |
| lui/lei/Lei | sogna | sognava | ha sognato |
| noi | sogniamo | sognavamo | abbiamo sognato |
| voi | sognate | sognavate | avete sognato |
| loro/Loro | sognano | sognavano | hanno sognato |

| | Future | Pluperfect | Past Historic |
|---|---|---|---|
| io | sognerò | avevo sognato | sognai |
| tu | sognerai | avevi sognato | sognasti |
| lui/lei/Lei | sognerà | aveva sognato | sognò |
| noi | sogneremo | avevamo sognato | sognammo |
| voi | sognerete | avevate sognato | sognaste |
| loro/Loro | sogneranno | avevano sognato | sognarono |

| | Future Perfect | | Past Anterior |
|---|---|---|---|
| io | avrò sognato | | ebbi sognato |

## CONDITIONAL    SUBJUNCTIVE

| | Present | Present | Imperfect |
|---|---|---|---|
| io | sognerei | sogni | sognassi |
| tu | sogneresti | sogni | sognassi |
| lui/lei/Lei | sognerebbe | sogni | sognasse |
| noi | sogneremmo | sogniamo | sognassimo |
| voi | sognereste | sogniate | sognaste |
| loro/Loro | sognerebbero | sognino | sognassero |

| | Perfect | Perfect | Pluperfect |
|---|---|---|---|
| io | avrei sognato | abbia sognato | avessi sognato |

| GERUND | PAST PARTICIPLE | IMPERATIVE |
|---|---|---|
| sognando | sognato | sogna, sogni, sogniamo, sognate, sognino |

**Sognai di essere a casa.** *I dreamt I was at home.*
**Ho sognato che tu eri qui.** *I dreamt that you were here.*
**Luigi sogna un futuro migliore.** *Luigi is dreaming of a better future.*
**Non ci saremmo mai sognati di arrivare qui.** *We would never have imagined we would get here.*
**Devono esserselo sognato.** *They must have dreamt of it.*
**Mi sembra di sognare.** *I must be dreaming.*
**Non sognartelo neanche!** *Do not even dream it!*
**Sogni sempre ad occhi aperti?** *Are you always daydreaming?*

**il sognatore/la sognatrice** *dreamer*
**il sogno** *dream*
**Neanche per sogno.** *I wouldn't dream of it.*
**sogni d'oro** *sweet dreams*

# 167 sorgere *to rise* intr.

## INDICATIVE

| | Present | Imperfect | Perfect |
|---|---|---|---|
| io | sorgo | sorgevo | sono sorto/e |
| tu | sorgi | sorgevi | sei sorto/e |
| lui/lei/Lei | sorge | sorgeva | è sorto/a |
| noi | sorgiamo | sorgevamo | siamo sorti/e |
| voi | sorgete | sorgevate | siete sorti/e |
| loro/Loro | sorgono | sorgevano | sono sorti/e |

| | Future | Pluperfect | Past Historic |
|---|---|---|---|
| io | sorgerò | ero sorto/a | sorsi |
| tu | sorgerai | eri sorto/a | sorgesti |
| lui/lei/Lei | sorgerà | era sorto/a | sorse |
| noi | sorgeremo | eravamo sorti/e | sorgemmo |
| voi | sorgerete | eravate sorti/e | sorgeste |
| loro/Loro | sorgeranno | erano sorti/e | sorsero |

| | Future Perfect | | Past Anterior |
|---|---|---|---|
| io | sarò sorto/a | | fui sorto/a |

## CONDITIONAL    SUBJUNCTIVE

| | Present | Present | Imperfect |
|---|---|---|---|
| io | sorgerei | sorga | sorgessi |
| tu | sorgeresti | sorga | sorgessi |
| lui/lei/Lei | sorgerebbe | sorga | sorgesse |
| noi | sorgeremmo | sorgiamo | sorgessimo |
| voi | sorgereste | sorgiate | sorgeste |
| loro/Loro | sorgerebbero | sorgano | sorgessero |

| | Perfect | Perfect | Pluperfect |
|---|---|---|---|
| io | sarei sorto/a | sia sorto/a | fossi sorto/a |

| GERUND | PAST PARTICIPLE | IMPERATIVE |
|---|---|---|
| sorgendo | sorto/a/i/e | sorgi, sorga, sorgiamo, sorgete, sorgano |

**A che ora sorge il sole?** *What time does the sun rise?*
**Abbiamo visto sorgere il sole.** *We have seen the sun rise.*
**In questa città sorge un bellissimo castello.** *In this town there is a beautiful castle.*
**Mi hai fatto sorgere un dubbio.** *You have raised a doubt in my mind.*
**Il suo comportamento ha fatto sorgere una discussione.** *His behaviour caused a discussion.*
**Il disaccordo è sorto da una questione di soldi.** *The disagreement arose from money matters.*

**la sorgente** *source, spring*
**acqua di sorgente** *spring water*

# spegnere *to switch off, put out* tr. **168**

## INDICATIVE

|  | Present | Imperfect | Perfect |
|---|---|---|---|
| io | spengo | spegnevo | ho spento |
| tu | spegni | spegnevi | hai spento |
| lui/lei/Lei | spegne | spegneva | ha spento |
| noi | spegniamo | spegnevamo | abbiamo spento |
| voi | spegnete | spegnevate | avete spento |
| loro/Loro | spengono | spegnevano | hanno spento |

|  | Future | Pluperfect | Past Historic |
|---|---|---|---|
| io | spegnerò | avevo spento | spensi |
| tu | spegnerai | avevi spento | spegnesti |
| lui/lei/Lei | spegnerà | aveva spento | spense |
| noi | spegneremo | avevamo spento | spegnemmo |
| voi | spegnerete | avevate spento | spegneste |
| loro/Loro | spegneranno | avevano spento | spensero |

|  | Future Perfect | | Past Anterior |
|---|---|---|---|
| io | avrò spento | | ebbi spento |

## CONDITIONAL    SUBJUNCTIVE

|  | Present | Present | Imperfect |
|---|---|---|---|
| io | spegnerei | spenga | spegnessi |
| tu | spegneresti | spenga | spegnessi |
| lui/lei/Lei | spegnerebbe | spenga | spegnesse |
| noi | spegneremmo | spegniamo | spegnessimo |
| voi | spegnereste | spegniate | spegneste |
| loro/Loro | spegnerebbero | spengano | spegnessero |

|  | Perfect | Perfect | Pluperfect |
|---|---|---|---|
| io | avrei spento | abbia spento | avessi spento |

| GERUND | PAST PARTICIPLE | IMPERATIVE |
|---|---|---|
| spegnendo | spento | spegni, spenga, spegniamo, spegnete, spengano |

**Spegni la luce, per favore.** *Switch the light off, please.*
**Avete spento il televisore?** *Have you turned the television off?*
**Spegnemmo il fuoco.** *We put the fire out.*
**Paolo spegne la sigaretta lentamente.** *Paolo stubbs his cigarette out slowly.*
**Il motore si è spento.** *The engine has died out.*
**Si è spento serenamente dopo lunga malattia.** *He passed away peacefully
after a long illness.*

**spento** *burnt out*
**occhi spenti** *lifeless eyes*
**colore spento** *dull colour*
**a luci spente** *with the light out*

# 169 spendere *to spend* tr.

## INDICATIVE

|  | Present | Imperfect | Perfect |
|---|---|---|---|
| io | spendo | spendevo | ho speso |
| tu | spendi | spendevi | hai speso |
| lui/lei/Lei | spende | spendeva | ha speso |
| noi | spendiamo | spendevamo | abbiamo speso |
| voi | spendete | spendevate | avete speso |
| loro/Loro | spendono | spendevano | hanno speso |

|  | Future | Pluperfect | Past Historic |
|---|---|---|---|
| io | spenderò | avevo speso | spesi |
| tu | spenderai | avevi speso | spendesti |
| lui/lei/Lei | spenderà | aveva speso | spese |
| noi | spenderemo | avevamo speso | spendemmo |
| voi | spenderete | avevate speso | spendeste |
| loro/Loro | spenderanno | avevano speso | spesero |

|  | Future Perfect |  | Past Anterior |
|---|---|---|---|
| io | avrò speso |  | ebbi speso |

## CONDITIONAL    SUBJUNCTIVE

|  | Present | Present | Imperfect |
|---|---|---|---|
| io | spenderei | spenda | spendessi |
| tu | spenderesti | spenda | spendessi |
| lui/lei/Lei | spenderebbe | spenda | spendesse |
| noi | spenderemmo | spendiamo | spendessimo |
| voi | spendereste | spendiate | spendeste |
| loro/Loro | spenderebbero | spendano | spendessero |

|  | Perfect | Perfect | Pluperfect |
|---|---|---|---|
| io | avrei speso | abbia speso | avessi speso |

## GERUND    PAST PARTICIPLE    IMPERATIVE

| GERUND | PAST PARTICIPLE | IMPERATIVE |
|---|---|---|
| spendendo | speso | spendi, spenda, spendiamo, spendete, spendano |

**Ho speso molto per questo libro.** *I have spent a lot on this book.*
**Quanto ti fecero spendere?** *How much did they charge you?*
**Ho speso un patrimonio.** *I have spent a fortune.*
**Non spendere energie in questo lavoro.** *Do not expend all your energy on this job.*
**Ho speso un sacco di tempo a fare il giardino.** *I spent a lot of time gardening.*
**Spendi una buona parola per Paolo.** *Put in a good word for Paolo.*
**spendere e spandere** *to throw one's money around*
**Chi più spende meno spende.** *Cheapest is dearest.*

**la spesa** *shopping, expenses, purchase*
**andare a fare la spesa** *to go shopping*
**spese fisse** *fixed costs*

# spingere  *to push*  tr.  **170**

## INDICATIVE

|  | Present | Imperfect | Perfect |
|---|---|---|---|
| io | spingo | spingevo | ho spinto |
| tu | spingi | spingevi | hai spinto |
| lui/lei/Lei | spinge | spingeva | ha spinto |
| noi | spingiamo | spingevamo | abbiamo spinto |
| voi | spingete | spingevate | avete spinto |
| loro/Loro | spingono | spingevano | hanno spinto |

|  | Future | Pluperfect | Past Historic |
|---|---|---|---|
| io | spingerò | avevo spinto | spinsi |
| tu | spingerai | avevi spinto | spingesti |
| lui/lei/Lei | spingerà | aveva spinto | spinse |
| noi | spingeremo | avevamo spinto | spingemmo |
| voi | spingerete | avevate spinto | spingeste |
| loro/Loro | spingeranno | avevano spinto | spinsero |

|  | Future Perfect | | Past Anterior |
|---|---|---|---|
| io | avrò spinto | | ebbi spinto |

## CONDITIONAL    SUBJUNCTIVE

|  | Present | Present | Imperfect |
|---|---|---|---|
| io | spingerei | spinga | spingessi |
| tu | spingeresti | spinga | spingessi |
| lui/lei/Lei | spingerebbe | spinga | spingesse |
| noi | spingeremmo | spingiamo | spingessimo |
| voi | spingereste | spingiate | spingeste |
| loro/Loro | spingerebbero | spingano | spingessero |

|  | Perfect | Perfect | Pluperfect |
|---|---|---|---|
| io | avrei spinto | abbia spinto | avessi spinto |

| GERUND | PAST PARTICIPLE | IMPERATIVE |
|---|---|---|
| spingendo | spinto | spingi, spinga, spingiamo, spingete, spingano |

**Non spingere la sedia sotto il tavolo.**  *Do not push the chair under the table.*
**Spingevano indietro la folla.**  *They were pushing the crowd back.*
**Non spingere!**  *Do not push!*
**Che cosa lo spinse ad andarsene?**  *What on earth induced him to go?*
**La mamma lo spinge a studiare.**  *Mum urges him to study.*
**La depressione la spinse al suicidio.**  *Depression drove her to suicide.*
**Avete spinto lo scherzo ai limiti.**  *You have carried the joke too far.*
**Spinsero lo sguardo lontano.**  *They strained their eyes into the distance.*

**la spinta**  *push*
**dare una spinta**  *to give someone a push*
**la spintarella**  *backing, pulling strings*
**lo spintone**  *shove*

# 171 stare *to stay, stand* intr.

### INDICATIVE

| | Present | Imperfect | Perfect* |
|---|---|---|---|
| io | sto | stavo | sono stato/a |
| tu | stai | stavi | sei stato/a |
| lui/lei/Lei | sta | stava | è stato/a |
| noi | stiamo | stavamo | siamo stati/e |
| voi | state | stavate | siete stati/e |
| loro/Loro | stanno | stavano | sono stati/e |

| | Future | Pluperfect* | Past Historic |
|---|---|---|---|
| io | starò | ero stato/a | stetti |
| tu | starai | eri stato/a | stesti |
| lui/lei/Lei | starà | era stato/a | stette |
| noi | staremo | eravamo stati/e | stemmo |
| voi | starete | eravate stati/e | steste |
| loro/Loro | staranno | erano stati/e | stettero |

| | Future Perfect* | | Past Anterior* |
|---|---|---|---|
| io | sarò stato/a | | fui stato/a |

### CONDITIONAL    SUBJUNCTIVE

| | Present | Present | Imperfect |
|---|---|---|---|
| io | starei | stia | stessi |
| tu | staresti | stia | stessi |
| lui/lei/Lei | starebbe | stia | stesse |
| noi | staremmo | stiamo | stessimo |
| voi | stareste | stiate | steste |
| loro/Loro | starebbero | stiano | stessero |

| | Perfect* | Perfect* | Pluperfect* |
|---|---|---|---|
| io | sarei stato/a | sia stato/a | fossi stato/a |

| GERUND | PAST PARTICIPLE | IMPERATIVE |
|---|---|---|
| stando | stato/a/i/e | sta/stai/sta', stia, stiamo, state, stiano |

*The compound tenses are identical to the compound tenses of essere.

**Come sta, Signor Rossi?** *How are you, Mr Rossi?*
**Sto a Londra da un anno.** *I've lived in London for a year.*
**Non ha voglia di stare a casa.** *He doesn't feel like staying at home.*
**Stiamo per uscire.** *We are about to go out.*
**Stava sempre a guardare la TV.** *She was always watching TV.*
**In questo cinema ci stanno mille persone.** *This cinema holds a thousand people.*
**State zitti.** *Shut up.*
**Non state con le mani in mano.** *Do not idle your time away.*

**lo stato** *state*
**gli Stati Uniti** *United States*
**stato d'animo** *state of mind*
**affari di stato** *affairs of state*

# stringere  *to clasp, tighten*  tr.  **172**

## INDICATIVE

| | Present | Imperfect | Perfect |
|---|---|---|---|
| io | stringo | stringevo | ho stretto |
| tu | stringi | stringevi | hai stretto |
| lui/lei/Lei | stringe | stringeva | ha stretto |
| noi | stringiamo | stringevamo | abbiamo stretto |
| voi | stringete | stringevate | avete stretto |
| loro/Loro | stringono | stringevano | hanno stretto |

| | Future | Pluperfect | Past Historic |
|---|---|---|---|
| io | stringerò | avevo stretto | strinsi |
| tu | stringerai | avevi stretto | stringesti |
| lui/lei/Lei | stringerà | aveva stretto | strinse |
| noi | stringeremo | avevamo stretto | stringemmo |
| voi | stringerete | avevate stretto | stringeste |
| loro/Loro | stringeranno | avevano stretto | strinsero |

| | Future Perfect | | Past Anterior |
|---|---|---|---|
| io | avrò stretto | | ebbi stretto |

## CONDITIONAL    SUBJUNCTIVE

| | Present | Present | Imperfect |
|---|---|---|---|
| io | stringerei | stringa | stringessi |
| tu | stringeresti | stringa | stringessi |
| lui/lei/Lei | stringerebbe | stringa | stringesse |
| noi | stringeremmo | stringiamo | stringessimo |
| voi | stringereste | stringiate | stringeste |
| loro/Loro | stringerebbero | stringano | stringessero |

| | Perfect | Perfect | Pluperfect |
|---|---|---|---|
| io | avrei stretto | abbia stretto | avessi stretto |

| GERUND | PAST PARTICIPLE | IMPERATIVE |
|---|---|---|
| stringendo | stretto | stringi, stringa, stringiamo, stringete, stringano |

**Stringi bene quel nodo.** *Tighten that knot.*
**Mi stringono la mano.** *They shake my hand.*
**Hanno stretto un patto.** *They have made a pact.*
**Stringono i pugni.** *They clench their fists.*
**Mi puoi stringere il vestito per favore?** *Can you please have my dress taken in?*
**stringersi nelle spalle** *to shrug one's shoulders*
**Il tempo stringe.** *Time is getting short.*

**stretto** *narrow, tied*
**un abito stretto** *a tight suit/dress*
**lo stretto necessario** *the bare minimum*
**la strettoia** *tight spot*

# 173 studiare  *to study*  tr.

## INDICATIVE

| | Present | Imperfect | Perfect |
|---|---|---|---|
| io | studio | studiavo | ho studiato |
| tu | studi | studiavi | hai studiato |
| lui/lei/Lei | studia | studiava | ha studiato |
| noi | studiamo | studiavamo | abbiamo studiato |
| voi | studiate | studiavate | avete studiato |
| loro/Loro | studiano | studiavano | hanno studiato |

| | Future | Pluperfect | Past Historic |
|---|---|---|---|
| io | studierò | avevo studiato | studiai |
| tu | studierai | avevi studiato | studiasti |
| lui/lei/Lei | studierà | aveva studiato | studiò |
| noi | studieremo | avevamo studiato | studiammo |
| voi | studierete | avevate studiato | studiaste |
| loro/Loro | studieranno | avevano studiato | studiarono |

| | Future Perfect | | Past Anterior |
|---|---|---|---|
| io | avrò studiato | | ebbi studiato |

## CONDITIONAL    SUBJUNCTIVE

| | Present | Present | Imperfect |
|---|---|---|---|
| io | studierei | studi | studiassi |
| tu | studieresti | studi | studiassi |
| lui/lei/Lei | studierebbe | studi | studiasse |
| noi | studieremmo | studiamo | studiassimo |
| voi | studiereste | studiate | studiaste |
| loro/Loro | studierebbero | studino | studiassero |

| | Perfect | Perfect | Pluperfect |
|---|---|---|---|
| io | avrei studiato | abbia studiato | avessi studiato |

| GERUND | PAST PARTICIPLE | IMPERATIVE |
|---|---|---|
| studiando | studiato | studia, studi, studiamo, studiate, studino |

**Maria studia l'inglese da due anni.** *Maria has been studying English for two years.*
**Studiavano all'università di Milano.** *They used to study at Milan University.*
**Studiarono con un buon insegnante.** *They studied under a good teacher.*
**Studi il violino?** *Are you studying the violin?*
**Ho studiato la situazione.** *I have examined the situation.*
**Penso che stiano studiando il modo per fuggire.** *I think they are trying to find a way of escaping.*
**studiare a memoria** *to learn by heart*
**studiare le parole** *to weigh one's words*

**lo studente/la studentessa** *student*
**lo studio** *study*

**studioso** *dedicated to studying*
**studio individuale** *independent study*

# succedere  *to happen, succeed*  intr. **174**

## INDICATIVE

|  | Present | Imperfect | Perfect |
|---|---|---|---|
| io | succedo | succedevo | sono successo/a |
| tu | succedi | succedevi | sei successo/a |
| lui/lei/Lei | succede | succedeva | è successo/a |
| noi | succediamo | succedevamo | siamo successi/e |
| voi | succedete | succedevate | siete successi/e |
| loro/Loro | succedono | succedevano | sono successi/e |

|  | Future | Pluperfect | Past Historic |
|---|---|---|---|
| io | succederò | ero successo/a | successi (succedetti) |
| tu | succederai | eri successo/a | succedesti |
| lui/lei/Lei | succederà | era successo/a | successe (succedette) |
| noi | succederemo | eravamo successi/e | succedemmo |
| voi | succederete | eravate successi/e | succedeste |
| loro/Loro | succederanno | erano successi/e | successero (succedettero) |

|  | Future Perfect | | Past Anterior |
|---|---|---|---|
| io | sarò successo/a | | fui successo/a |

## CONDITIONAL    SUBJUNCTIVE

|  | Present | Present | Imperfect |
|---|---|---|---|
| io | succederei | succeda | succedessi |
| tu | succederesti | succeda | succedessi |
| lui/lei/Lei | succederebbe | succeda | succedesse |
| noi | succederemmo | succediamo | succedessimo |
| voi | succedereste | succediate | succedeste |
| loro/Loro | succederebbero | succedano | succedessero |

|  | Perfect | Perfect | Pluperfect |
|---|---|---|---|
| io | sarei successo/a | sia successo/a | fossi successo |

## GERUND    PAST PARTICIPLE    IMPERATIVE

| GERUND | PAST PARTICIPLE | IMPERATIVE |
|---|---|---|
| succedendo | successo/a/i/e (succeduto) | succedi, succeda, succediamo, succedete, succedano |

**Sapete che cosa è successo?** *Do you know what's happened?*
**Sono cose che succedono.** *These things happen.*
**Mi succede spesso di arrivare in ritardo.** *I often happen to be late.*
**Che cosa succede?** *What is the matter?*
**Qualsiasi cosa succeda...** *Whatever may happen...*
**Gli succederà una disgrazia.** *A misfortune will befall him.*
**Il tuono succede al lampo.** *Thunder follows lightning.*
**succedere al trono** *to succeed to the throne*

**la successione** *succession*
**successione di avvenimenti** *course of events*
**successivo** *next*

# 175 svolgere *to unroll, carry out* tr.

## INDICATIVE

|  | Present | Imperfect | Perfect |
|---|---|---|---|
| io | svolgo | svolgevo | ho svolto |
| tu | svolgi | svolgevi | hai svolto |
| lui/lei/Lei | svolge | svolgeva | ha svolto |
| noi | svolgiamo | svolgevamo | abbiamo svolto |
| voi | svolgete | svolgevate | avete svolto |
| loro/Loro | svolgono | svolgevano | hanno svolto |

|  | Future | Pluperfect | Past Historic |
|---|---|---|---|
| io | svolgerò | avevo svolto | svolsi |
| tu | svolgerai | avevi svolto | svolgesti |
| lui/lei/Lei | svolgerà | aveva svolto | svolse |
| noi | svolgeremo | avevamo svolto | svolgemmo |
| voi | svolgerete | avevate svolto | svolgeste |
| loro/Loro | svolgeranno | avevano svolto | svolsero |

|  | Future Perfect |  | Past Anterior |
|---|---|---|---|
| io | avrò svolto |  | ebbi svolto |

## CONDITIONAL    SUBJUNCTIVE

|  | Present | Present | Imperfect |
|---|---|---|---|
| io | svolgerei | svolga | svolgessi |
| tu | svolgeresti | svolga | svolgessi |
| lui/lei/Lei | svolgerebbe | svolga | svolgesse |
| noi | svolgeremmo | svolgiamo | svolgessimo |
| voi | svolgereste | svolgiate | svolgeste |
| loro/Loro | svolgerebbero | svolgano | svolgessero |

|  | Perfect | Perfect | Pluperfect |
|---|---|---|---|
| io | avrei svolto | abbia svolto | avessi svolto |

| GERUND | PAST PARTICIPLE | IMPERATIVE |
|---|---|---|
| svolgendo | svolto | svolgi, svolga, svolgiamo, svolgete, svolgano |

**Hanno svolto la pellicola dalla bobina.** *They have unrolled the film from the spool.*
**Luigi svolgerà le sue attività commerciali qui.** *Luigi will carry on his commercial activities here.*
**Svolgerai il tema?** *Will you write the essay?*
**L'incontro di pugilato si svolgerà a Londra.** *The boxing match will take place in London.*
**I fatti si sono svolti così.** *This is how things went.*
**La vita si svolge monotona.** *Life goes on monotonously.*

**lo svolgimento** *unwinding*
**lo svolgimento degli eventi** *the sequence of events*

# tacere *to keep silent, not to say* intr./tr. **176**

## INDICATIVE

|  | Present | Imperfect | Perfect |
|---|---|---|---|
| io | taccio | tacevo | ho taciuto |
| tu | taci | tacevi | hai taciuto |
| lui/lei/Lei | tace | taceva | ha taciuto |
| noi | tacciamo | tacevamo | abbiamo taciuto |
| voi | tacete | tacevate | avete taciuto |
| loro/Loro | tacciono | tacevano | hanno taciuto |

|  | Future | Pluperfect | Past Historic |
|---|---|---|---|
| io | tacerò | avevo taciuto | tacqui |
| tu | tacerai | avevi taciuto | tacesti |
| lui/lei/Lei | tacerà | aveva taciuto | tacque |
| noi | taceremo | avevamo taciuto | tacemmo |
| voi | tacerete | avevate taciuto | taceste |
| loro/Loro | taceranno | avevano taciuto | tacquero |

|  | Future Perfect | | Past Anterior |
|---|---|---|---|
| io | avrò taciuto | | ebbi taciuto |

## CONDITIONAL      SUBJUNCTIVE

|  | Present | Present | Imperfect |
|---|---|---|---|
| io | tacerei | taccia | tacessi |
| tu | taceresti | taccia | tacessi |
| lui/lei/Lei | tacerebbe | taccia | tacesse |
| noi | taceremmo | tacciamo | tacessimo |
| voi | tacereste | tacciate | taceste |
| loro/Loro | tacerebbero | tacciano | tacessero |

|  | Perfect | Perfect | Pluperfect |
|---|---|---|---|
| io | avrei taciuto | abbia taciuto | avessi taciuto |

| GERUND | PAST PARTICIPLE | IMPERATIVE |
|---|---|---|
| tacendo | taciuto | taci, taccia, tacciamo, tacete, tacciano |

**Taci!** *Shut up!*
**Fallo tacere!** *Keep him quiet!/Make him be quiet!*
**Non far tacere la voce della coscienza.** *Do not silence the voice of conscience.*
**Mettete a tacere questo scandalo.** *Hush up this scandal.*
**Chi tace acconsente.** *Silence means consent.*
**Tutto tace di notte.** *Everything is silent at night.*
**Tacerà tutto questo.** *He/she won't say anything about all this.*

**il tacere** *silence*
**tacitamente** *silently*
**un tacito accordo** *a tacit agreement*

**taciturno** *taciturn*
**un carattere taciturno** *a taciturn character*

# 177 telefonare *to telephone* intr.

## INDICATIVE

| | Present | Imperfect | Perfect |
|---|---|---|---|
| io | telefono | telefonavo | ho telefonato |
| tu | telefoni | telefonavi | hai telefonato |
| lui/lei/Lei | telefona | telefonava | ha telefonato |
| noi | telefoniamo | telefonavamo | abbiamo telefonato |
| voi | telefonate | telefonavate | avete telefonato |
| loro/Loro | telefonano | telefonavano | hanno telefonato |

| | Future | Pluperfect | Past Historic |
|---|---|---|---|
| io | telefonerò | avevo telefonato | telefonai |
| tu | telefonerai | avevi telefonato | telefonasti |
| lui/lei/Lei | telefonerà | aveva telefonato | telefonò |
| noi | telefoneremo | avevamo telefonato | telefonammo |
| voi | telefonerete | avevate telefonato | telefonaste |
| loro/Loro | telefoneranno | avevano telefonato | telefonarono |

| | Future Perfect | | Past Anterior |
|---|---|---|---|
| io | avrò telefonato | | ebbi telefonato |

## CONDITIONAL SUBJUNCTIVE

| | Present | Present | Imperfect |
|---|---|---|---|
| io | telefonerei | telefoni | telefonassi |
| tu | telefoneresti | telefoni | telefonassi |
| lui/lei/Lei | telefonerebbe | telefoni | telefonasse |
| noi | telefoneremmo | telefoniamo | telefonassimo |
| voi | telefonereste | telefoniate | telefonaste |
| loro/Loro | telefonerebbero | telefonino | telefonassero |

| | Perfect | Perfect | Pluperfect |
|---|---|---|---|
| io | avrei telefonato | abbia telefonato | avessi telefonato |

| GERUND | PAST PARTICIPLE | IMPERATIVE |
|---|---|---|
| telefonando | telefonato | telefona, telefoni, telefoniamo, telefonate, telefonino |

**Mi hanno telefonato la settimana scorsa.** *They telephoned me last week.*
**Telefonerò a Maria domani.** *I will call Maria tomorrow.*
**Non telefonano da giorni.** *They haven't called for days.*
**Mi dispiace, non ho potuto telefonare.** *I am sorry, I was not able to call.*
**telefonarsi** *to ring each other up*

**la telefonata** *telephone call*
**telefonata urbana** *urban call*
**il/la telefonista** *telephone operator*
**il telefono** *telephone*

# temere *to fear* tr. **178**

## INDICATIVE

|  | Present | Imperfect | Perfect |
|---|---|---|---|
| io | temo | temevo | ho temuto |
| tu | temi | temevi | hai temuto |
| lui/lei/Lei | teme | temeva | ha temuto |
| noi | temiamo | temevamo | abbiamo temuto |
| voi | temete | temevate | avete temuto |
| loro/Loro | temono | temevano | hanno temuto |

|  | Future | Pluperfect | Past Historic |
|---|---|---|---|
| io | temerò | avevo temuto | temei (temetti) |
| tu | temerai | avevi temuto | temesti |
| lui/lei/Lei | temerà | aveva temuto | temè (temette) |
| noi | temeremo | avevamo temuto | tememmo |
| voi | temerete | avevate temuto | temeste |
| loro/Loro | temeranno | avevano temuto | temerono (temettero) |

|  | Future Perfect |  | Past Anterior |
|---|---|---|---|
| io | avrò temuto |  | ebbi temuto |

## CONDITIONAL   SUBJUNCTIVE

|  | Present | Present | Imperfect |
|---|---|---|---|
| io | temerei | tema | temessi |
| tu | temeresti | tema | temessi |
| lui/lei/Lei | temerebbe | tema | temesse |
| noi | temeremmo | temiamo | temessimo |
| voi | temereste | temiate | temeste |
| loro/Loro | temerebbero | temano | temessero |

|  | Perfect | Perfect | Pluperfect |
|---|---|---|---|
| io | avrei temuto | abbia temuto | avessi temuto |

| GERUND | PAST PARTICIPLE | IMPERATIVE |
|---|---|---|
| temendo | temuto | temi, tema, temiamo, temete, temano |

**Temevamo quell'uomo.** *We used to be afraid of that man.*
**Luigi non ha mai temuto niente.** *Luigi has never feared anything.*
**Temono per la sua salute.** *They fear for his/her health.*
**Temo che non vengano.** *I'm afraid they may not come.*
**Temeva di disturbare.** *He was afraid of intruding.*
**Non temere!** *Do not be afraid!/Do not worry!*
**Temo di sì.** *I fear so.*
**Temiamo il peggio.** *We fear the worst.*

**il timore** *fear, dread*
**timoroso** *afraid, timorous*

# 179 tenere *to hold, keep* tr.

## INDICATIVE

| | Present | Imperfect | Perfect |
|---|---|---|---|
| io | tengo | tenevo | ha tenuto |
| tu | tieni | tenevi | hai tenuto |
| lui/lei/Lei | tiene | teneva | ha tenuto |
| noi | teniamo | tenevamo | abbiamo tenuto |
| voi | tenete | tenevate | avete tenuto |
| loro/Loro | tengono | tenevano | hanno tenuto |

| | Future | Pluperfect | Past Historic |
|---|---|---|---|
| io | terrò | avevo tenuto | tenni |
| tu | terrai | avevi tenuto | tenesti |
| lui/lei/Lei | terrà | aveva tenuto | tenne |
| noi | terremo | avevamo tenuto | tenemmo |
| voi | terrete | avevate tenuto | teneste |
| loro/Loro | terranno | avevano tenuto | tennero |

| | Future Perfect | | Past Anterior |
|---|---|---|---|
| io | avrò tenuto | | ebbi tenuto |

## CONDITIONAL          SUBJUNCTIVE

| | Present | Present | Imperfect |
|---|---|---|---|
| io | terrei | tenga | tenessi |
| tu | terresti | tenga | tenessi |
| lui/lei/Lei | terrebbe | tenga | tenesse |
| noi | terremmo | teniamo | tenessimo |
| voi | terreste | teniate | teneste |
| loro/Loro | terrebbero | tengano | tenessero |

| | Perfect | Perfect | Pluperfect |
|---|---|---|---|
| io | avrei tenuto | abbia tenuto | avessi tenuto |

| GERUND | PAST PARTICIPLE | IMPERATIVE |
|---|---|---|
| tenendo | tenuto | tieni, tenga, teniamo, tenete, tengano |

**Tienimi la mano.** *Hold my hand.*
**Hanno tenuto la finestra aperta.** *They have left the window open.*
**Terremo il segreto.** *We will keep the secret.*
**Il professore tenne una conferenza a Parigi.** *The professor gave a lecture in Paris.*
**Per che squadra tieni?** *Which team are you supporting?*
**Ci tengo molto alla sua stima.** *I care a lot about his regard/esteem.*
**tenere a mente qualcosa** *to keep something in mind*
**tenere presente** *to bear in mind*

**essere tenuto a fare qualcosa** *to be obliged to do something*
**detenere** *to hold, detain*
**contenere** *to hold, contain*

# togliere *to remove* tr.

## INDICATIVE

| | Present | Imperfect | Perfect |
|---|---|---|---|
| io | tolgo | toglievo | ho tolto |
| tu | togli | toglievi | hai tolto |
| lui/lei/Lei | toglie | toglieva | ha tolto |
| noi | togliamo | toglievamo | abbiamo tolto |
| voi | togliete | toglievate | avete tolto |
| loro/Loro | tolgono | toglievano | hanno tolto |

| | Future | Pluperfect | Past Historic |
|---|---|---|---|
| io | toglierò | avevo tolto | tolsi |
| tu | toglierai | avevi tolto | togliesti |
| lui/lei/Lei | toglierà | aveva tolto | tolse |
| noi | toglieremo | avevamo tolto | togliemmo |
| voi | toglierete | avevate tolto | toglieste |
| loro/Loro | toglieranno | avevano tolto | tolsero |

| | Future Perfect | | Past Anterior |
|---|---|---|---|
| io | avrò tolto | | ebbi tolto |

## CONDITIONAL    SUBJUNCTIVE

| | Present | Present | Imperfect |
|---|---|---|---|
| io | toglierei | tolga | togliessi |
| tu | toglieresti | tolga | togliessi |
| lui/lei/Lei | toglierebbe | tolga | togliesse |
| noi | toglieremmo | togliamo | togliessimo |
| voi | togliereste | togliate | toglieste |
| loro/Loro | toglierebbero | tolgano | togliessero |

| | Perfect | Perfect | Pluperfect |
|---|---|---|---|
| io | avrei tolto | abbia tolto | avessi tolto |

| GERUND | PAST PARTICIPLE | IMPERATIVE |
|---|---|---|
| togliendo | tolto | togli, tolga, togliamo, togliete, tolgano |

**Togliti le scarpe perché sono bagnate.** *Take your shoes off because they are wet.*
**Si tolsero le mani di tasca.** *They took their hands out of their pockets.*
**farsi togliere un dente** *to have a tooth out*
**Mi hai tolto un peso dallo stomaco.** *You have taken a great weight off my mind.*
**togliere di mezzo qualcuno** *to remove somebody, to kill somebody*
**Togliti dai piedi.** *Get out of the way.*
**Non toglierle la parola di bocca.** *Do not cut her short.*
**Si tolse la vita.** *He/she took his/her life.*

**tolto** *except for*
**il mal tolto** *ill-gotten gains*

# 181 tornare *to return* intr.

## INDICATIVE

|  | Present | Imperfect | Perfect |
|---|---|---|---|
| io | torno | tornavo | sono tornato/a |
| tu | torni | tornavi | sei tornato/a |
| lui/lei/Lei | torna | tornava | è tornato/a |
| noi | torniamo | tornavamo | siamo tornati/e |
| voi | tornate | tornavate | siete tornati/e |
| loro/Loro | tornano | tornavano | sono tornati/e |

|  | Future | Pluperfect | Past Historic |
|---|---|---|---|
| io | tornerò | ero tornato/a | tornai |
| tu | tornerai | eri tornato/a | tornasti |
| lui/lei/Lei | tornerà | era tornato/a | tornò |
| noi | torneremo | eravamo tornati/e | tornammo |
| voi | tornerete | eravate tornati/e | tornaste |
| loro/Loro | torneranno | erano tornati/e | tornarono |

|  | Future Perfect | | Past Anterior |
|---|---|---|---|
| io | sarò tornato/a | | fui tornato/a |

## CONDITIONAL    SUBJUNCTIVE

|  | Present | Present | Imperfect |
|---|---|---|---|
| io | tornerei | torni | tornassi |
| tu | torneresti | torni | tornassi |
| lui/lei/Lei | tornerebbe | torni | tornasse |
| noi | torneremmo | torniamo | tornassimo |
| voi | tornereste | torniate | tornaste |
| loro/Loro | tornerebbero | tornino | tornassero |

|  | Perfect | Perfect | Pluperfect |
|---|---|---|---|
| io | sarei tornato/a | sia tornato/a | fossi tornato/a |

| GERUND | PAST PARTICIPLE | IMPERATIVE |
|---|---|---|
| tornando | tornato/a/i/e | torna, torni, torniamo, tornate, tornino |

**Tutti gli studenti tornarono al proprio posto.** *All the students went back to their seats.*
**Non so quando tornerò da Londra.** *I do not know when I will come back from London.*
**Penso che tornano in treno.** *I think they are coming back by train.*
**Paolo tornò di tutta fretta.** *Paolo hastened back.*
**Tornarono sui propri passi.** *They retraced their steps.*
**tornare al punto di partenza** *to get back to where one started*
**tornare in sé** *to regain consciousness*
**La minigonna è tornata di moda.** *The mini-skirt has come back into fashion.*

**il tornante** *bend*
**una strada a tornanti** *a winding road*
**il tornio** *lathe*
**il torneo** *tournament*

# tradurre *to translate* tr. **182**

## INDICATIVE

| | Present | Imperfect | Perfect |
|---|---|---|---|
| io | traduco | traducevo | ho tradotto |
| tu | traduci | traducevi | hai tradotto |
| lui/lei/Lei | traduce | traduceva | ha tradotto |
| noi | traduciamo | traducevamo | abbiamo tradotto |
| voi | traducete | traducevate | avete tradotto |
| loro/Loro | traducono | traducevano | hanno tradotto |

| | Future | Pluperfect | Past Historic |
|---|---|---|---|
| io | tradurrò | avevo tradotto | tradussi |
| tu | tradurrai | avevi tradotto | traducesti |
| lui/lei/Lei | tradurrà | aveva tradotto | tradusse |
| noi | tradurremo | avevamo tradotto | traducemmo |
| voi | tradurrete | avevate tradotto | traduceste |
| loro/Loro | tradurranno | avevano tradotto | tradussero |

| | Future Perfect | | Past Anterior |
|---|---|---|---|
| io | avrò tradotto | | ebbi tradotto |

## CONDITIONAL        SUBJUNCTIVE

| | Present | Present | Imperfect |
|---|---|---|---|
| io | tradurrei | traduca | traducessi |
| tu | tradurresti | traduca | traducessi |
| lui/lei/Lei | tradurrebbe | traduca | traducesse |
| noi | tradurremmo | traduciamo | traducessimo |
| voi | tradurreste | traduciate | traduceste |
| loro/Loro | tradurrebbero | traducano | traducessero |

| | Perfect | Perfect | Pluperfect |
|---|---|---|---|
| io | avrei tradotto | abbia tradotto | avessi tradotto |

| GERUND | PAST PARTICIPLE | IMPERATIVE |
|---|---|---|
| traducendo | tradotto | traduci, traduca, traduciamo, traducete, traducano |

**Hai tradotto la lettera? Sì, l'ho tradotta.** *Have you translated the letter? Yes, I have translated it.*
**Il libro è stato tradotto dall'italiano in inglese.** *The book has been translated from Italian into English.*
**Gli studenti tradurranno il brano.** *The students will translate the passage.*
**Tradussero alla lettera.** *They translated literally.*
**Traduci in parole povere.** *Explain in simple words.*
**tradurre in pratica/atto qualcosa** *to put something into effect*
**Paolo fu tradotto in carcere.** *Paolo was taken to prison.*

**il traduttore/la traduttrice** *translator*
**traduttore simultaneo** *simultaneous translator*
**la traduzione** *translation*
**traduzione letterale** *literal translation*

# 183 trarre *to pull, draw* tr.

## INDICATIVE

|  | Present | Imperfect | Perfect |
|---|---|---|---|
| io | traggo | traevo | ho tratto |
| tu | trai | traevi | hai tratto |
| lui/lei/Lei | trae | traeva | ha tratto |
| noi | traiamo | traevamo | abbiamo tratto |
| voi | traete | traevate | avete tratto |
| loro/Loro | traggono | traevano | hanno tratto |

|  | Future | Pluperfect | Past Historic |
|---|---|---|---|
| io | trarrò | avevo tratto | trassi |
| tu | trarrai | avevi tratto | traesti |
| lui/lei/Lei | trarrà | aveva tratto | trasse |
| noi | trarremo | avevamo tratto | traemmo |
| voi | trarrete | avevate tratto | traeste |
| loro/Loro | trarranno | avevano tratto | trassero |

|  | Future Perfect |  | Past Anterior |
|---|---|---|---|
| io | avrò tratto |  | ebbi tratto |

## CONDITIONAL    SUBJUNCTIVE

|  | Present | Present | Imperfect |
|---|---|---|---|
| io | trarrei | tragga | traessi |
| tu | trarresti | tragga | traessi |
| lui/lei/Lei | trarrebbe | tragga | traesse |
| noi | trarremmo | traiamo | traessimo |
| voi | trarreste | traiate | traeste |
| loro/Loro | trarrebbero | traggano | traessero |

|  | Perfect | Perfect | Pluperfect |
|---|---|---|---|
| io | avrei tratto | abbia tratto | avessi tratto |

| GERUND | PAST PARTICIPLE | IMPERATIVE |
|---|---|---|
| traendo | tratto | trai, tragga, traiamo, traete, traggano |

**I pescatori traevano a riva la barca.** *The fishermen were pulling the boat ashore.*
**Trarranno la conclusione giusta.** *They will draw the right conclusion.*
**Traete vantaggio da questo incontro.** *You are benefitting from this meeting.*
**La festa trae origine da un'antica tradizione.** *The feast has its origins in an ancient tradition.*
**Questa citazione è tratta dall''Amleto'.** *This quote is taken from 'Hamlet'.*
**Lo trassero in inganno.** *They deceived him.*
**Trasse un sospiro.** *He/she heaved a sigh.*
**trarsi in disparte** *to draw aside*

**il tratto** *stroke, line*          **il trattino** *hyphen, dash*
**i tratti del viso** *features*      **il trattore** *tractor*

# trascorrere *to spend (time)* intr./tr. **184**

## INDICATIVE

| | Present | Imperfect | Perfect |
|---|---|---|---|
| io | trascorro | trascorrevo | ho trascorso |
| tu | trascorri | trascorrevi | hai trascorso |
| lui/lei/Lei | trascorre | trascorreva | ha trascorso |
| noi | trascorriamo | trascorrevamo | abbiamo trascorso |
| voi | trascorrete | trascorrevate | avete trascorso |
| loro/Loro | trascorrono | trascorrevano | hanno trascorso |

| | Future | Pluperfect | Past Historic |
|---|---|---|---|
| io | trascorrerò | avevo trascorso | trascorsi |
| tu | trascorrerai | avevi trascorso | trascorresti |
| lui/lei/Lei | trascorrerà | aveva trascorso | trascorse |
| noi | trascorreremo | avevamo trascorso | trascorremmo |
| voi | trascorrerete | avevate trascorso | trascorreste |
| loro/Loro | trascorreranno | avevano trascorso | trascorsero |

| | Future Perfect | | Past Anterior |
|---|---|---|---|
| io | avrò trascorso | | ebbi trascorso |

## CONDITIONAL    SUBJUNCTIVE

| | Present | Present | Imperfect |
|---|---|---|---|
| io | trascorrerei | trascorra | trascorressi |
| tu | trascorreresti | trascorra | trascorressi |
| lui/lei/Lei | trascorrerebbe | trascorra | trascorresse |
| noi | trascorremmo | trascorriamo | trascorressimo |
| voi | trascorrereste | trascorriate | trascorreste |
| loro/Loro | trascorrerebbero | trascorrano | trascorressero |

| | Perfect | Perfect | Pluperfect |
|---|---|---|---|
| io | avrei trascorso | abbia trascorso | avessi trascorso |

| GERUND | PAST PARTICIPLE | IMPERATIVE |
|---|---|---|
| trascorrendo | trascorso | trascorri, trascorra, trascorriamo, trascorrete, trascorrano |

**Il bambino trascorre il pomeriggio giocando.** *The child spends his afternoon playing.*
**Trascorrerai le vacanze in montagna?** *Will you spend your holidays in the mountains?*
**Sono già trascorse tre ore.** *Three hours have already elapsed.*
**Aveva trascorso l'infanzia in campagna.** *She had spent her childhood in the country.*
**il trascorrere del tempo** *the passage of time*
**Come trascorri il tempo?** *How do you spend your time?*

**trascorso** *past*
**i trascorsi di gioventù** *errors of youth*

# 185 uccidere *to kill* tr.

## INDICATIVE

| | Present | Imperfect | Perfect |
|---|---|---|---|
| io | uccido | uccidevo | ho ucciso |
| tu | uccidi | uccidevi | hai ucciso |
| lui/lei/Lei | uccide | uccideva | ha ucciso |
| noi | uccidiamo | uccidevamo | abbiamo ucciso |
| voi | uccidete | uccidevate | avete ucciso |
| loro/Loro | uccidono | uccidevano | hanno ucciso |

| | Future | Pluperfect | Past Historic |
|---|---|---|---|
| io | ucciderò | avevo ucciso | uccisi |
| tu | uciderai | avevi ucciso | uccidesti |
| lui/lei/Lei | ucciderà | aveva ucciso | uccise |
| noi | uccideremo | avevamo ucciso | uccidemmo |
| voi | ucciderete | avevate ucciso | uccideste |
| loro/Loro | uccideranno | avevano ucciso | uccisero |

| | Future Perfect | | Past Anterior |
|---|---|---|---|
| io | avrò ucciso | | ebbi ucciso |

## CONDITIONAL    SUBJUNCTIVE

| | Present | Present | Imperfect |
|---|---|---|---|
| io | ucciderei | uccida | uccidessi |
| tu | uccideresti | uccida | uccidessi |
| lui/lei/Lei | ucciderebbe | uccida | uccidesse |
| noi | uccideremmo | uccidiamo | uccidessimo |
| voi | uccidereste | uccidiate | uccideste |
| loro/Loro | ucciderebbero | uccidano | uccidessero |

| | Perfect | Perfect | Pluperfect |
|---|---|---|---|
| io | avrei ucciso | abbia ucciso | avessi ucciso |

| GERUND | PAST PARTICIPLE | IMPERATIVE |
|---|---|---|
| uccidendo | ucciso | uccidi, uccida, uccidiamo, uccidete, uccidano |

**Uccisero il loro amico.** *They killed their friend.*
**Il professore fu ucciso nel 1990.** *The professor was murdered in 1990.*
**L'hanno ucciso sparandogli alla testa.** *They shot him in the head.*
**Penso che sia stato ucciso in un incidente stradale.** *I think he has been killed in a road accident.*
**È rimasto ucciso sul colpo.** *He was killed instantly.*
**Si uccisero per la disperazione.** *They committed suicide in despair.*
**uccidere qualcuno col veleno** *to poison somebody*

**l'uccisione** (f) *killing*      **l'ucciso** *person killed*
**l'uccisore** (m) *killer, assassin*      **ucciso** *killed*

# udire  *to hear*  tr.  **186**

## INDICATIVE

|  | Present | Imperfect | Perfect |
|---|---|---|---|
| io | odo | udivo | ho udito |
| tu | odi | udivi | hai udito |
| lui/lei/Lei | ode | udiva | ha udito |
| noi | udiamo | udivamo | abbiamo udito |
| voi | udite | udivate | avete udito |
| loro/Loro | odono | udivano | hanno udito |
|  | **Future** | **Pluperfect** | **Past Historic** |
| io | udirò | avevo udito | udii |
| tu | udirai | avevi udito | udisti |
| lui/lei/Lei | udirà | aveva udito | udì |
| noi | udiremo | avevamo udito | udimmo |
| voi | udirete | avevate udito | udiste |
| loro/Loro | udiranno | avevano udito | udirono |
|  | **Future Perfect** |  | **Past Anterior** |
| io | avrò udito |  | ebbi udito |

## CONDITIONAL  SUBJUNCTIVE

|  | Present | Present | Imperfect |
|---|---|---|---|
| io | udirei | oda | udissi |
| tu | udiresti | oda | udissi |
| lui/lei/Lei | udirebbe | oda | udisse |
| noi | udiremmo | udiamo | udissimo |
| voi | udireste | udiate | udiste |
| loro/Loro | udirebbero | odano | udissero |
|  | **Perfect** | **Perfect** | **Pluperfect** |
| io | avrei udito | abbia udito | avessi udito |

| GERUND | PAST PARTICIPLE | IMPERATIVE |
|---|---|---|
| udendo | udito | odi, oda, udiamo, udite, odano |

**Udii un rumore nel giardino.** *I heard a noise in the garden.*
**Non abbiamo udito nulla.** *We have not heard anything.*
**Si udivano bambini piangere.** *You could heard children crying.*
**Dio ode le vostre preghiere.** *God hears your prayers.*

**l'udito** (m) *hearing*
**avere un udito fine** *to have sharp hearing*
**perdere l'udito** *to become deaf*
**l'udienza** (f) *audience, hearing*
**l'audizione** (f) *audition*
**l'auditorio** (m) *auditorium*

# 187 ungere *to grease, oil* tr.

## INDICATIVE

| | Present | Imperfect | Perfect |
|---|---|---|---|
| io | ungo | ungevo | ho unto |
| tu | ungi | ungevi | hai unto |
| lui/lei/Lei | unge | ungeva | ha unto |
| noi | ungiamo | ungevamo | abbiamo unto |
| voi | ungete | ungevate | avete unto |
| loro/Loro | ungono | ungevano | hanno unto |

| | Future | Pluperfect | Past Historic |
|---|---|---|---|
| io | ungerò | avevo unto | unsi |
| tu | ungerai | avevi unto | ungesti |
| lui/lei/Lei | ungerà | aveva unto | unse |
| noi | ungeremo | avevamo unto | ungemmo |
| voi | ungerete | avevate unto | ungeste |
| loro/Loro | ungeranno | avevano unto | unsero |

| | Future Perfect | | Past Anterior |
|---|---|---|---|
| io | avrò unto | | ebbi unto |

## CONDITIONAL    SUBJUNCTIVE

| | Present | Present | Imperfect |
|---|---|---|---|
| io | ungerei | unga | ungessi |
| tu | ungeresti | unga | ungessi |
| lui/lei/Lei | ungerebbe | unga | ungesse |
| noi | ungeremmo | ungiamo | ungessimo |
| voi | ungereste | ungiate | ungeste |
| loro/Loro | ungerebbero | ungano | ungessero |

| | Perfect | Perfect | Pluperfect |
|---|---|---|---|
| io | avrei unto | abbia unto | avessi unto |

| GERUND | PAST PARTICIPLE | IMPERATIVE |
|---|---|---|
| ungendo | unto | ungi, unga, ungiamo, ungete, ungano |

**Ungi la teglia di burro.** *Grease the tin with butter.*
**Prova a ungere i cardini.** *Try oiling the hinges.*
**Ungiti le mani con questa crema.** *Rub this cream into your hands.*
**Mi sono unto la camicia.** *I have got grease on my shirt.*
**ungere le ruote a qualcuno** *to grease somebody's palm*

**l'unto** (m) *grease*
**unto e bisunto** *filthy and greasy*
**una macchia d'unto** *a grease spot*
**il cibo unto** *greasy food*
**capelli untuosi** *greasy hair*

# unire  *to unite, join*  tr.  **188**

## INDICATIVE

| | Present | Imperfect | Perfect |
|---|---|---|---|
| io | unisco | univo | ho unito |
| tu | unisci | univi | hai unito |
| lui/lei/Lei | unisce | univa | ha unito |
| noi | uniamo | univamo | abbiamo unito |
| voi | unite | univate | avete unito |
| loro/Loro | uniscono | univano | hanno unito |

| | Future | Pluperfect | Past Historic |
|---|---|---|---|
| io | unirò | avevo unito | unii |
| tu | unirai | avevi unito | unisti |
| lui/lei/Lei | unirà | aveva unito | unì |
| noi | uniremo | avevamo unito | unimmo |
| voi | unirete | avevate unito | uniste |
| loro/Loro | uniranno | avevano unito | unirono |

| | Future Perfect | | Past Anterior |
|---|---|---|---|
| io | avrò unito | | ebbi unito |

## CONDITIONAL  SUBJUNCTIVE

| | Present | Present | Imperfect |
|---|---|---|---|
| io | unirei | unisca | unissi |
| tu | uniresti | unisca | unissi |
| lui/lei/Lei | unirebbe | unisca | unisse |
| noi | uniremmo | uniamo | unissimo |
| voi | unireste | uniate | uniste |
| loro/Loro | unirebbero | uniscano | unissero |

| | Perfect | Perfect | Pluperfect |
|---|---|---|---|
| io | avrei unito | abbia unito | avessi unito |

| GERUND | PAST PARTICIPLE | IMPERATIVE |
|---|---|---|
| unendo | unito | unisci, unisca, uniamo, unite, uniscano |

**Queste città sono unite da un ponte.** *These towns are joined by a bridge.*
**La rete ferroviaria unisce la città alla campagna.** *The railway connects the town with the country.*
**Uniamo le nostre forze.** *Let's join forces.*
**Si uniranno alla nostra compagnia.** *They will join our party.*
**unire in matrimonio** *to join in matrimony*
**Uniamo l'interesse al capitale.** *Let's add the interest to the capital.*
**Ci siamo uniti in società.** *We entered into partnership.*
**L'unione fa la forza.** *Unity is strength.*

**l'unità** (f) *unity, unit*
**unità monetaria** *monetary unit*
**l'unione** (f) *union*
**l'Unione Europea (UE)** *the European Union (EU)*

# 189 uscire *to go out, come out* intr.

## INDICATIVE

| | Present | Imperfect | Perfect |
|---|---|---|---|
| io | esco | uscivo | sono uscito/a |
| tu | esci | uscivi | sei uscito/a |
| lui/lei/Lei | esce | usciva | è uscito/a |
| noi | usciamo | uscivamo | siamo usciti/e |
| voi | uscite | uscivate | siete usciti/e |
| loro/Loro | escono | uscivano | sono usciti/e |

| | Future | Pluperfect | Past Historic |
|---|---|---|---|
| io | uscirò | ero uscito/a | uscii |
| tu | uscirai | eri uscito/a | uscisti |
| lui/lei/Lei | uscirà | era uscito/a | uscì |
| noi | usciremo | eravamo usciti/e | uscimmo |
| voi | uscirete | eravate usciti/e | usciste |
| loro/Loro | usciranno | erano usciti/e | uscirono |

| | Future Perfect | | Past Anterior |
|---|---|---|---|
| io | sarò uscito/a | | fui uscito/a |

## CONDITIONAL    SUBJUNCTIVE

| | Present | Present | Imperfect |
|---|---|---|---|
| io | uscirei | esca | uscissi |
| tu | usciresti | esca | uscissi |
| lui/lei/Lei | uscirebbe | esca | uscisse |
| noi | usciremmo | usciamo | uscissimo |
| voi | uscireste | usciate | usciste |
| loro/Loro | uscirebbero | escano | uscissero |

| | Perfect | Perfect | Pluperfect |
|---|---|---|---|
| io | sarei uscito/a | sia uscito/a | fossi uscito/a |

| GERUND | PAST PARTICIPLE | IMPERATIVE |
|---|---|---|
| uscendo | uscito/a/i/e | esci, esca, usciamo, uscite, escano |

**A che ora sei uscita? Alle tre.** *What time did you go out? At three o'clock.*
**Esci, la macchina è ferma ora.** *Get out, the car has stopped now.*
**Paolo uscirà domani dall'ospedale.** *Paolo will be discharged from hospital tomorrow.*
**La macchina è uscita di strada.** *The car went off the road.*
**È uscito un nuovo film.** *A new film has been released.*
**Quando uscirà il suo prossimo libro?** *When will her next book come out?*
**Da dove è uscito questo libro?** *Where did this book spring from?*
**Mi è uscito di mente.** *It slipped my mind.*
**uscire a passeggio** *to go out for a walk*

**l'uscita** (f) *exit*
**uscita di sicurezza** *emergency exit*
**vietata l'uscita** *no exit*

# valere *to be worth* intr. **190**

## INDICATIVE

| | Present | Imperfect | Perfect |
|---|---|---|---|
| io | valgo | valevo | sono valso/a |
| tu | vali | valevi | sei valso/a |
| lui/lei/Lei | vale | valeva | è valso/a |
| noi | valiamo | valevamo | siamo valsi/e |
| voi | valete | valevate | siete valsi/e |
| loro/Loro | valgono | valevano | sono valsi/e |

| | Future | Pluperfect | Past Historic |
|---|---|---|---|
| io | varrò | ero valso/a | valsi |
| tu | varrai | eri valso/a | valesti |
| lui/lei/Lei | varrà | era valso/a | valse |
| noi | varremo | eravamo valsi/e | valemmo |
| voi | varrete | eravate valsi/e | valeste |
| loro/Loro | varranno | erano valsi/e | valsero |

| | Future Perfect | | Past Anterior |
|---|---|---|---|
| io | sarò valso/a | | fui valso/a |

## CONDITIONAL    SUBJUNCTIVE

| | Present | Present | Imperfect |
|---|---|---|---|
| io | varrei | valga | valessi |
| tu | varresti | valga | valessi |
| lui/lei/Lei | varrebbe | valga | valesse |
| noi | varremmo | valiamo | valessimo |
| voi | varreste | valiate | valeste |
| loro/Loro | varrebbero | valgano | valessero |

| | Perfect | Perfect | Pluperfect |
|---|---|---|---|
| io | sarei valso/a | sia valso/a | fossi valso/a |

| GERUND | PAST PARTICIPLE | IMPERATIVE |
|---|---|---|
| valendo | valso/a/i/e | vali, valga, valiamo, valete, valgano |

---

**Questo passaporto non vale più.** *This passport is no longer valid.*
**L'anello vale mille sterline.** *The ring is worth a thousand pounds.*
**Il regolamento vale per tutti.** *The rules apply to everybody.*
**La partita non valeva.** *The match was not valid.*
**È una persona che vale molto.** *He is a very worthy person.*
**Si è valso della sua autorità.** *He used his power.*
**Non vale la pena.** *It is not worthwhile.*
**vale a dire** *that is to say*
**L'uno vale l'altro.** *One is as bad as the other.*
**Devi farti valere.** *You must demand respect.*

**il valore** *value*          **valido** *valid, effective*
**la valuta** *currency*          **la valutazione** *valuation, assessment*

# 191 vedere *to see* tr.

## INDICATIVE

| | Present | Imperfect | Perfect |
|---|---|---|---|
| io | vedo | vedevo | ho visto |
| tu | vedi | vedevi | hai visto |
| lui/lei/Lei | vede | vedeva | ha visto |
| noi | vediamo | vedevamo | abbiamo visto |
| voi | vedete | vedevate | avete visto |
| loro/Loro | vedono | vedevano | hanno visto |

| | Future | Pluperfect | Past Historic |
|---|---|---|---|
| io | vedrò | avevo visto | vidi |
| tu | vedrai | avevi visto | vedesti |
| lui/lei/Lei | vedrà | aveva visto | vide |
| noi | vedremo | avevamo visto | vedemmo |
| voi | vedrete | avevate visto | vedeste |
| loro/Loro | vedranno | avevano visto | videro |

| | Future Perfect | | Past Anterior |
|---|---|---|---|
| io | avrò visto | | ebbi visto |

## CONDITIONAL    SUBJUNCTIVE

| | Present | Present | Imperfect |
|---|---|---|---|
| io | vedrei | veda | vedessi |
| tu | vedresti | veda | vedessi |
| lui/lei/Lei | vedrebbe | veda | vedesse |
| noi | vedremmo | vediamo | vedessimo |
| voi | vedreste | vediate | vedeste |
| loro/Loro | vedrebbero | vedano | vedessero |

| | Perfect | Perfect | Pluperfect |
|---|---|---|---|
| io | avrei visto | abbia visto | avessi visto |

| GERUND | PAST PARTICIPLE | IMPERATIVE |
|---|---|---|
| vedendo | visto (veduto) | vedi, veda, vediamo, vedete, vedano |

**Avete visto Maria oggi? No, non l'abbiamo vista.** *Have you seen Maria today?*
  *No, we have not seen her.*
**Siamo andati a vedere la partita di calcio.** *We went to see the football match.*
**Mi faccia vedere la borsa più piccola?** *Can you show me the smaller bag?*
**farsi vedere** *to show oneself*
**Vedrò di darti una mano.** *I'll try to give you a hand.*
**Non li posso vedere.** *I can't stand them.*
**Non vediamo l'ora di conoscervi.** *We look forward to meeting you.*
**Non ci ho più visto.** *I lost my temper.*

**la vista** *sight*
**a vista** *at sight*
**conoscere qualcuno di vista** *to know somebody by sight*
**una bella veduta della città** *a lovely view of the town*

# venire *to come* intr. **192**

## INDICATIVE

|  | Present | Imperfect | Perfect |
|---|---|---|---|
| io | vengo | venivo | sono venuto/a |
| tu | vieni | venivi | sei venuto/a |
| lui/lei/Lei | viene | veniva | è venuto/a |
| noi | veniamo | venivamo | siamo venuti/e |
| voi | venite | venivate | siete venuti/e |
| loro/Loro | vengono | venivano | sono venuti/e |

|  | Future | Pluperfect | Past Historic |
|---|---|---|---|
| io | verrò | ero venuto/a | venni |
| tu | verrai | eri venuto/a | venisti |
| lui/lei/Lei | verrà | era venuto/a | venne |
| noi | verremo | eravamo venuti/e | venimmo |
| voi | verrete | eravate venuti/e | veniste |
| loro/Loro | verranno | erano venuti/e | vennero |

|  | Future Perfect | Past Anterior |
|---|---|---|
| io | sarò venuto/a | fui venuto/a |

## CONDITIONAL   SUBJUNCTIVE

|  | Present | Present | Imperfect |
|---|---|---|---|
| io | verrei | venga | venissi |
| tu | verresti | venga | venissi |
| lui/lei/Lei | verrebbe | venga | venisse |
| noi | verremmo | veniamo | venissimo |
| voi | verreste | veniate | veniste |
| loro/Loro | verrebbero | vengano | venissero |

|  | Perfect | Perfect | Pluperfect |
|---|---|---|---|
| io | sarei venuto/a | sia venuto/a | fossi venuto/a |

| GERUND | PAST PARTICIPLE | IMPERATIVE |
|---|---|---|
| venendo | venuto/a/i/e | vieni, venga, veniamo, venite, vengano |

**Da dove vieni, Paolo? Vengo da Firenze.** *Where do you come from, Paolo?*
*I come from Florence.*
**Come siete venuti qui?** *How did you get here?*
**Vieni su/giù!** *Come up/down!*
**Quando verrete a trovarmi?** *When are you coming to see me?*
**Mi è venuto il raffreddore.** *I have caught a cold.*
**Veniamo a patti.** *Let's come to an agreement.*
**Sono venuto in possesso di questo libro.** *I have come into possession of this book.*
**venire al mondo** *to be born*
**Questo prodotto viene venduto in tutto il mondo.** *This product is sold all over the world.*

**la venuta** *coming*                    **benvenuto** *welcome*
**il primo venuto** *first comer*

# 193 viaggiare *to travel* intr.

## INDICATIVE

|  | Present | Imperfect | Perfect |
|---|---|---|---|
| io | viaggio | viaggiavo | ho viaggiato |
| tu | viaggi | viaggiavi | hai viaggiato |
| lui/lei/Lei | viaggia | viaggiava | ha viaggiato |
| noi | viaggiamo | viaggiavamo | abbiamo viaggiato |
| voi | viaggiate | viaggiavate | avete viaggiato |
| loro/Loro | viaggiano | viaggiavano | hanno viaggiato |

|  | Future | Pluperfect | Past Historic |
|---|---|---|---|
| io | viaggerò | avevo viaggiato | viaggiai |
| tu | viaggerai | avevi viaggiato | viaggiasti |
| lui/lei/Lei | viaggerà | aveva viaggiato | viaggiò |
| noi | viaggeremo | avevamo viaggiato | viaggiammo |
| voi | viaggerete | avevate viaggiato | viaggiaste |
| loro/Loro | viaggeranno | avevano viaggiato | viaggiarono |

|  | Future Perfect | | Past Anterior |
|---|---|---|---|
| io | avrò viaggiato | | ebbi viaggiato |

## CONDITIONAL  SUBJUNCTIVE

|  | Present | Present | Imperfect |
|---|---|---|---|
| io | viaggerei | viaggi | viaggiassi |
| tu | viaggeresti | viaggi | viaggiassi |
| lui/lei/Lei | viaggerebbe | viaggi | viaggiasse |
| noi | viaggeremmo | viaggiamo | vaggiassimo |
| voi | viaggereste | viaggiate | viaggiaste |
| loro/Loro | viaggerebbero | viaggino | viaggiassero |

|  | Perfect | Perfect | Pluperfect |
|---|---|---|---|
| io | avrei viaggiato | abbia viaggiato | avessi viaggiato |

| GERUND | PAST PARTICIPLE | IMPERATIVE |
|---|---|---|
| viaggiando | viaggiato | viaggia, viaggi, viaggiamo, viaggiate, viaggino |

**Quando ero giovane viaggiavo molto.** *When I was young I used to travel a lot.*
**Il treno viaggia in ritardo.** *The train is late.*
**Paolo viaggerà per una ditta.** *Paolo will travel for a firm.*
**Penso che viaggino in treno.** *I think they travel by train.*
**Viaggeranno in tutto il mondo.** *They will travel all over the world.*
**Il Signor Rossi viaggia per affari.** *Mr Rossi travels on business.*
**viaggiare in prima classe** *to travel first-class*
**viaggiare per mare** *to travel by sea*

**il viaggiatore/la viaggiatrice** *traveller*
**il viaggio** *journey*
**Buon viaggio.** *Have a nice trip.*
**essere in viaggio** *to be on a journey*

# vincere  *to win*  intr./tr.  **194**

## INDICATIVE

|  | Present | Imperfect | Perfect |
|---|---|---|---|
| io | vinco | vincevo | ho vinto |
| tu | vinci | vincevi | hai vinto |
| lui/lei/Lei | vince | vinceva | ha vinto |
| noi | vinciamo | vincevamo | abbiamo vinto |
| voi | vincete | vincevate | avete vinto |
| loro/Loro | vincono | vincevano | hanno vinto |

|  | Future | Pluperfect | Past Historic |
|---|---|---|---|
| io | vincerò | avevo vinto | vinsi |
| tu | vincerai | avevi vinto | vincesti |
| lui/lei/Lei | vincerà | aveva vinto | vinse |
| noi | vinceremo | avevamo vinto | vincemmo |
| voi | vincerete | avevate vinto | vinceste |
| loro/Loro | vinceranno | avevano vinto | vinsero |

|  | Future Perfect |  | Past Anterior |
|---|---|---|---|
| io | avrò vinto |  | ebbi vinto |

## CONDITIONAL    SUBJUNCTIVE

|  | Present | Present | Imperfect |
|---|---|---|---|
| io | vincerei | vinca | vincessi |
| tu | vinceresti | vinca | vincessi |
| lui/lei/Lei | vincerebbe | vinca | vincesse |
| noi | vinceremmo | vinciamo | vincessimo |
| voi | vincereste | vinciate | vinceste |
| loro/Loro | vincerebbero | vincano | vincessero |

|  | Perfect | Perfect | Pluperfect |
|---|---|---|---|
| io | avrei vinto | abbia vinto | avessi vinto |

| GERUND | PAST PARTICIPLE | IMPERATIVE |
|---|---|---|
| vincendo | vinto | vinci, vinca, vinciamo, vincete, vincano |

**Paolo vinse la corsa.** *Paolo won the race.*
**Il bambino ha vinto un premio.** *The child has won a prize.*
**Vinceranno la loro timidezza.** *They will overcome their shyness.*
**Questa squadra vincerebbe la partita.** *This team would win the game.*
**vincere le proprie passioni** *to master one's passions*
**Vinca il migliore!** *May the best man win!*
**Vinciamo le difficoltà.** *We are overcoming the difficulties.*
**Non lasciamoci vincere dalle tentazioni.** *Let us not yield to temptation.*

**il vincitore/la vincitrice** *winner*
**la vincita** *win*
**una vincita a poker** *a win at poker*
**la vittoria** *victory*

# 195 vivere *to live* intr.

## INDICATIVE

| | Present | Imperfect | Perfect |
|---|---|---|---|
| io | vivo | vivevo | ho vissuto |
| tu | vivi | vivevi | hai vissuto |
| lui/lei/Lei | vive | viveva | ha vissuto |
| noi | viviamo | vivevamo | abbiamo vissuto |
| voi | vivete | vivevate | avete vissuto |
| loro/Loro | vivono | vivevano | hanno vissuto |

| | Future | Pluperfect | Past Historic |
|---|---|---|---|
| io | vivrò | avevo vissuto | vissi |
| tu | vivrai | avevi vissuto | vivesti |
| lui/lei/Lei | vivrà | aveva vissuto | visse |
| noi | vivremo | avevamo vissuto | vivemmo |
| voi | vivrete | avevate vissuto | viveste |
| loro/Loro | vivranno | avevano vissuto | vissero |

| | Future Perfect | | Past Anterior |
|---|---|---|---|
| io | avrò vissuto | | ebbi vissuto |

## CONDITIONAL    SUBJUNCTIVE

| | Present | Present | Imperfect |
|---|---|---|---|
| io | vivrei | viva | vivessi |
| tu | vivresti | viva | vivessi |
| lui/lei/Lei | vivrebbe | viva | vivesse |
| noi | vivremmo | viviamo | vivessimo |
| voi | vivreste | viviate | viveste |
| loro/Loro | vivrebbero | vivano | vivessero |

| | Perfect | Perfect | Pluperfect |
|---|---|---|---|
| io | avrei vissuto | abbia vissuto | avessi vissuto |

| GERUND | PAST PARTICIPLE | IMPERATIVE |
|---|---|---|
| vivendo | vissuto | vivi, viva, viviamo, vivete, vivano |

**È vissuto nell'Ottocento.** *He lived in the 19th century.*
**Dove vive, signor Rossi? Vivo a Roma.** *Where do you live, Mr Rossi?*
*I live in Rome.*
**Vivevano in campagna.** *They used to live in the country.*
**Non riesce a guadagnarsi da vivere.** *He/she cannot make a living.*
**Vivrà nel ricordo di sua moglie.** *He will live on in his wife's memory.*
**vivere alle spalle di qualcuno** *to live off somebody*
**Vivi e lascia vivere.** *Live and let live.*
**Viva la libertà!** *Long live freedom!*
**Viviamo alla giornata.** *We live from hand to mouth.*
**La Signora Rossi vive di rendita.** *Mrs Rossi has private means.*

**la vita** *life, waist*      **punto di vita** *waist*
**senza vita** *lifeless*      **vivente** *living, alive*

# **volere** *to want* tr. **196**

## INDICATIVE

|  | Present | Imperfect | Perfect |
|---|---|---|---|
| io | voglio | volevo | ho voluto |
| tu | vuoi | volevi | hai voluto |
| lui/lei/Lei | vuole | voleva | ha voluto |
| noi | vogliamo | volevamo | abbiamo voluto |
| voi | volete | volevate | avete voluto |
| loro/Loro | vogliono | volevano | hanno voluto |

|  | Future | Pluperfect | Past Historic |
|---|---|---|---|
| io | vorrò | avevo voluto | volli |
| tu | vorrai | avevi voluto | volesti |
| lui/lei/Lei | vorrà | aveva voluto | volle |
| noi | vorremo | avevamo voluto | volemmo |
| voi | vorrete | avevate voluto | voleste |
| loro/Loro | vorranno | avevano voluto | vollero |

|  | Future Perfect | | Past Anterior |
|---|---|---|---|
| io | avrò voluto | | ebbi voluto |

## CONDITIONAL   SUBJUNCTIVE

|  | Present | Present | Imperfect |
|---|---|---|---|
| io | vorrei | voglia | volessi |
| tu | vorresti | voglia | volessi |
| lui/lei/Lei | vorrebbe | voglia | volesse |
| noi | vorremmo | vogliamo | volessimo |
| voi | vorreste | vogliate | voleste |
| loro/Loro | vorrebbero | vogliano | volessero |

|  | Perfect | Perfect | Pluperfect |
|---|---|---|---|
| io | avrei voluto | abbia voluto | avessi voluto |

| GERUND | PAST PARTICIPLE | IMPERATIVE |
|---|---|---|
| volendo | voluto | (not in use) |

**Non sapete quello che volete.** *You do not know what you want.*
**Vorrei una tazza di tè.** *I would like a cup of tea.*
**Tua madre ti vuole.** *Your mother wants you (is looking for you).*
**Vuoi andare a teatro, Paolo?** *Would you like to go to the theatre, Paolo?*
**Voglio che finiate questo lavoro.** *I want you to finish this job.*
**Che cosa vuoi dire?** *What do you mean?*
**Chi troppo vuole nulla stringe.** *Grasp all, lose all.*
**Gli voglio molto bene.** *I love him very much.*

**la voglia** *wish*                          **il volere** *desire, will*
**di cattiva voglia** *reluctantly*           **voglioso** *eager*
**senza volere** *unintentionally*

# 197 volgere *to turn* tr./intr.

## INDICATIVE

| | Present | Imperfect | Perfect |
|---|---|---|---|
| io | volgo | volgevo | ho volto |
| tu | volgi | volgevi | hai volto |
| lui/lei/Lei | volge | volgeva | ha volto |
| noi | volgiamo | volgevamo | abbiamo volto |
| voi | volgete | volgevate | avete volto |
| loro/Loro | volgono | volgevano | hanno volto |

| | Future | Pluperfect | Past Historic |
|---|---|---|---|
| io | volgerò | avevo volto | volsi |
| tu | volgerai | avevi volto | volgesti |
| lui/lei/Lei | volgerà | aveva volto | volse |
| noi | volgeremo | avevamo volto | volgemmo |
| voi | volgerete | avevate volto | volgeste |
| loro/Loro | volgeranno | avevano volto | volsero |

| | Future Perfect | | Past Anterior |
|---|---|---|---|
| io | avrò volto | | ebbi volto |

## CONDITIONAL    SUBJUNCTIVE

| | Present | Present | Imperfect |
|---|---|---|---|
| io | volgerei | volga | volgessi |
| tu | volgeresti | volga | volgessi |
| lui/lei/Lei | volgerebbe | volga | volgesse |
| noi | volgeremmo | volgiamo | volgessimo |
| voi | volgereste | volgiate | volgeste |
| loro/Loro | volgerebbero | volgano | volgessero |

| | Perfect | Perfect | Pluperfect |
|---|---|---|---|
| io | avrei volto | abbia volto | avessi volto |

| GERUND | PAST PARTICIPLE | IMPERATIVE |
|---|---|---|
| volgendo | volto | volgi, volga, volgiamo, volgete, volgano |

**Paolo volse lo sguardo verso di lui.** *Paolo turned his gaze on him.*
**Volse gli occhi al cielo e pregò.** *She turned her eyes to heaven and prayed.*
**Il giorno volge al termine.** *The day is drawing to a close.*
**La situazione volge al peggio.** *Things are getting worse.*
**Non volgergli le spalle.** *Do not turn your back on him.*
**volgere qualcosa a proprio vantaggio** *to turn something to one's own advantage*
**volgere in ridicolo** *to turn into a joke*
**Si volse verso di me.** *He turned towards me.*

**la volta** *time, turn*
**la prima volta** *the first time*
**a tua volta** *in your turn*

# voltare *to turn* tr./intr. **198**

## INDICATIVE

| | Present | Imperfect | Perfect |
|---|---|---|---|
| io | volto | voltavo | ho voltato |
| tu | volti | voltavi | hai voltato |
| lui/lei/Lei | volta | voltava | ha voltato |
| noi | voltiamo | voltavamo | abbiamo voltato |
| voi | voltate | voltavate | avete voltato |
| loro/Loro | voltano | voltavano | hanno voltato |

| | Future | Pluperfect | Past Historic |
|---|---|---|---|
| io | volterò | avevo voltato | voltai |
| tu | volterai | avevi voltato | voltasti |
| lui/lei/Lei | volterà | aveva voltato | voltò |
| noi | volteremo | avevamo voltato | voltammo |
| voi | volterete | avevate voltato | voltaste |
| loro/Loro | volteranno | avevano voltato | voltarono |

| | Future Perfect | | Past Anterior |
|---|---|---|---|
| io | avrò voltato | | ebbi voltato |

## CONDITIONAL    SUBJUNCTIVE

| | Present | Present | Imperfect |
|---|---|---|---|
| io | volterei | volti | voltassi |
| tu | volteresti | volti | voltassi |
| lui/lei/Lei | volterebbe | volti | voltasse |
| noi | volteremmo | voltiamo | voltassimo |
| voi | voltereste | voltiate | voltaste |
| loro/Loro | volterebbero | voltino | voltassero |

| | Perfect | Perfect | Pluperfect |
|---|---|---|---|
| io | avrei voltato | abbia voltato | avessi voltato |

| GERUND | PAST PARTICIPLE | IMPERATIVE |
|---|---|---|
| voltando | voltato | volta, volti, voltiamo, voltate, voltino |

**Volta la pagina e guarda la figura.** *Turn the page and look at the picture.*
**Scusa se ti volto le spalle.** *I'm sorry I'm turning my back.*
**Al semaforo voltate a destra.** *At the traffic lights turn right.*
**Voltati!** *Turn round!*
**Si allontanò senza voltarsi indietro.** *She went away without turning back.*
**Mi sono voltato dall'altra parte per non vedere.** *I turned the other way in order not to see.*
**voltarsi e rivoltarsi nel letto** *turning and tossing in bed*

**il voltafaccia** *about-turn*
**il voltastomaco** *disgust, nausea*
**Questa puzza mi dà il voltastomaco.** *This stench makes me sick.*

# 199 zoppicare *to limp* intr.

## INDICATIVE

|  | Present | Imperfect | Perfect |
|---|---|---|---|
| io | zoppico | zoppicavo | ho zoppicato |
| tu | zoppichi | zoppicavi | hai zoppicato |
| lui/lei/Lei | zoppica | zoppicava | ha zoppicato |
| noi | zoppichiamo | zoppicavamo | abbiamo zoppicato |
| voi | zoppicate | zoppicavate | avete zoppicato |
| loro/Loro | zoppicano | zoppicavano | hanno zoppicato |

|  | Future | Pluperfect | Past Historic |
|---|---|---|---|
| io | zoppicherò | avevo zoppicato | zoppicai |
| tu | zoppicherai | avevi zoppicato | zoppicasti |
| lui/lei/Lei | zoppicherà | aveva zoppicato | zoppicò |
| noi | zoppicheremo | avevamo zoppicato | zoppicammo |
| voi | zoppicherete | avevate zoppicato | zoppicaste |
| loro/Loro | zoppicheranno | avevano zoppicato | zoppicarono |

|  | Future Perfect | | Past Anterior |
|---|---|---|---|
| io | avrò zoppicato | | ebbi zoppicato |

## CONDITIONAL    SUBJUNCTIVE

|  | Present | Present | Imperfect |
|---|---|---|---|
| io | zoppicherei | zoppichi | zoppicassi |
| tu | zoppicheresti | zoppichi | zoppicassi |
| lui/lei/Lei | zoppicherebbe | zoppichi | zoppicasse |
| noi | zoppicheremmo | zoppichiamo | zoppicassimo |
| voi | zoppichereste | zoppichiate | zoppicaste |
| loro/Loro | zoppicherebbero | zoppichino | zoppicassero |

|  | Perfect | Perfect | Pluperfect |
|---|---|---|---|
| io | avrei zoppicato | abbia zoppicato | avessi zoppicato |

| GERUND | PAST PARTICIPLE | IMPERATIVE |
|---|---|---|
| zoppicando | zoppicato | zoppica, zoppichi, zoppichiamo, zoppicate, zoppichino |

**Il ragazzo sta zoppicando.** *The boy is limping.*
**È arrivato al traguardo zoppicando.** *He limped to the finishing line.*
**Questa sedia zoppica.** *This chair is unsteady.*
**Paolo zoppicava col piede sinistro.** *Paolo was lame in his left foot.*
**Luigi zoppica in matematica.** *Luigi is weak in mathematics.*
**È diventato zoppo.** *He became lame.*
**È zoppa dalla gamba sinistra.** *She is lame in her right leg.*

**lo zoppo** *lame man, cripple*
**zoppicante** *limping, shaky*
**un ragionamento zoppicante** *an unsound argument*
**un discorso che zoppica** *a lame argument*

# zuccherare *to sweeten* tr. **200**

## INDICATIVE

| | Present | Imperfect | Perfect |
|---|---|---|---|
| io | zucchero | zuccheravo | ho zuccherato |
| tu | zuccheri | zuccheravi | hai zuccherato |
| lui/lei/Lei | zucchera | zuccherava | ha zuccherato |
| noi | zuccheriamo | zuccheravamo | abbiamo zuccherato |
| voi | zuccherate | zuccheravate | avete zuccherato |
| loro/Loro | zuccherano | zuccheravano | hanno zuccherato |

| | Future | Pluperfect | Past Historic |
|---|---|---|---|
| io | zucchererò | avevo zuccherato | zuccherai |
| tu | zucchererai | avevi zuccherato | zuccherasti |
| lui/lei/Lei | zucchererà | aveva zuccherato | zuccherò |
| noi | zucchereremo | avevamo zuccherato | zuccherammo |
| voi | zucchererete | avevate zuccherato | zuccheraste |
| loro/Loro | zucchereranno | avevano zuccherato | zuccherarono |

| | Future Perfect | | Past Anterior |
|---|---|---|---|
| io | avrò zuccherato | | ebbi zuccherato |

## CONDITIONAL / SUBJUNCTIVE

| | Present | Present | Imperfect |
|---|---|---|---|
| io | zucchererei | zuccheri | zuccherassi |
| tu | zucchereresti | zuccheri | zuccherassi |
| lui/lei/Lei | zucchererebbe | zuccheri | zuccherasse |
| noi | zucchereremmo | zuccheriamo | zuccherassimo |
| voi | zuccherereste | zuccheriate | zuccheraste |
| loro/Loro | zucchererebbero | zuccherino | zuccherassero |

| | Perfect | Perfect | Pluperfect |
|---|---|---|---|
| io | avrei zuccherato | abbia zuccherato | avessi zuccherato |

| GERUND | PAST PARTICIPLE | IMPERATIVE |
|---|---|---|
| zuccherando | zuccherato | zucchera, zuccheri, zuccheriamo, zuccherate, zuccherino |

**Zuccherami il caffè, per favore.** *Put sugar in my coffee, please.*
**Paolo ha zuccherato il suo tè.** *Paolo has put sugar in his tea.*
**Non zuccherare l'acqua.** *Do not put sugar into the water.*
**Mi piace zuccherare molto il caffè.** *I like to put a lot of sugar in my coffee.*
**È diventata tutto zucchero e miele.** *She has become all sweetness and light.*

**l'acqua zuccherata** *sugared water*
**tè molto zuccherato** *tea with plenty of sugar*
**lo zucchero** *sugar*
**la zuccheriera** *sugar bowl*
**l'industria zuccheriera** *the sugar industry*
**lo zuccherificio** *sugar refinery*
**lo zuccherino** *lump of sugar*
**lo zucchero in polvere** *caster sugar*
**lo zucchero a velo** *icing sugar*

Italian–English verb list

On the following pages you will find approximately 3000 Italian verbs, with their meanings and the number of the model verb they follow. If the number is in **bold print**, the verb is one of the 200 modelled in full.

abbaiare intr. *bark* 173
abbandonare tr. *abandon* 9
abbassare tr. *lower* 9
abbattere tr. *pull down, demolish* 42
abbonare tr. *make (so) a subscriber* 9
abbondare intr. *abound* 9
abbordare tr. *board, tackle* 9
abbottonare tr. *button up* 9
abbozzare tr. *sketch* 9
abbracciare tr. *embrace, hug* 34
abbreviare tr. *shorten* 173
abbronzare tr./intr. *tan* 9
abdicare intr. *abdicate* 29
abilitare tr. *qualify* 9
abitare intr. *live* **1**
abituare intr. *accustom* 9
abolire tr. *abolish* 28
abrogare tr. *abrogate* 115
abusare intr. *abuse* 9
accadere intr. *happen* 25
accalappiare tr. *catch* 173
accampare tr./intr. *camp* 9
accantonare tr. *put aside* 9
accaparrare tr. *grab, buy up* 9
accarezzare tr. *caress* 9
accasare tr. *give in marriage* 9
accavallare tr. *overlap* 9
accecare tr./intr. *blind* 29
accelerare tr. *speed up* 9
accendere tr. *switch on* **2**
accennare tr./intr. *point out, mention* 9
accentuare tr. *accentuate* 9
accertare tr. *assure* 9
accettare tr. *accept* **3**

acchiappare tr. *seize* 9
accingersi r. *set about* 51
acciuffare tr. *seize, catch* 9
acclamare intr./tr. *acclaim* 9
accludere tr. *enclose* 32
accogliere tr. *receive* 33
accomodare tr. *arrange, set in order* 9
accompagnare tr. *accompany* 9
accondiscendere intr. *consent, agree* 157
acconsentire intr. *consent* 163
accoppare tr. *kill* 9
accoppiare tr. *couple* 173
accorciare tr. *shorten* 34
accordare tr. *grant* 9
accorgersi r. *perceive, realize* **4**
accorrere intr. *hasten* 41
accostare tr. *approach* 9
accreditare tr. *credit* 9
accrescere tr. *increase* 43
accudire intr. *look after* 28
accumulare tr. *store up* 9
accusare tr. *accuse* 9
acquietare tr. *calm* 9
acquisire tr. *acquire* 28
acquistare tr. *buy* 9
acuire tr. *stimulate, sharpen* 28
adagiare tr. *lay down with care* 99
adattare tr. *adapt* 9
addestrare tr. *train* 9
addizionare tr. *add up* 9
addobbare tr. *adorn* 9
addolorare tr. *grieve* 9
addomesticare tr *tame* 29
addormentare tr. *put to sleep* 9

addurre tr. *adduce* 93
adeguare tr. *bring into line* 9
adempiere *carry out* 35
aderire intr. *adhere* 28
adocchiare tr. *glance at* 173
adoperare tr. *use* 9
adorare tr. *adore, worship* 9
adornare tr. *adorn* 9
adottare tr. *adopt* 9
adulare tr *flatter* 9
adunare tr. *assemble* 9
affacciarsi r. *appear, look out* 34
affamare tr. *starve (out)* 9
affannarsi r. *worry* 9
affascinare tr. *fascinate* 9
affaticare tr. *tire* 29
affermare tr. *affirm* 9
afferrare tr. *to get hold of* 9
affettare tr. *slice* 9
affezionarsi r. *become fond of* 9
affidare tr. *entrust* 9
affievolire tr./intr. *weaken* 28
affiggere (p.p. affisso) tr. *affix* 79
affilare tr. *sharpen* 9
affittare tr. *let, lease, rent* 5
affliggere tr. *afflict* 79
affluire intr. *flow* 28
affogare intr. *drown* 115
affollare tr. *crowd* 9
affondare tr./intr. *sink* 9
affrancare tr. *release,*
    *put a stamp on* 29
affrettare tr. *hurry* 9
affrontare tr. *face* 9
affusolare tr. *taper* 9
agevolare tr. *facilitate* 9
aggiornare tr. *adjourn, update* 9
aggirare tr. *go round* 9
aggiudicare tr. *award* 29
aggiungere tr. *add* 81
aggiustare tr. *adjust, adapt* 9
aggrapparsi r. *cling* 9
aggraziare tr. *make graceful* 173
aggregare tr. *aggregate* 115
aggredire tr. *assault* 28
agire intr. *act* 6
agitare tr. *agitate* 9
aguzzare tr. *sharpen* 9
aiutare tr. *help* 7
alienare tr. *alienate* 9
alimentare tr. *feed, nourish* 9
allacciare tr. *lace, tie* 34
allagare tr. *flood* 115
allargare tr *widen* 115
allarmare tr. *alarm* 9
allegare tr. *enclose* 115

allenare tr. *train* 9
allentare tr *loosen* 9
allettare tr. *allure, entice* 9
allevare tr. *rear, bring up* 9
alleviare tr. *alleviate* 173
allineare tr. *line up* 9
alloggiare tr./intr. *lodge* 42
allontanare tr. *turn away* 9
alludere intr. *allude* 32
allungare tr. *lengthen* 115
alterare tr. *alter* 9
alternare tr. *alternate* 9
alzarsi r. *get up* 8
amalgamare tr. *amalgamate* 9
amare tr. *love* 9
amareggiare tr. *embitter* 99
ambire tr. *aspire to* 28
ammaccare tr. *bruise, dent* 29
ammaestrare tr. *train* 9
ammainare tr. *lower* 9
ammalarsi r. *fall ill* 9
ammaliare tr. *bewitch* 173
ammanettare tr. *handcuff* 9
ammarare intr. *alight on water* 9
ammassare intr. *amass* 9
ammattire intr. *go mad* 28
ammazzare tr. *kill* 9
ammettere tr. *admit* 101
ammiccare intr. *wink* 29
amministrare tr. *administer* 9
ammirare tr. *admire* 9
ammogliare tr. *provide a wife for* 9
ammollire tr. *soften* 28
ammonire tr. *admonish* 28
ammorbidire tr. *soften* 28
ammortizzare tr. *pay off* 9
ammucchiare tr. *pile up* 173
ammuffire intr. *get mouldy* 28
ammutolire intr. *fall silent* 28
amoreggiare intr. *flirt* 99
ampliare tr. *enlarge* 173
amplificare tr. *amplify* 29
amputare tr. *amputate* 9
ancorare tr. *anchor* 9
andare intr. *go* 10
angosciare tr. *cause anguish to* 95
animare tr. *animate* 9
annacquare tr. *water* 173
annaffiare tr. *sprinkle, water* 173
annebbiare tr./intr. *cloud* 173
annegare tr./intr. *drown* 115
annerire tr./intr. *blacken* 28
annientare tr. *annihilate* 9
annodare tr. *knot* 9
annoiare tr. *annoy*
annotare tr *annotate* 9

annuire intr. *nod* 28
annullare tr. *annul* 9
annunciare tr. *announce* 34
annunziare tr. *announce* 173
annusare tr. *smell, sniff* 9
ansimare intr. *pant* 9
anteporre tr. *put before* 123
anticipare tr. *anticipate* 9
appagare tr. *gratify* 115
appaltare tr. *to give (sth) out to contract* 9
appannare tr. *dim, steam up* 9
apparecchiare tr. *prepare* 73
apparire intr. *appear* 159
appartarsi r. *withdraw, seclude oneself* 8
appartenere intr. *belong* 179
appassire intr. *wither, fade* 28
appendere tr. *hang* 11
appensantire tr./intr. *make heavy* 28
appianare tr. *level* 9
appiccicare tr. *stick* 29
applicare tr. *apply* 29
appoggiare tr. *lean* 99
apporre tr. *affix* 123
apportare tr. *bring* 9
appostare tr. *position* 9
apprendere tr. *learn* 128
apprestare tr. *get ready* 9
apprezzare tr. *appreciate* 9
approdare intr. *land* 9
approfittare tr. *take advantage* 9
approfondire tr. *deepen* 28
approntare tr. *make ready* 9
approvare tr. *approve* 9
appuntare tr. *pin (on), sharpen* 9
appurare tr. *verify, ascertain* 9
aprire tr. *open* 12
arare tr. *plough* 9
ardire intr. *dare* 28
arginare tr. *stem, check* 9
argomentare intr. *infer, argue* 9
armare tr. *arm* 9
armeggiare intr. *mess about* 99
armonizzare tr./intr. *harmonise* 9
arrabbiarsi r. *get angry* 8
arrangiarsi r. *manage* 99
arrecare tr. *cause* 29
arredare tr. *furnish* 9
arrendersi r. *surrender* 2
arrestare tr. *arrest, stop* 9
arricchirsi r. *become rich* 28
arricciare tr. *curl* 34
arridere intr. *be favourable* 143
arrischiare tr. *risk* 173
arrivare intr. *arrive* 13

arrossire intr. *blush* 28
arrostire tr. *roast* 28
arrotolare tr. *roll up* 9
arrontondare tr. *round* 9
arroventare tr. *make red hot* 9
arruffare tr. *ruffle* 9
arrugginire tr./intr. *rust* 28
ascendere intr. *ascend* 157
asciugare tr. *dry* 14
ascoltare tr. *listen to* 15
ascrivere tr. *count, attribute* 161
asfaltare tr. *asphalt* 9
asfissiare tr./intr. *asphyxiate* 173
aspergere tr. *sprinkle* 64
aspettare tr. *wait for* 16
aspirare tr./intr. *inhale, aspire* 9
asportare tr. *remove* 9
assaggiare tr. *taste* 99
assalire tr. *attack* 153
assassinare tr. *assassinate* 9
assediare tr. *besiege* 173
assegnare tr. *assign* 9
assentire intr. *assent* 163
asserire tr. *affirm* 28
assestare tr. *settle* 9
assicurare tr. *secure* 9
assiderare intr. *chill, freeze* 9
assillare tr. *urge, nag* 9
assimilare tr. *assimilate* 9
assistere intr.tr. *assist* 17
associare tr. *associate* 34
assodare tr. *consolidate, ascertain* 9
assoldare tr. *recruit* 9
assolvere tr. *absolve* 149
assomigliare intr. *resemble* 173
assopirsi r. *doze* 28
assordare tr. *deafen* 9
assortire tr. *combine* 28
assottigliare tr. *thin* 173
assuefarsi r. *become accustomed* 75
assumere tr. *assume, employ* 18
astenersi r. *abstain* 179
astarre tr. *abstract* 183
attaccare tr. *attach, attack* 29
atteggiarsi r. *play the part of* 99
attendere tr. *await* 91
attenersi r. *stick to* 179
attenuare tr. *attenuate* 9
atterrare tr./intr. *land* 9
atterrire tr. *terrify* 78
attestare tr. *attest* 9
attingere tr. *draw, obtain* 51
attirare tr. *attract* 9
attizzare tr. *stir up* 9
attorcigliare tr. *twist* 173
attorniare tr. *encircle* 173

attrarre tr. *attract* 183
attraversare tr. *cross* 9
attrezzare tr. *equip* 9
attribuire tr. *attribute* 28
attuare tr. *carry out* 9
attutire tr. *deaden, cushion* 9
augurare intr. *wish* 9
aumentare tr./intr. *increase* 19
auspicare tr. *augur* 29
autenticare tr. *authenticate* 29
autorizzare tr. *authorize* 9
avanzare tr./intr. *advance, remain* 9
avariare tr. *damage* 173
avere tr. *(aux) have* 20
avvalorare tr. *confirm* 9
avvampare intr. *blaze up* 9
avvantaggiarsi r. *gain an advantage* 99
avvedersi r. *notice* 191
avvelenare tr. *poison* 9
avvenire intr. *happen* 192
avventarsi r. *hurl oneself* 9
avvertire tr./intr. *inform, warn* 163
avviare tr. *start* 173
avvicinare tr. *approach* 9
avvilirsi r. *lose heart* 28
avvincere tr. *enthral* 194
avvisare tr. *inform* 9
avvistare tr. *sight* 9
avvitare tr. *screw in* 9
avvizzire intr. *wither* 28
avvolgere tr. *wrap up* 197
azzardare tr./intr. *hazard* 9
azzeccare tr. *hit, guess* 29

baciare tr. *kiss* 34
badare intr. *look after* 21
bagnare tr. *wet* 9
balbettare intr. *stutter* 9
balenare intr. *flash* 116
ballare intr. *dance* 9
balzare intr. *jump* 9
banchettare intr. *banquet* 9
bandire tr. *banish, proclaim* 28
barare intr. *cheat* 9
barattare tr. *exchange* 9
barbugliare intr. *mumble* 173
barcollare intr. *stagger* 9
barricare tr. *barricade* 29
bastare intr. *be enough* 116
bastonare tr. *cane, thrash* 9
battagliare intr. *battle* 173
battere tr. *beat* 42
battezzare tr. *baptize* 9
bazzicare intr. *frequent* 29
beatificare tr. *beatify* 29

beccare tr. *peck* 29
beffare tr. *deride* 9
beffeggiare tr. *jeer at* 99
belare intr. *bleat* 9
bendare tr. *bandage, blindfold* 9
benedire tr. *bless* 52
beneficare tr. *aid* 29
beneficiare tr./intr. *benefit* 34
bere tr. *drink* 22
bersagliare tr. *bombard* 173
bestemmiare intr. *curse, blaspheme* 173
biasimare tr. *blame* 9
bilanciare tr. *balance* 34
bisbigliare intr. *whisper* 173
bisognare intr. *be necessary* 166
bisticciare intr. *bicker* 34
bivaccare intr. *bivouac* 29
blandire tr. *flatter, soothe* 28
blaterare intr. *blab* 9
blindare tr. *armour* 9
bloccare tr. *block* 29
boccheggiare intr. *gasp* 99
bocciare tr. *reject, fail* 34
boicottare tr. *boycott* 9
bollare tr. *stamp* 9
bollire intr./tr. *boil* 23
bombardare tr. *bomb* 9
bonificare tr. *reclaim* 29
borbottare intr. *grumble* 9
braccare tr. *hound* 29
bramare tr. *long for* 9
brancolare intr. *grope* 9
brandire tr. *brandish* 28
brillare intr. *shine* 9
brindare intr. *toast* 9
brontolare intr. *grumble* 9
brucare tr. *browse on* 29
bruciacchiare tr. *scorch* 173
bruciare tr./intr. *burn* 34
brulicare intr. *swarm* 29
bucare tr. *make a hole, pierce* 29
burlare tr./intr. *make a fool of* 9
bussare intr. *knock* 9
buttare tr. *throw* 24

cacciare intr. *hunt, expel* 34
cadere intr. *fall* 25
calare tr. *lower* 9
calcare tr. *tread* 9
calciare intr. *kick* 34
calcolare tr. *calculate* 9
caldeggiare tr. *favour* 99
calmare tr. *calm* 9
calpestare tr. *trample on* 9
calunniare tr. *slander* 173

calzare tr. *put on, wear* 9
cambiare tr. *change* 26
camminare intr. *walk* 27
campare tr. *live, get by* 9
campeggiare intr. *encamp* 99
camuffare tr. *disguise* 9
cancellare tr. *rub out* 9
cantare intr. *sing* 9
canzonare tr. *make fun of* 9
capire tr. *understand* 28
capitare intr. *happen* 9
capitolare intr. *capitulate* 9
capitombolare intr. *tumble down* 9
captare tr. *intercept* 9
caratterizzare tr. *characterize* 9
carbonizzare tr. *carbonize* 9
carezzare tr. *caress* 9
caricare tr. *load* 9
carpire tr. *snatch* 28
cascare intr. *fall* 29
castigare tr. *punish* 115
catalogare tr. *catalogue* 115
catturare tr. *capture* 9
causare tr. *cause* 9
cautelare tr. *protect* 9
cavalcare tr./intr. *ride* 29
cedere tr./intr. *surrender* 42
celare tr. *conceal* 9
celebrare tr. *celebrate* 9
cenare intr. *dine* 9
censurare tr. *censor* 9
centrare intr./tr. *hit the mark* 9
cercare tr./intr. *look for, try* 29
certificare tr. *certify* 29
cessare intr. *cease* 9
chiacchierare intr. *chat* 9
chiamare tr. *call* 30
chiarificare tr. *clarify* 29
chiarire tr. *make clear* 28
chiedere tr. *ask* 31
chinare tr. *bow* 9
chiudere tr. *close* 32
ciarlare intr. *chatter* 9
cicatrizzare tr./intr. *form a scar* 9
cifrare tr. *cipher, mark* 9
cigolare intr. *creak* 9
cimentare tr. *put to the test* 9
cinematografare tr. *film* 9
cingere tr. *gird, encircle* 51
cinguettare intr. *chirp* 9
circolare intr. *circulate* 9
circondare tr. *surround* 9
circoscrivere tr. *circumscribe, confine* 161
circuire tr. *fool, take in* 28
citare tr. *mention* 9

civettare intr. *flirt* 9
civilizzare tr. *civilize* 9
classificare tr. *classify* 29
coabitare intr. *cohabit* 9
coagulare tr. *coagulate* 9
cogliere tr. *to pick (up), gather* 33
coincidere intr. *coincide* 86
colare tr./intr. *filter, sieve, drip* 9
collegare tr. *connect* 115
collezionare tr. *collect* 9
collocare tr. *place* 29
colmare tr. *fill up* 9
colonizzare tr. *colonize* 9
colorare tr. *colour* 9
colorire tr. *colour* 28
colpire tr. *hit* 28
coltivare tr. *cultivate, grow* 9
comandare intr./tr. *command* 9
combattere intr./tr. *fight* 42
combinare tr./intr. *combine, arrange* 9
cominciare tr./intr. *begin, start* 34
commentare tr. *comment on* 9
commerciare intr. *deal, trade* 34
commettere tr. *commit* 101
commiserare tr. *pity* 9
commuovere tr. *move, touch* 104
comparire intr. *appear* 159
compatire tr. *pity* 28
compensare tr. *compensate* 9
compiacere intr. *please* 120
compiangere tr. *pity* 121
compiere tr. *fulfil, achieve* 35
compilare tr. *compile, fill in* 9
completare tr. *complete* 9
complimentare tr. *compliment* 9
complottare tr./intr. *plot* 9
comporre tr. *compose* 123
comportare tr. *involve* 9
comprare tr. *buy, purchase* 9
comprendere tr. *include, understand* 128
comprimere tr. *compress* 70
compromettere tr. *compromise* 101
comprovare tr. *prove* 9
comunicare tr./intr. *communicate* 29
concedere tr. *allow, grant, concede* 36
concentrare tr. *concentrate* 9
concepire tr. *conceive* 28
conciliare tr. *reconcile* 173
concludere tr. *conclude* 66
concordare tr. *agree* 9
concorrere intr. *concur* 41
condannare tr. *sentence* 9
condensare tr. *condense* 9

condire tr. *season* 28
condiscendere intr. *comply* 157
condividere tr. *share* 58
condizionare tr. *condition* 9
condonare tr. *remit* 9
condurre tr. *lead* 182
conferire tr. *confer* 28
confermare tr. *confirm* 9
confessare tr. *confess* 9
confezionare tr. *wrap up, package* 9
confidare tr. *confide* 9
confiscare tr. *confiscate* 29
confondere tr. *confuse* 37
confortare tr *comfort* 9
confrontare tr. *compare* 9
congedare tr. *dismiss* 9
congelare tr. *freeze* 9
congiungere tr. *join* 81
congiurare intr. *conspire* 9
congratularsi r. *congratulate* 8
coniare tr. *coin* 173
coniugare tr. *conjugate* 115
conoscere tr. *know* 38
conquistare tr. *conquer* 9
consacrare tr. *consecrate* 9
consegnare tr. *deliver* 9
conseguire tr. *attain* 163
consentire intr. *consent* 163
conservare tr. *preserve* 9
considerare tr. *consider* 9
consigliare tr. *advise* 173
consistere intr. *consist* 90
consolare tr. *comfort* 9
consolidare tr. *consolidate* 9
consultare tr. *consult* 9
consumare tr. *consume, use* 9
contagiare tr. *infect* 99
contaminare tr. *contaminate* 9
contare tr. *count* 9
contemplare tr. *admire, contemplate* 9
contendere intr./tr. *contend* 91
contenere tr. *contain* 179
contestare tr. *contest* 9
continuare tr./intr. *carry on* 39
contorcere tr. *twist* 122
contornare tr.. *trim* 9
contraccambiare tr. *repay* 9
contraddire tr. *contradict* 52
contraffare tr. *counterfeit* 75
contrapporre tr. *oppose* 123
contrarre tr. *contract* 183
contrassegnare tr. *mark* 9
contrastare tr. *contrast* 9
contravvenire intr. *infringe* 192
contribuire tr. *contribute* 28

controbattere tr. *refute* 42
controllare tr. *check* 9
convalidare tr. *validate* 9
convenire intr. *suit, agree* 192
convergere intr. *converge* 64
convertire tr. *convert* 163
convincere tr. *convince* 40
convivere intr. *cohabit* 195
convocare tr. *assemble* 29
cooperare intr. *cooperate* 9
coordinare tr. *coordinate* 9
copiare tr. *copy* 9
coprire tr. *cover* 12
corazzare tr. *armour* 9
coricare tr. *lay down* 29
coronare tr. *crown* 9
correggere tr. *correct* 138
correre intr. *run* 41
corrispondere intr. *correspond* 150
corrodere tr. *corrode* 136
corrompere tr. *corrupt* 152
costare intr. *cost* 9
costeggiare tr./intr. *skirt* 99
costituire tr. *constitute* 28
costringere tr. *force* 172
costruire tr. *build* 28
covare tr. *brood* 9
creare tr. *create* 9
credere tr./intr. *believe* 42
cremare tr. *cremate* 9
crepare intr. *crack, snuff it* 9
crescere intr. *grow* 43
cristallizzare tr. *crystallize* 9
criticare tr. *criticize* 29
crocifiggere (p.p. crocifisso) tr. *crucify* 79
crollare intr. *break down* 9
cucinare tr. *cook* 9
cucire tr. *sew* 44
culminare intr. *culminate* 9
cumulare tr. *amass* 9
cuocere tr. *cook* 45
curare tr. *take care of* 9
curiosare intr. *be curious* 9
curvare tr. *bend* 9
custodire tr. *guard* 28

dannare tr. *damn* 9
danneggiare tr. *damage* 99
danzare intr. *dance* 9
dare tr. *give* 46
dattilografare tr. *type* 9
decadere intr. *decay* 25
decapitare tr. *behead* 9
decidere tr. *decide* 47
decifrare tr. *decipher* 9

dispensare tr. *dispense* 9
disperare intr. *despair* 9
disperdere tr. *disperse* 119
dispiacere tr. *regret* 120
disporre tr. *dispose* 123
disprezzare tr. *despise* 9
disputare intr. *debate* 9
dissetare tr. *quench the thirst of* 9
dissimulare tr. *dissimulate* 9
dissipare tr. *dissipate* 9
dissociare tr. *dissociate* 34
dissolvere tr. *dissolve* 149
distaccare tr. *detach* 29
distendere tr. *stretch* 91
distillare tr. *distil* 9
distinguere tr. *distinguish* 51
distogliere tr. *divert, distract* 180
distrarre tr. *distract* 54
distribuire tr. *distribute* 28
distruggere tr. *destroy* 55
disturbare tr. *disturb* 9
disubbidire intr. *disobey* 28
disunire tr. *disunite* 188
divagare intr. *digress* 115
divampare intr. *blaze* 9
divenire intr. *become* 192
diventare intr. *become* 56
divertirsi r. *amuse oneself, enjoy oneself* 57
dividere tr. *divide* 58
divorare tr. *devour* 9
divulgare tr. *divulge* 115
documentare tr. *document* 9
domandare tr. *ask, demand* 59
domare tr. *tame* 9
dominare tr./intr. *dominate* 9
donare tr. *give* 9
dondolare intr. *swing* 9
doppiare tr. *dub* 173
dormire intr. *sleep* 60
dosare tr. *measure out, dose* 9
dovere intr./tr. *have to, owe* 61
drogare tr. *drug* 115
dubitare intr. *doubt* 9
duplicare tr. *duplicate* 34
durare intr. *last* 62

eccedere tr. *exceed* 42
eccepire tr. *object* 28
eccettuare tr. *exclude* 9
eccitare tr. *excite* 9
echeggiare tr. *echo* 99
eclissare tr. *eclipse* 9
economizzare intr. *economize* 9
edificare tr. *edify* 29
educare tr. *educate* 29

effettuare tr. *carry out* 9
elaborare tr. *elaborate* 9
elargire tr. *lavish* 28
eleggere tr. *elect* 63
elemosinare tr./intr. *beg* 9
eludere tr. *elude* 66
emanare intr. *issue* 9
emancipare tr. *emancipate* 9
emendare tr. *amend* 9
emergere intr. *emerge* 64
emettere tr. *emit* 101
emigrare intr. *emigrate* 9
entrare intr. *enter* 65
enumerare tr. *enumerate* 9
enunciare tr. *enunciate* 34
equilibrare tr. *balance* 9
equipaggiare tr. *equip* 99
equiparare tr. *equalize* 9
equivalere intr. *be equivalent* 190
equivocare intr. *equivocate* 29
ereditare tr. *inherit* 9
ergere tr. *raise* 64
erogare tr. *supply, donate* 115
erompere intr. *break out* 152
errare intr. *wander, err* 9
erudire tr. *educate* 28
esagerare tr. *exaggerate* 9
esalare tr. *exhale* 9
esaltare tr. *exhalt* 9
esaminare tr. *examine* 9
esasperare tr. *aggravate* 9
esaudire tr. *grant* 28
esaurire tr. *exhaust* 28
esclamare tr. *exclaim* 9
escludere tr. *exclude* 66
escogitare tr. *think out, devise* 9
eseguire tr. *carry out* 28
esentare tr. *exempt* 9
esercitare tr. *exercise* 9
esibire tr. *exhibit* 28
esigere tr. *require, exact* 67
esiliare tr. *exile* 173
esistere intr. *exist* 68
esitare tr./intr. *hesitate* 9
esonerare tr. *exonerate* 9
esordire intr. *make one's debut* 28
esortare tr. *exhort* 9
espatriare intr. *leave the country* 9
espellere tr. *expel* 69
espiare tr. *expiate* 9
espirare tr. *exhale* 9
espletare tr. *carry out* 9
esplicare tr. *perform* 29
esplodere intr. *explode* 136
esplorare tr. *explore* 9
esporre tr. *exhibit* 123

esportare tr. *export* 9
esprimere tr. *express* 70
espropriare tr. *expropriate* 173
espugnare tr. *conquer, storm* 9
essere intr. (aux.) *be* 71
estendere tr. *extend* 72
estinguere tr. *extinguish* 51
estrarre tr. *extract* 183
esulare intr. *be beyond* 9
esultare intr. *exult* 9
esumare tr. *exhume* 9
evacuare tr./intr. *evacuate* 9
evadere intr. *evade, escape* 73
evaporare intr. *evaporate* 9
evitare tr. *avoid* 74
evocare tr. *evoke* 29

fabbricare tr. *manufacture* 29
facilitare tr. *facilitate* 9
falciare tr. *mow* 34
fallire intr. *fail* 28
falsare tr. *distort, forge* 9
falsificare tr. *falsify* 29
fantasticare intr. *day-dream* 29
fare tr. *make, do* 75
farneticare intr. *rave* 29
fasciare tr. *bandage* 95
fatturare tr. *invoice* 9
favorire tr. *favour* 28
ferire tr. *wound* 28
fermare tr. *stop* 76
fermentare intr. *ferment* 9
festeggiare intr. *celebrate* 99
fiammeggiare intr. *blaze* 99
fiatare intr. *breathe* 9
filare tr./intr. *spin* 9
filtrare tr./intr. *filter* 9
fingere tr./intr. *pretend* 77
finire tr./intr. *finish* 78
fiorire intr. *flower* 78
firmare tr. *sign* 9
fischiare intr. *whistle* 173
fissare tr. *fix* 9
fiutare tr. *sniff* 9
fluire intr. *flow* 78
fluttuare intr. *fluctuate* 9
foderare tr. *line* 9
foggiare tr. *shape* 99
folgorare intr. *lighten* 9
fondare tr. *found* 9
fondere tr. *melt* 37
forare tr. *perforate* 9
forbire tr. *clean, furbish* 78
formare tr. *form* 9
formulare tr. *formulate* 9
fornire tr. *supply* 78

fortificare tr. *fortify* 29
forzare tr. *force* 9
fossilizzare tr. *fossilize* 9
fotografare tr. *photograph* 9
fracassare tr. *smash* 9
franare intr. *slide down* 9
frangere tr. *break, crash* 121
frapporre tr. *interpose* 123
frastagliare tr. *notch* 173
frastornare tr. *disturb* 9
fraternizzare intr. *fraternize* 9
freddare tr. *chill, shoot dead* 9
fregare tr. *rub, cheat* 115
fregiare tr. *adorn* 9
fremere intr. *quiver* 42
frenare tr. *brake* 9
friggere tr. *fry* 79
frignare intr. *whine* 9
frinire intr. *chirp* 163
frivoleggiare intr. *trifle* 99
frizzare intr. *tingle, sparkle* 9
frodare tr. *defraud* 9
fronteggiare tr. *face* 99
frullare tr. *whisk, liquidize* 9
frugare tr./intr. *rummage* 115
frusciare intr. *rustle* 95
frustare tr. *whip* 9
fruttare tr. *produce* 9
fruttificare intr. *bear fruit* 29
fucilare tr. *shoot* 9
fugare tr. *rout* 115
fuggire intr. *flee* 163
fulminare tr. *fulminate, electrocute* 9
fumare intr. *smoke* 9
funestare tr. *sadden* 9
fustigare tr. *flog, lash* 115

gabbare tr. *swindle* 9
galleggiare tr. *float* 99
galoppare inrt. *gallop* 9
galvanizzare tr. *galvanize* 9
garantire tr. *guarantee* 28
garbare intr. *like* 9
gareggiare intr. *compete* 173
gargarizzare tr. *gargle* 9
garrire intr. *chirp* 28
gelare intr. *freeze* 9
gemere intr. *lament* 42
generalizzare tr. *generalize* 9
generare tr. *generate* 9
germinare intr. *germinate* 9
germogliare intr. *sprout* 173
gesticolare intr. *gesticulate* 9
gettare tr. *throw* 9
ghermire tr. *clutch* 28
ghiacciare intr. *ice* 34

ghignare intr. *sneer, grin* 9
giacere intr. *lie* 80
giganteggiare intr. *tower* 99
gingillare intr. *trifle* 9
giocare intr. *play* 29
giocherellare intr. *play* 9
gioire intr. *rejoice* 28
giovare intr. *avail* 9
girare tr./intr. *turn* 9
girellare intr. *stroll* 9
gironzolare intr. *stroll about* 9
girovagare intr. *wander (about)* 115
giubilare intr. *rejoice* 9
giudicare tr. *judge* 29
giungere intr. *arrive* 81
giurare intr. *swear* 9
giustificare tr. *justify* 29
giustiziare tr. *execute* 173
glorificare tr. *glorify* 29
gocciolare tr./intr. *drip* 9
godere tr./intr. *enjoy* 82
gonfiare tr./intr. *inflate* 173
gongolare intr. *rejoice* 9
gorgogliare intr. *gurgle, rumble* 173
governare tr. *govern* 9
gozzovigliare intr. *revel* 173
gracchiare intr. *caw* 173
gracidare intr. *croak* 9
gradire tr./intr. *like* 28
graduare tr. *graduate* 9
graffiare tr. *scratch* 173
grandeggiare intr. *tower* 99
grandinare intr. *hail* 116
gratificare tr. *gratify* 29
grattare tr. *scratch* 9
grattuggiare tr. *grate* 99
gravare intr. *encumber* 9
gravitare intr. *gravitate* 9
graziare tr. *pardon* 173
gremire tr. *crowd* 28
gridare intr. *shout* 9
grondare intr. *drip* 9
grugnire intr. *grunt* 28
guadagnare tr. *gain* 9
guadare tr. *wade* 9
gualcire tr. *crease* 28
guardare tr. *look at* 83
guarire intr./tr. *cure, recover* 28
guarnire tr. *decorate* 28
guazzare intr. *splash about* 9
guerreggiare intr. *wage war* 99
guidare tr. *drive, lead* 99
guizzare intr. *flicker* 9
gustare tr. *relish* 9

idealizzare tr. *idealize* 9

ideare tr. *conceive* 9
identificare tr. *identify* 29
idolatrare tr. *idolize* 9
ignorare tr. *ignore* 9
illudere tr. *deceive* 66
illuminare tr. *light, illuminate* 9
illustrare tr. *illustrate* 9
imballare tr. *package* 9
imbalsamare tr. *embalm, stuff* 9
imbandire tr. *lay* 28
imbarazzare tr. *embarrass* 9
imbarcare tr. *embark* 29
imbastire tr. *baste* 28
imbattersi r. *run into* 178
imbeccare tr. *feed, prompt* 29
imbestialire intr. *get furious* 28
imbiancare tr. *whiten* 29
imbizzarrire intr. *stir* 28
imboccare tr. *feed, enter* 29
imbonire tr. *entice* 28
imbottigliare tr. *bottle* 173
imbottire tr. *stuff* 28
imbrigliare tr. *bridle* 173
imbroccare tr. *hit* 29
imbrogliare tr. *cheat* 173
imbronciare intr. *sulk* 34
imbruttire intr. *grow ugly* 28
imbucare tr. *post* 29
imburrare tr. *butter* 9
imitare tr. *imitate* 9
immaginare tr. *imagine* 9
immatricolare tr. *matriculate* 9
immedesimarsi r. *identify (with)* 9
immergere tr. *immerse* 64
immettere tr. *let in, enter* 101
immigrare intr. *immigrate* 9
immischiare tr. *implicate* 173
immobilizzare tr. *immobilize* 9
immolare tr. *sacrifice* 9
impacciare tr. *encumber* 34
impadronirsi r. *take possession* 28
impallidire intr. *blanch* 28
imparare tr. *learn* 84
imparentarsi r. *become related (to)* 9
impartire tr. *impart* 28
impastare tr. *knead* 9
impaurire tr./intr. *frighten* 28
impazzire intr. *go mad* 28
impedire tr. *prevent* 28
impegnare tr. *pledge, pawn* 9
impennarsi r. *rear up* 9
impensierire tr. *worry* 28
imperare intr. *reign* 9
impermalirsi r. *take offence* 28
impersonare tr. *impersonate* 9
impiantare tr. *establish* 9

impiastrare tr. *daub* 9
impiccare tr. *hang* 29
impicciare tr. *hamper* 34
impiegare tr. *employ* 29
impigliare tr. *entangle* 173
impigrire intr. *grow lazy* 28
implicare tr. *implicate* 29
implorare tr. *implore* 9
impolverarsi r. *get dusty* 9
imporre tr. *impose* 85
importare tr. *import* 9
importunare tr. *importune* 9
impostare tr. *set up, post* 9
impoverire tr./intr. *impoverish* 28
imprecare intr. *curse* 29
impregnare tr. *impregnate* 9
impressionare tr. *upset, impress* 9
imprigionare tr. *imprison* 9
imprimere tr. *imprint* 70
improntare tr. *impress* 9
improvvisare tr . *improvise* 9
impugnare tr. *grip* 9
impuntarsi r. *be obstinate* 9
imputare tr. *impute* 9
inabissarsi r. *sink* 8
inalare tr. *inhale* 9
inaridire tr./intr. *dry up* 28
inasprire tr./intr. *embitter* 28
inaugurare tr. *inaugurate* 9
incagliarsi r. *run aground* 173
incallire intr. *harden* 28
incalzare tr. *pursue* 9
incamminare tr. *start* 9
incanalare tr. *canalize* 9
incantare tr. *enchant* 9
incappare intr. *fall in* 9
incapricciarsi r. *take a fancy* 9
incarcerare tr. *imprison* 9
incaricare tr. *entrust* 29
incartare tr. *wrap* 9
incassare tr. *cash, take* 9
incastrare tr. *embed* 9
incatenare tr. *chain* 9
incavare tr. *hollow out* 9
incendiare tr. *set fire to* 173
incenerire intr. *incinerate* 28
incensare tr. *flatter* 9
inceppare tr. *jam* 9
incettare tr. *corner* 9
inchinare tr. *bend, bow* 9
inchiodare tr. *nail* 9
incidere tr. *engrave* 86
incipriare tr. *powder* 173
incitare tr. *incite* 9
inclinare tr./intr. *tilt, incline* 9
includere tr. *include* 87

incollare tr. *stick* 9
incollerire intr. *get angry* 28
incolonnare tr. *draw up, tabulate* 9
incolpare tr. *accuse* 9
incominciare tr./intr. *begin* 34
incomodare tr. *disturb* 9
incontrare tr. *meet* 88
incoraggiare tr. *encourage* 99
incorniciare tr. *frame* 34
incoronare tr. *crown* 9
incorporare tr. *incorporate* 9
incorrere tr. *incur* 41
incriminare tr. *incriminate* 9
incrinare tr. *crack* 9
incrociare tr. *cross* 34
incrostare tr. *encrust* 9
incuriosire tr./intr. *make curious* 28
incurvare tr. *bend* 9
indagare tr. *investigate* 115
indebitare tr. *involve in debt* 9
indebolire tr./intr. *weaken* 28
indennizzare tr. *indemnify* 9
indicare tr. *indicate* 29
indietreggiare intr. *withdraw* 99
indignare tr. *arouse (so's) indignation* 9
indire tr. *notify* 52
indirizzare tr. *address* 9
indisporre tr. *irritate* 123
individuare tr. *identify* 9
indiziare tr. *cast suspicion on* 173
indolenzire intr. *numb* 28
indorare tr. *gild* 9
indossare tr. *wear* 9
indovinare tr. *guess* 9
indugiare intr. *delay* 99
indurire tr./intr. *harden* 28
indurre tr. *induce, persuade* 131
inebriare tr. *inebriate* 173
infagottare tr. *wrap up* 9
infamare tr. *defame* 9
infangare tr. *muddy* 115
infarinare tr. *flour* 9
infatuare tr. *infatuate* 9
inferire tr. *infer* 28
inferocire tr./intr. *enrage* 28
infestare tr. *infest* 9
infettare tr. *infect* 9
infiammare tr. *inflame* 9
infiascare tr. *put into flasks* 29
infierire intr. *be pitiless* 28
infilare tr. *thread, insert* 9
infilzare tr. *pierce* 9
infliggere tr. *inflict* 79
influire intr. *influence* 28
infondere tr. *infuse* 37

inforcare tr. *fork, mount, pile on* 29
informare tr. *inform* 9
infornare tr. *put in the oven* 9
infrangere tr. *shatter, violate* 121
infreddarsi r. *catch a cold* 9
infreddolire intr. *shiver* 28
infuriare intr. *enrage* 173
ingabbiare tr. *put in a cage* 173
ingaggiare tr. *engage, hire* 99
ingannare tr. *deceive* 9
ingelosire tr./intr. *make jealous* 28
ingerire tr. *ingest* 28
ingessare tr. *put in, plaster* 9
inghiottire tr. *swallow* 89
inghirlandare tr. *wreathe* 9
ingigantire tr. *magnify* 28
inginocchiarsi r. *kneel* 173
ingiungere tr. *enjoin* 81
ingiuriare tr. *abuse* 173
ingoiare tr. *swallow* 173
ingolfare tr. *engulf* 9
ingolosire tr./intr. *excite (so's) greed* 28
ingombrare tr. *encumber* 9
ingommare tr. *gum* 9
ingorgare tr. *obstruct* 115
ingozzare tr. *stuff with food* 9
ingranare tr. *engage* 9
ingrandire tr. *enlarge* 28
ingrassare tr./intr. *fatten* 9
ingrossare tr./intr. *enlarge* 9
ingurgitare tr. *gobble* 9
iniettare tr. *inject* 9
iniziare tr. *start* 173
innaffiare tr. *water* 73
innamorarsi r. *fall in love* 9
inneggiare intr. *sing (so's) praises* 999
innescare tr. *prime, bait* 29
innestare tr. *graft* 9
innovare tr. *innovate* 9
inoculare tr. *innoculate* 9
inoltrarsi r. *advance* 116
inondare tr. *flood* 9
inorgoglire tr./intr. *make proud* 28
inorridire tr./intr. *horrify* 28
inquadrare tr. *frame* 9
inquietare tr. *alarm* 9
inquinare tr. *pollute* 9
inquisire tr. *investigate* 28
insabbiare tr. *block, shelve* 173
insaccare tr. *put into sacks* 29
insalivare tr. *insalivate* 9
insanguinare tr. *cover with blood* 9
insaponare tr. *soap* 9
insaporire tr./intr. *flavour* 28
inscenare tr. *stage* 9

insecchire tr./intr. *dry up* 28
insediare tr. *install* 173
insegnare tr. *teach* 9
inseguire tr. *purchase, chase* 163
inserire tr. *insert* 28
insidiare tr. *lay traps for* 173
insinuare tr. *insinuate* 9
insistere intr. *insist* 90
insolentire tr./intr. *insult* 28
insorgere intr. *revolt, arise* 122
insospettire tr. *make suspicious* 28
insozzare tr. *dirty* 9
inspirare tr. *inhale* 9
installare tr. *install* 9
instaurare tr. *establish* 9
insudiciare tr. *stain* 34
insultare tr. *insult* 9
insuperbire tr./intr. *make proud* 28
intaccare tr. *notch, corrode* 29
intagliare tr. *engrave* 173
intasare tr. *block* 9
intascare tr. *pocket* 29
integrare tr. *integrate* 9
intendere tr. *mean, understand* 91
intenerire tr. *soften* 28
intensificare tr. *intensify* 29
intercedere intr. *intercede* 42
intercettare tr. *intercept* 9
intercorrere intr. *elapse* 41
interdire tr. *interdict* 52
interessare tr. *interest* 9
interferire intr. *interfere* 28
internare tr. *intern* 9
interpellare tr. *consult, question* 9
interporre tr. *interpose* 123
interpretare tr. *interpret* 9
interrogare tr. *question* 115
interrompere tr. *interrupt* 92
intervenire intr. *intervene* 192
intestare tr. *register, address* 9
intiepidire tr./intr. *warm up, cool down*
intimare tr. *order* 9
intimidire tr./intr. *intimidate* 28
intimorire tr./intr. *frighten* 28
intingere tr. *dip* 51
intirizzire tr./intr. *numb* 28
intitolare tr. *name* 9
intonare tr. *tune up, match* 9
intontire tr./intr. *daze* 28
intoppare tr./intr. *stumble over* 9
intorpidire tr./intr. *make numb* 28
intossicare tr. *poison* 29
intralciare tr. *hinder* 34
intramezzare tr. *interpose* 9
intraprendere tr. *undertake* 128

intrattenere tr. *entertain* 183
intravvedere tr. *catch a glimpse of* 191
intrecciare tr. *plait, weave* 34
intricare tr. *tangle* 29
intridere tr. *soak* 143
intristire intr. *grow sad, wilt* 28
introdurre tr. *introduce, insert* 93
intromettere tr. *interpose* 101
intrufolarsi r. *creep in* 8
intuire tr. *realize, guess* 94
inumidire tr. *moisten* 28
invadere tr. *invade* 119
invalidare tr. *invalidate* 9
invecchiare tr./intr. *age* 173
inventare tr. *invent* 9
inventariare tr. *catalogue* 173
invertire tr. *invert* 163
investigare tr. *investigate* 115
investire tr. *invest* 163
inviare tr. *send* 173
invidiare tr. *envy* 173
invigorire tr./intr. *invigorate* 28
invitare tr. *invite* 9
invocare tr. *invoke* 29
invogliare tr. *tempt* 173
inzaccherare tr. *spatter with mud*
inzuppare tr. *soak* 9
ipnotizzare tr. *hypnotize* 9
ipotecare tr. *mortgage* 29
ironizzare intr. *be ironical about* 9
irradiare tr./intr. *irradiate* 173
irraggiare tr. *shine upon* 99
irrigare tr. *irrigate* 115
irrigidire intr. *stiffen* 28
irritare tr. *irritate* 9
irrompere intr. *burst into* 152
iscrivere tr. *register* 161
isolare tr. *isolate* 9
ispezionare tr. *inspect* 9
ispirare tr. *inspire* 9
istigare tr. *instigate* 115
istillare tr. *instil* 9
istituire tr. *institute* 28
istruire tr. *instruct* 28

laccare tr. *lacquer, varnish* 29
lacerare tr. *lacerate* 9
lacrimare intr. *weep* 9
lagnarsi r. *complain* 8
lambire tr. *lap* 28
lamentare tr. *lament* 9
lanciare tr. *throw* 34
languire intr. *languish* 163
lapidare tr. *stone* 9
lasciare tr. *let, leave* 95

lastricare tr. *pave* 29
laurearsi r. *graduate* 9
lavare tr. *wash* 96
lavorare intr. *work* 97
leccare tr. *lick* 29
legare tr. *tie up* 115
leggere tr. *read* 98
legittimare tr. *legitimate* 9
lenire tr. *mitigate, soothe* 28
lesinare tr./intr. *grudge* 9
lessare tr. *boil* 9
levare tr. *remove, raise* 9
levigare tr. *smooth* 115
liberare tr. *free* 9
licenziare tr. *dismiss* 173
licitare tr. *sell by auction* 9
limare tr. *file* 9
lievitare intr. *leaven* 9
limitare tr. *limit* 9
linciare tr. *lynch* 34
liquefare tr. *liquefy* 9
liquidare tr. *liquidate* 9
lisciare tr. *smooth* 95
listare tr. *border, edge* 9
litigare intr. *argue* 115
livellare tr. *level* 9
localizzare tr. *locate* 9
lodare tr. *praise* 9
logorare tr. *wear out* 9
lottare intr. *fight* 9
lubrificare tr. *lubricate* 29
luccicare intr. *sparkle* 29
lucidare tr. *polish* 9
lusingare tr. *flatter* 115
lustrare tr. *polish* 9

macchiare tr. *stain* 173
macchinare tr. *plot* 9
macellare tr. *slaughter* 9
macerare tr. *steep* 9
macinare tr. *grind* 9
maciullare tr. *crush* 9
maggiorare tr. *increase* 9
magnetizzare tr. *magnetize* 9
magnificare tr. *exalt* 29
maledire tr. *curse* 52
malignare intr. *speak ill* 9
malmenare tr. *ill-treat* 9
maltrattare tr. *maltreat* 9
mancare intr. *lack* 29
mandare tr. *send* 9
maneggiare tr. *handle* 99
mangiare tr. *eat* 99
mangiucchiare tr./intr. *nibble* 173
manifestare tr. *manifest* 9
manipolare tr. *manipulate* 9

manovrare tr. *manoeuvre* 9
mantenere tr. *keep* 179
marcare tr *mark* 29
marciare intr. *march* 34
marcire intr. *rot* 28
marginare tr. *set margins for* 9
marinare tr. *pickle, play truant* 9
maritare tr. *marry* 9
marmorizzare tr. *marble* 9
martellare tr. *hammer* 9
martoriare tr. *torture* 173
mascherare tr. *mask* 9
massacrare tr. *massacre* 9
massaggiare tr. *massage* 99
masticare tr. *chew* 29
materializzare tr. *materialize* 9
matricolare tr. *matriculate* 9
maturare tr./intr. *mature* 9
mediare tr. *mediate* 173
medicare tr. *dress* 29
meditare tr. *meditate* 9
mendicare tr./intr. *beg* 29
mentire intr. *lie* 100
menzionare tr. *mention* 9
meritare intr. *merit* 9
mescolare tr. *mix* 9
mettere tr. *put* 101
miagolare intr. *mew* 9
mietere tr. *reap* 42
migliorare tr./intr. *improve* 9
migrare intr. *migrate* 9
mimare tr. *mime, mimic* 9
mimetizzare tr. *camouflage* 9
minacciare tr. *menace, threat* 34
minare tr. *mine* 9
minimizzare tr. *minimize* 9
mirare tr./intr. *gaze at* 9
miscelare tr. *mix* 9
mischiare tr. *mingle* 173
misurare tr. *measure* 9
mitigare tr. *mitigate* 115
mitragliare tr. *machine-gun* 173
mobilitare tr. *mobilize* 9
modellare tr *model* 9
moderare tr. *moderate* 9
modernizzare tr. *modernize* 9
modificare tr. *modify* 29
modulare tr. *modulate* 9
molestare tr. *molest* 9
mollare tr. *let go* 9
moltiplicare tr./intr. *multiply* 29
mondare tr. *weed* 9
monopolizzare tr. *monopolize* 9
montare intr. *mount, assemble* 9
moralizzare tr. *moralize* 9
mordere tr. *bite* 102

mordicchiare tr. *nibble* 173
morire intr. *die* 103
mormorare intr. *whisper* 9
morsicare tr. *bite* 29
mortificare tr. *humiliate* 29
mostrare tr. *show* 9
motivare tr. *motivate* 9
motorizzare tr. *motorize* 9
mozzare tr. *cut off* 9
muggire intr. *moo, bellow* 28
mugolare intr. *whine* 9
multare tr. *fine* 9
mummificare tr. *mummify* 29
mungere tr. *milk* 81
munire tr. *fortify, provide* 28
muovere tr. *move* 104
murare tr. *wall up* 9
musicare tr./intr. *set to music* 29
mutare tr./intr. *change* 9
mutilare tr. *mutilate* 9
mutare tr. *borrow, lend* 9

narcotizzare tr. *narcotize* 9
narrare tr. *tell* 9
nascere intr. *be born* 105
nascondere tr. *hide* 106
naufragare intr. *be wrecked* 115
nauseare tr. *nauseate* 9
navigare intr. *sail* 115
nazionalizzare tr. *nationalize* 9
necessitare tr. *necessitate* 9
negare tr. *deny* 115
negoziare intr. *negotiate* 173
neutralizzare tr. *neutralize* 9
nevicare intr. *snow* 29
nicchiare intr. *hesitate* 173
ninnare tr. *sing a lullaby* 9
nitrire intr. *neigh* 28
nobilitare tr. *ennoble* 9
noleggiare tr. *hire* 99
nominare tr. *name* 9
normalizzare tr. *normalize* 9
notare tr. *note* 9
notificare tr. *notify* 29
numerare tr. *count* 9
nuocere intr. *harm* 107
nuotare intr. *swim* 108
nutrire tr. *nourish* 163

obbligare tr. *oblige* 115
obiettare tr. *object* 9
occhieggiare intr. *cast glances at* 99
occludere tr. *occlude* 32
occorrere intr. *be necessary* 41
occultare tr. *conceal* 9
occupare tr. *occupy* 9

odiare tr. *hate* 173

odorare tr./intr. *smell* 9

offendere tr. *offend* **109**

offrire tr. *offer* **110**

offuscare tr. *dim* 29

oltraggiare tr. *outrage, insult* 99

oltrepassare tr. *go beyond* 9

ombreggiare tr. *shade* 99

omettere tr. *omit* 101

omologare tr. *approve, ratify* 115

ondeggiare intr. *rock* 99

ondulare intr. *wave* 9

onorare tr. *honour* 9

operare tr./intr. *operate* 9

opporre tr. *oppose* **111**

opprimere tr. *oppress* **112**

oppugnare tr. *refute* 9

optare intr. *opt* 9

ordinare tr. *order* **113**

ordire tr. *warp, plot* 28

orecchiare tr. *pick up (a tune)* 173

organizzare tr. *organize* 9

orientare tr. *orientate* 9

originare tr./intr. *originate* 9

origliare intr. *eavesdrop* 173

orinare intr. *urinate* 9

ormeggiare tr. *moor* 99

ornare tr. *adorn* 9

osare tr./intr. *dare* 9

oscillare intr. *sway* 9

oscurare tr. *darken* 9

ospitare tr. *shelter, put up* 9

ossequiare tr. *pay one's respects to* 173

osservare tr. *observe* 9

ossidare tr. *oxidize* 9

ossigenare tr. *oxygenate* 9

ostacolare tr. *obstruct* 9

osteggiare tr. *oppose* 99

ostentare tr. *display* 9

ostinarsi r. *persist* 8

ostruire tr. *obstruct* 28

ottenere tr. *obtain, get* **114**

otturare tr. *plug* 9

ovviare intr. *obviate* 173

oziare intr. *idle* 173


pacificare tr. *reconcile* 29

padroneggiare tr. *master* 99

pagare tr. *pay* 115

palesare tr. *reveal* 9

palleggiare tr. *toss* 99

palpare tr. *palpate* 9

palpeggiare tr. *touch* 99

palpitare intr. *palpitate* 9

panificare tr./intr. *make bread* 29

parafrasare tr. *paraphrase* 9

paragonare re. *compare* 9

paralizzare tr. *paralyze* 9

parare tr. *decorate, parry, save* 9

parcheggiare tr. *park* 99

pareggiare tr. *balance* 99

parlare intr. *speak, talk* **116**

parlottare intr. *mutter* 9

partecipare intr. *participate* 9

parteggiare intr. *side* 99

partire intr. *leave* 117

partorire tr./intr. *give birth* 28

pascolare intr. *pasture* 9

passare tr./intr. *pass* 9

passeggiare intr. *walk* 99

pasticciare tr./intr. *make a mess* 34

pattinare intr. *skate* 9

pattuire tr. *agree* 28

paventare intr. *fear* 9

pavimentare intr. *pave* 9

pavoneggiarsi r. *show off* 8

pazientare intr. *have patience* 9

peccare intr. *sin* 29

pedalare intr. *pedal* 9

pedinare tr. *shadow* 9

peggiorare tr./intr. *make worse* 9

pelare tr. *peel, pluck* 9

penare intr. *suffer* 9

penetrare intr. *penetrate* 9

pennellare intr. *brush* 9

pensare intr. *think* **118**

pentirsi r. *repent* 163

penzolare intr. *dangle* 9

percepire tr./intr. *perceive* 28

percorrere tr. *travel, cover* 41

perdere tr. *lose* **119**

perdonare tr. *forgive* 9

perdurare intr. *last* 9

peregrinare intr. *wander* 9

perfezionare tr. *perfect* 9

perforare tr. *pierce* 9

perire intr. *perish* 28

perlustrare tr. *reconnoitre* 9

permanere intr. *remain* 146

permettere tr. *permit* 101

permutare tr. *permute* 9

pernottare intr. *stay overnight* 9

perquisire tr. *search* 28

perseguitare tr. *persecute* 9

perseverare intr. *persevere* 9

persistere intr. *persist* 68

personificare tr. *personify* 29

perturbare tr. *perturb* 9

pervenire intr. *attain, arrive* 192

pescare tr. *fish* 29

pestare tr. *beat* 9

pettegolare int. *gossip* 9

pettinare tr. *comb* 9
piacere intr. *please* 120
piagnucolare intr. *moan* 9
piangere intr. *cry* 121
piantare tr. *plant* 9
piantonare tr. *guard* 9
piazzare tr. *place* 9
picchiare intr. *beat* 173
piegare tr. *bend* 115
pigiare tr. *press* 99
pigliare tr. *take* 173
pignorare tr. *seize, distrain* 9
pigolare intr. *peep* 9
pilotare tr. *pilot* 9
piombare intr./tr. *swoop down on* 9
piovere intr. *rain* 42
piovigginare intr. *drizzle* 9
pitturare tr. *paint* 9
pizzicare tr. *pinch* 29
placare tr. *appease* 29
plagiare tr. *plagiarize* 99
plasmare tr. *mould* 9
plastificare tr. *coat with plastic* 29
poetare intr. *write verse* 9
poggiare intr. *rest* 173
polarizzare intr. *polarize* 9
polemizzare intr. *argue* 9
poltrire intr. *idle* 28
polverizzare tr. *pulverize* 9
pompare tr. *pump* 9
ponderare tr *ponder* 9
pontificare intr. *pontificate* 29
popolare tr. *populate* 9
popolarizzare tr. *popularize* 9
poppare tr. *suck* 9
porgere tr. *hand, present* 122
porre tr. *put, place* 123
portare tr. *bring, carry* 124
posare tr. *lay* 9
posporre tr. *postpone* 123
possedere tr. *possess* 125
posteggiare tr./intr. *park* 99
posticipare tr. *defer* 9
postulare tr. *postulate* 9
potere intr. *can, be able to* 126
pranzare intr. *have lunch* 9
praticare tr. *practice* 29
preannunziare tr. *announce* 173
preavvisare tr. *forewarn* 9
precedere tr. *precede* 42
precettare tr. *call up* 9
precipitare tr./intr. *precipitate* 9
precisare tr. *specify, clarify* 9
precludere tr. *preclude* 32
precorrere intr. *anticipate* 41
predare tr. *plunder* 9

predestinare tr. *predestine* 9
predicare intr. *preach* 29
predire tr. *foretell* 52
predisporre tr. *predispose* 123
predominare intr. *predominate* 9
preferire tr. *prefer* 127
pregare tr. *pray* 115
pregiudicare tr. *prejudice* 29
pregustare tr. *foretaste* 9
prelevare tr. *draw* 9
preludere intr. *prelude* 32
premeditare tr. *premeditate* 9
premere tr./intr. *press* 42
premettere tr. *put forward* 101
premiare tr. *reward* 173
premunire tr. *protect, arm* 28
prendere tr. *take, catch* 128
prenotare tr. *book* 9
preoccupare tr. *worry* 9
preordinare tr. *pre-arrange* 9
preparare tr. *prepare* 9
preporre tr. *put before* 123
presagire tr./intr. *foresee* 28
prescegliere tr. *select* 156
prescrivere tr. *prescribe* 161
presentare tr. *present, introduce* 9
preservare tr. *preserve* 9
presiedere intr. *preside* 42
pressare tr. *press* 9
prestabilire tr. *arrange in advance* 28
prestare tr. *lend* 9
presumere intr. *presume* 129
presupporre tr. *presuppose* 123
pretendere tr./intr. *pretend* 91
prevalere intr. *prevail* 190
prevaricare intr. *prevaricate* 29
prevedere tr. *foresee* 191
prevenire tr. *precede, anticipate* 130
preventivare tr. *estimate* 9
primeggiare intr. *excel* 99
principiare tr. *begin* 173
privare tr. *deprive* 9
privilegiare tr. *favour* 99
procedere intr. *proceed* 42
processare tr. *try (in a lawcourt)* 9
proclamare tr. *proclaim* 9
procurare tr. *procure* 9
prodigare tr. *lavish* 115
produrre tr. *produce* 131
profanare tr. *profane* 9
proferire tr. *utter* 28
professare tr. *profess* 9
profetizzare tr. *prophesy* 9
profilare tr. *outline* 9
profittare intr. *profit* 9
profondere tr. *lavish* 37

profumare tr. *perfume* 9
progettare tr. *plan* 9
programmare tr. *programme* 9
proibire tr. *forbid* 132
proiettare tr. *project* 9
proliferare inrt. *proliferate* 29
prolungare tr. *prolong* 115
promettere tr. *promise* 133
promulgare tr. *promulgate* 115
promuovere tr. *promote* 104
pronosticare tr. *predict* 29
pronunciare tr. *pronounce* 34
propagare tr. *propagate* 115
propendere intr. *be in favour* 50
proporre tr. *propose* 123
propugnare tr. *support* 9
prorogare tr. *postpone* 115
prorompere intr. *break out* 152
prosciogliere tr. *set free, acquit* 33
prosciugare tr. *dry up* 115
proscrivere tr. *proscribe* 161
proseguire tr./intr. *continue* 163
prosperare intr. *prosper* 9
prospettare tr. *point out* 9
prosternarsi r. *prostrate oneself* 9
prostituire tr. *prostitute* 28
prostrare tr. *prostrate, debilitate* 9
proteggere tr. *protect* 134
protendere tr. *hold out* 91
protestare tr. *protest* 9
protrarre tr. *protract* 183
provare tr. *try* 9
provenire intr. *originate* 192
provocare tr. *provoke* 29
provvedere tr./intr. *provide* 135
psicanalizzare tr. *pyschoanalyze* 9
pubblicare tr. *publish* 29
pugnalare tr. *stab* 9
pulire tr. *clean* 28
pulsare intr. *pulsate* 9
pungere tr. *sting* 81
pungolare tr. *goad* 9
punire tr. *punish* 28
puntare tr./intr. *point* 9
punteggiare tr. *punctuate* 99
puntellare tr. *support* 9
punzonare tr. *punch* 9
purgare tr. *purge* 115
purificare tr. *purify* 29
putrefare tr. *putrefy* 75
puzzare intr. *stink* 9

quadrare tr./intr. *balance* 9
qualificare tr. *make sense* 29
querelare tr. *proceed against* 9
questionare intr. *dispute* 9

questuare intr. *beg* 9
quotare tr. *quote* 9

rabbrividire intr. *shudder* 28
raccapezzarsi r. *make sense* 9
raccapricciare intr. *horrify* 34
racchiudere tr. *contain* 32
raccogliere tr. *pick up* 33
raccomandare tr. *recommend* 9
raccorciare tr. *shorten* 34
raccontare tr. *tell* 9
raccordare tr./intr. *connect* 9
raccostare tr. *approach* 9
racimolare intr. *gather* 9
raddensare tr. *condense* 9
raddolcire tr. *sweeten* 28
raddoppiare tr./intr. *double* 173
raddrizzare tr. *straighten* 9
radere tr. *shave, raze* 136
radicare intr. *take root* 29
radunare tr . *assemble* 9
raffigurare tr. *represent* 9
raffinare tr. *refine* 9
rafforzare tr. *reinforce* 9
raffreddare tr. *cool* 9
raffrescare intr. *get cool* 29
raffrontare tr. *compare* 9
raggirare tr. *trick* 9
raggiungere tr. *reach* 137
raggiustare tr. *repair* 9
raggruppare tr. *group* 9
ragionare intr. *reason* 9
ragliare intr. *bray* 173
rallegrare tr. *cheer up* 9
rallentare tr. *slow down* 9
ramificare intr. *ramify* 29
rammaricare tr. *afflict* 29
rammendare tr. *mend* 9
rammentare tr. *recall* 9
rammollire tr. *soften* 28
rammorbidire tr./intr. *soften* 28
rannicchiarsi r. *cuddle up* 8
rannuvolarsi r. *cloud over* 8
rantolare intr. *wheeze* 9
rapare tr. *shear* 9
rapinare tr./intr. *rob* 9
rapire tr. *abduct, kidnap* 28
rappacificare tr. *reconcile* 29
rapportare tr. *report, compare* 9
rappresentare tr. *represent* 9
rarefare re. *rarefy* 75
rasare tr. *shave off* 9
raschiare tr. *scrape* 173
rassegnare tr. *resign* 9
rasserenare tr. *brighten up* 9

rassettare tr. *tidy up* 9
rassicurare tr. *reassure* 9
rassodare tr. *harden* 9
rassomigliare intr. *be like* 173
rastrellare tr. *rake* 9
ratificare tr. *ratify* 29
rattoppare tr. *mend* 9
rattrappirsi r. *become stiff* 28
rattristare tr. *sadden* 9
ravvedersi r. *reform* 191
ravvicinare tr. *reconcile* 9
ravvisare tr. *recognize* 9
ravvivare tr. *revive* 9
ravvolgere tr. *roll up* 197
razionare tr. *ration* 9
razzolare intr. *scratch about* 9
reagire intr. *react* 28
realizzare tr. *realize, achieve* 9
recapitare tr. *deliver* 9
recare tr. *bring* 29
recensire tr. *review* 28
recidere tr. *cut off* 86
recingere tr. *surround* 51
recitare tr. *recite* 9
reclamare intr. *complain, claim* 9
reclinare tr./intr. *bow* 9
reclutare tr. *recruit* 9
recriminare intr. *recriminate* 9
recuperare tr. *recover* 9
refrigerare tr *refrigerate* 9
regalare tr. *present* 9
reggere tr. *support* 138
registrare tr. *record* 9
regnare intr. *reign* 9
regolare tr. *regulate* 9
regolarizzare tr. *regularize* 9
regredire intr. *regress* 28
reincarnare tr./intr. *reincarnate* 9
reintegrare tr. *reintegrate* 9
relegare tr. *relegate* 115
remare intr. *row* 9
rendere tr. *return, make* 91
reperire tr. *find* 28
replicare tr. *reply* 29
reprimere tr. *repress* 70
reputare tr. *deem* 9
requisire tr. *requisition* 28
resistere intr. *resist* 90
respingere tr. *reject* 139
respirare intr. *breathe* 9
restare intr. *stay* 140
restaurare tr. *restore* 9
restituire tr. *return* 28
restringere tr. *narrow* 172
retribuire tr. *renumerate* 28
retrocedere intr. *retreat* 36

rettificare tr. *rectify* 29
revocare tr. *recall* 29
riabilitare tr. *rehabilitate* 9
riacciuffare tr. *catch again* 9
riaccompagnare tr. *take home* 9
riaccorciare tr. *reshorten* 34
riaccostare tr. *reapproach* 9
riaffermare tr. *reaffirm* 9
riafferrare tr. *grasp again* 9
riaffilare tr. *resharpen* 9
riagganciare tr. *hang up* 34
rialzare tr. *raise* 9
riamare tr. *love again* 9
riandare intr. *return* 10
rianimare tr. *reanimate* 9
riapparire intr. *reappear* 159
riaprire tr. *reopen* 12
riarmare tr. *rearm* 9
riascoltare tr. *listen again* 9
riassociare tr./intr. *associate again* 34
riassumere tr. *resume, summarize* 18
riattaccare tr. *reattach, hang up* 29
riattivare tr. *reactivate* 9
riavere tr. *have again* 20
riavvicinare tr. *reapproach* 9
riavvolgere tr. *rewind* 197
ribadire tr. *reconfirm* 28
ribaltare intr. *capsize* 9
ribassare tr./intr. *lower* 9
ribattere tr. *retort* 42
ribellare tr. *revolt* 9
riboccare intr. *overflow* 29
ribollire intr. *boil* 163
ributtare tr. *throw back* 9
ricacciare tr. *push back* 34
ricadere intr. *fall back, lapse* 25
ricalcare tr. *trace* 29
ricamare tr. *embroider* 9
ricambiare tr. *repay* 173
ricapitolare tr. *recapitulate* 9
ricaricare tr. *reload* 29
ricattare tr. *blackmail* 9
ricavare tr. *obtain* 9
ricercare tr. *look for* 29
ricevere tr. *receive* 141
richiamare tr. *recall* 9
richiedere tr. *demand* 31
richiudere tr. *close again* 32
ricollegare tr. *link again* 115
ricollocare tr. *replace* 29
ricolmare tr. *fill up* 9
ricominciare tr./intr. *start again* 34
ricomparire intr. *reappear* 159
ricompensare tr. *reward* 9
ricomprare tr. *buy back* 9
riconciliare tr. *reconcile* 173

riconfermare tr. *reconfirm* 173
ricongiungere tr. *reunite* 81
riconoscere tr. *recognize* **142**
riconquistare tr. *reconquer* 9
riconsacrare tr. *reconsecrate* 9
riconsegnare tr. *give back* 9
ricopiare tr. *copy* 173
ricoprire tr. *cover* 100
ricordare tr. *remember* 9
ricorrere intr. *resort* 41
ricostruire tr. *rebuild* 28
ricoverare tr. *admit* 9
ricreare tr. *recreate* 9
ricrescere intr. *regrow* 43
ricucire tr. *stitch, mend* 44
ricuocere tr. *recook* 45
ricuperare tr. *recover* 9
ridacchiare intr. *giggle* 173
ridare tr. *give back* 46
ridere intr. *laugh* **143**
ridestare tr. *reawaken* 9
ridire intr. *repeat* 52
ridiscendere intr. *go down again* 157
ridiventare intr. *become again* 9
ridurre tr. *reduce* 131
riedificare tr. *rebuild* 29
rieducare tr. *re-educate* 29
rieleggere tr. *re-elect* 98
riempire tr. *fill* **144**
rientrare intr. *return, be included* 9
riepilogare tr. *recapitulate* 115
riesaminare tr. *re-examine* 9
rievocare tr. *recall* 29
rifare tr. *remake* 75
riferire tr. *report* 28
rifilare tr. *trim* 9
rifinire tr. *finish off* 78
rifiorire intr. *flower again* 28
rifiutare tr. *refuse* 9
riflettere tr./intr. *reflect* **145**
rifluire intr. *reflow* 28
rifondere tr. *reimburse, remelt* 37
riformare tr. *reform* 9
rifornire tr. *supply* 28
rifrangere tr. *refract* 121
rifuggire intr. *shun* 163
rifugiarsi r. *take shelter* 8
rigare tr. *score* 115
rigenerare tr. *regenerate* 9
rigettare tr. *throw again, vomit* 9
rigirare intr. *turn again* 9
rigonfiare tr. *reinflate* 173
rigovernare tr. *wash up* 9
riguadagnare tr./intr. *regain* 9
riguardare tr. *concern* 9
rigurgitare tr. *pour out* 9

rilasciare tr. *release* 95
rilassare tr. *relax* 9
rilegare tr. *bind* 115
rileggere tr. *reread* 98
rilevare tr. *point out* 9
rimandare tr. *postpone* 9
rimanere intr. *stay* **146**
rimangiare tr. *take back* 99
rimarcare tr. *remark* 29
rimare intr. *rhyme* 9
rimarginare tr. *heal* 9
rimbalzare intr. *rebound* 9
rimbarcare tr./intr. *re-embark* 29
rimbeccare tr. *answer back* 29
rimbecillire intr. *become stupid* 28
rimboccare tr. *fold in* 29
rimbombare intr. *resound* 9
rimborsare tr. *reimburse* 9
rimboscare tr./intr. *reforest* 29
rimediare intr. *remedy, scrape* 173
rimescolare tr. *mix again* 9
rimettere tr. *replace, throw up* 101
rimirare tr. *gaze* 9
rimodellare tr. *remodel* 9
rimodernare tr. *renovate* 9
rimontare tr./intr. *reassemble* 9
rimorchiare tr. *tow* 173
rimordere tr. *give remorse* 102
rimpaginare tr. *make up again* 9
rimpagliare tr. *cover with straw* 173
rimpastare tr. *knead again* 9
rimpatriare intr. *repatriate* 173
rimpiangere tr. *regret* **147**
rimpiazzare tr. *replace* 9
rimpicciolire tr./intr. *make smaller* 28
rimpossessarsi r. *take possession
    again* 8
rimproverare tr. *reproach* 9
rimunerare tr. *reward* 9
rimuovere tr. *remove* 104
rinascere intr. *be reborn* 105
rincalzare tr. *support* 9
rincarare tr. *put up* 9
rincasare intr. *return home* 9
rinchiudere tr. *shut up* 32
rincontrare tr. *meet again* 9
rincorrere tr. *run after* 41
rincrescere intr. *be sorry* 43
rincuorare tr. *encourage* 9
rinfacciare tr. *throw in so's face* 34
rinfagottare tr. *bundle up* 9
rinfocolare tr. *stir up* 9
rinforzare tr. *strengthen* 9
rinfrancare tr. *hearten* 29
rinfrescare tr./intr. *cool off* 29
ringhiare intr. *growl* 173

rivoltare tr. *turn again, disgust* 9
rivoluzionare tr. *revolutionize* 9
rizzare tr. *lift up, erect* 9
rodere tr. *gnaw, corrode* 136
rombare intr. *rumble, roar* 9
rompere tr. *break* 152
ronzare intr. *buzz* 9
rosicchiare tr. *nibble* 173
rosolare tr. *brown* 9
roteare tr./intr. *rotate* 9
rotolare tr./intr. *roll* 9
rovesciare tr. *overturn* 95
rovinare tr./intr. *ruin* 9
rubacchiare tr. *pilfer* 173
rubare tr. *steal* 9
ruggire intr. *roar* 28
rullare intr. *roll* 9
ruminare tr. *ruminate* 9
rumoreggiare intr. *rumble* 99
russare intr. *snore* 9
ruttare intr. *belch* 9
ruzzolare intr. *tumble* 9

saccheggiare tr. *sack* 99
sacrificare tr. *sacrifice* 29
salare tr. *salt* 9
saldare tr. *join, settle* 9
salire tr./intr. *go up* 153
salpare intr. *set sail* 9
saltare intr./tr. *jump* 154
saltellare intr. *skip* 9
salutare tr. *greet, say goodbye to* 9
salvaguardare tr. *safeguard* 9
salvare tr. *save, rescue* 9
sanare tr. *cure* 9
sancire tr. *sanction* 28
sanguinare intr. *bleed* 9
santificare tr. *sanctify* 29
sanzionare tr. *sanction* 9
sapere tr. *know* 155
saporire tr. *flavour* 28
saturare tr. *saturate* 9
saziare tr. *satiate* 173
sbaciucchiare tr. *kiss and cuddle* 173
sbadigliare intr. *yawn* 173
sbagliare tr. *make a mistake* 173
sballare tr./intr. *unpack* 9
sbalordire tr. *shock* 28
sbalzare tr. *fling* 9
sbancare tr. *break the bank* 29
sbandare tr./intr. *skid* 9
sbandierare intr. *wave* 9
sbaragliare tr. *rout* 173
sbarcare tr./intr. *land, disembark* 29
sbarrare tr. *bar* 9

sbattere tr. *beat, whisk, slam* 42
sbavare intr. *dribble* 9
sbeffeggiare tr. *jeer at* 99
sbendare tr. *unbandage* 9
sbiadire tr./intr. *fade* 28
sbigottire tr./intr. *dismay* 28
sbilanciare tr./intr. *unbalance* 34
sbirciare tr./intr. *squint at, peep at* 34
sbizzarrirsi r. *go wild* 28
sbloccare tr. *unblock* 29
sboccare intr. *flow* 29
sbocciare tr./intr. *bloom* 34
sbollire intr. *cool down* 28
sborsare tr. *disburse* 9
sbottonare tr. *unbutton* 9
sbraitare intr. *shout* 9
sbranare tr. *rend* 9
sbriciolare tr. *crumble* 9
sbrigare tr. *see to* 115
sbrigliare tr./intr. *unbridle* 173
sbrindellare tr. *tear to shreds* 9
sbrogliare tr. *unravel* 173
sbucare inrt. *come out* 29
sbucciare tr. *peel* 34
sbuffare intr. *snort* 9
scacciare tr. *chase off* 34
scadere intr. *expire* 25
scagionare tr. *exculpate* 9
scagliare tr. *throw* 173
scaglionare tr. *space out* 9
scalare tr. *climb* 9
scalciare intr. *kick* 9
scaldare tr. *warm up* 9
scalmanarsi r. *rush around* 8
scalpitare intr. *paw the ground* 9
scalzare tr. *undermine* 9
scambiare tr. *exchange, mistake* 173
scampanare intr. *peal* 9
scandagliare tr. *sound, fathom* 173
scandalizzare tr. *scandalize* 9
scandire tr. *articulate* 28
scannare tr. *butcher* 9
scansare tr. *shift, dodge* 9
scantonare tr./intr. *slip off* 9
scapigliare tr. *tousle* 173
scappare intr. *run away* 9
scapricciare tr. *indulge* 34
scarabocchiare tr. *scribble* 173
scaraventare tr. *fling* 9
scarcerare tr. *free from prison* 9
scaricare tr. *unload* 29
scarnificare tr. *strip the flesh from* 28
scarrozzare tr./intr. *drive around* 9
scarseggiare intr. *get scarce* 99
scartare tr. *unwrap, reject* 9
scassare tr. *wreck* 9

scassinare tr. *break open* 9
scatenare tr. *unleash* 9
scattare intr. *go off* 9
scaturire intr. *spring* 28
scavalcare tr. *climb over* 29
scavare tr. *dig* 9
scegliere tr. *choose* 156
scendere tr./intr. *descend, get off* 157
sceneggiare tr. *adapt for stage* 99
scervellare tr. *drive mad* 9
schedare tr. *catalogue* 9
scheggiare tr. *chip* 99
schermire intr. *shield* 28
schernire tr. *scorn* 28
scherzare intr. *lark, joke* 9
schiacciare tr. *crush* 34
schiaffeggiare tr. *slap* 99
schiamazzare intr. *cackle* 9
schiantare tr./intr. *smash* 9
schiarire tr./intr. *lighten* 28
schierare tr. *array* 9
schioccare tr./intr. *smack* 29
schiodare tr. *unnail* 9
schiudere tr. *open* 32
schivare tr. *avoid* 9
schizzare tr. *squirt, sketch, spurt* 9
sciacquare tr. *rinse* 9
sciare intr. *ski* 95
scintillare intr. *sparkle* 9
sciogliere tr. *melt, unfasten* 33
scioperare inr. *strike* 9
sciupare tr. *waste* 9
scivolare intr. *slide, slip* 9
scoccare tr./intr. *strike* 29
scocciare tr. *annoy, bother* 34
scodellare tr. *dish up* 9
scodinzolare intr. *wag one's tail* 9
scolare intr. *drain* 9
scollare tr. *unglue* 9
scolorire tr./intr. *discolour* 28
scolpire tr. *carve* 28
scombinare tr. *disarrange* 9
scombussolare tr. *upset* 9
scommettere tr. *bet* 158
scomodare tr. *disturb* 9
scomparire intr. *disappear* 159
scompensare tr. *unbalance* 9
scompigliare tr. *disarrange* 173
scomporre tr. *take apart* 123
scomunicare tr. *excommunicate* 29
sconcertare tr. *disconcert* 9
sconfessare tr. *retract* 9
sconficcare tr. *remove* 29
sconfiggere tr. *defeat* 63
sconfinare intr. *trespass* 9
sconfortare tr. *discourage* 9

scongelare tr. *defrost* 9
scongiurare tr. *implore* 9
sconsacrare tr. *deconsecrate* 9
sconsigliare tr. *advise against* 173
scontare tr. *deduct* 9
scontentare tr. *displease* 9
sconvolgere tr. *upset* 197
scopare tr. *sweep* 9
scopiazzare tr *copy* 9
scoppiare intr. *burst* 173
scoppiettare intr. *crackle* 9
scoprire tr. *discover* 160
scoraggiare tr. *discourage* 99
scordare tr. *forget, put out of tune* 9
scorgere tr. *perceive* 122
scorporare tr. *separate, parcel out* 9
scorrazzare intr. *run about* 9
scorrere intr. *flow* 41
scortare tr. *escort* 9
scortecciare tr. *bark* 34
scorticare tr. *skin* 29
scostare tr. *shift* 9
scottare tr./intr. *burn* 9
scovare tr. *find, rouse* 9
screditare tr. *discredit* 9
scricchiolare intr. *creak* 9
scritturare tr. *sign up* 9
scrivere tr. *write* **161**
scroccare tr. *scrounge* 29
scrollare tr. *shake* 9
scrosciare intr. *pelt* 95
scrostare tr. *strip off* 9
scrutare tr. *scrutinize* 9
scucire tr. *unstitch* 44
sculacciare tr. *spank* 34
scuotere tr. *shake* 104
scusare tr. *excuse* 9
sdebitarsi r. *repay* 8
sdegnare tr. *disdain* 9
sdoganare tr. *clear* 9
sdoppiare tr. *split into two* 173
sdraiare tr. *lay down* 173
sdrucciolare intr. *skid* 9
seccare tr./intr. *dry up* 29
sedersi r. *sit down* 162
sedurre tr. *seduce* 131
segare tr. *saw* 115
segnalare tr. *signal* 9
segnare tr. *mark* 9
segregare tr. *segregate* 115
seguire tr. *follow* 163
seguitare intr. *continue* 9
selezionare tr. *select* 9
sembrare tr./intr. *seem* 9
seminare tr. *sow* 9
semplificare tr. *simplify* 29

| | |
|---|---|
| sensibilizzare tr. *make aware* 9 | sgonfiare tr. *deflate* 173 |
| sentire tr. *hear, feel, smell, taste* 163 | sgorgare intr. *sprout* 115 |
| separare tr. *separate* 9 | sgozzare tr. *butcher* 9 |
| seppellire tr. *bury* 78 | sgranare tr. *shell* 9 |
| sequestrare tr. *seize* 9 | sgranchire tr. *stretch* 28 |
| serbare tr. *put aside* 9 | sgrassare tr. *remove the grease from* 9 |
| serrare tr. *shut* 9 | sgretolare tr. *crumble* 9 |
| servire tr./intr. *serve* **164** | sgridare tr. *scold* 9 |
| serviziare tr. *torture* 173 | sgrossare tr. *cut down* 9 |
| sfaccendare intr. *bustle about* 9 | sguainare tr. *draw* 9 |
| sfacchinare intr. *toil* 9 | sgualcire tr. *crease* 28 |
| sfaldare tr. *flake* 9 | sguarnire tr. *dismantle* 28 |
| sfamare tr. *feed* 9 | sguazzare intr. *splash about* 9 |
| sfare tr. *undo* 75 | sgusciare tr./intr. *get away, shell* 95 |
| sfasciare tr. *unbandage, smash* 95 | sibilare intr. *hiss* 9 |
| sfatare tr. *disprove* 9 | sigillare tr. *seal* 9 |
| sferrare tr. *launch, lash out* 9 | siglare tr. *initial* 9 |
| sfiancare tr. *exhaust* 29 | significare tr. *mean* 29 |
| sfiatare intr. *leak* 9 | sillabare tr. *spell out* 9 |
| sfidare tr. *challenge* 9 | silurare tr. *torpedo, wreck* 9 |
| sfigurare tr./intr. *disfigure, make a bad impression* 9 | simboleggiare tr. *symbolize* 99 |
| | simpatizzare intr. *become fond* 9 |
| sfilacciare tr./intr. *fray* 34 | simulare tr./intr. *feign* 9 |
| sfilare tr./intr. *unthread, parade* 9 | sincronizzare tr. *synchronize* 9 |
| sfinire tr./intr. *wear out* 28 | singhiozzare intr. *sob* 9 |
| sfiorare tr. *graze, skim* 9 | sintetizzare tr. *synthesize* 9 |
| sfiorire intr. *wither, fade* 28 | sintonizzare tr. *tune in* 9 |
| sfocare tr. *blur* 29 | sistemare tr. *arrange* 9 |
| sfociare tr. *flow* 34 | slacciare tr. *undo* 34 |
| sfogare tr. *vent* 115 | slanciare tr. *hurl* 34 |
| sfoggiare tr./intr. *show off* 173 | slegare tr. *unfasten* 115 |
| sfogliare tr. *shed leaves, glance through* 173 | slittare intr. *slide* 9 |
| | slogare tr. *displace, sprain* 115 |
| sfollare intr. *empty, evacuate* 9 | sloggiare tr./intr. *evict* 99 |
| sfondare tr. *break through* 9 | smacchiare tr. *remove stains from* 173 |
| sfornare tr. *take out of the oven* 9 | smaltire tr. *sell off, dispose of* 28 |
| sforzare tr. *force* 9 | smaniare intr. *be restless* 173 |
| sfracellare tr. *smash* 9 | smantellare tr. *dismantle* 9 |
| sfrattare tr. *evict* 9 | smarrire tr. *mislay* 28 |
| sfrecciare intr. *dart* 34 | smascherare tr. *unmask* 9 |
| sfregiare tr. *disfigure* 99 | smembrare tr. *dismember* 9 |
| sfrenare tr. *unbridle* 9 | smentire tr. *deny* 28 |
| sfrondare tr. *prune* 9 | smerciare tr. *sell* 34 |
| sfruttare tr. *exploit* 9 | smettere tr. *stop* 101 |
| sfuggire tr./intr. *escape* 163 | smilitarizzare tr. *demilitarize* 9 |
| sfumare intr. *shade off, vanish* 9 | sminuire tr. *diminish, belittle* 28 |
| sganciare tr. *unfasten* 34 | smistare tr. *sort out* 9 |
| sgarrare tr. *be wrong* 9 | smobilitare tr. *demobilize* 9 |
| sgelare tr./intr. *thaw* 9 | smontare tr./intr. *dismantle* 9 |
| sgobbare intr. *slave* 9 | smorzare tr. *deaden* 9 |
| sgocciolare intr. *drip* 9 | smottare intr. *slide* 9 |
| sgolarsi r. *yell* 8 | smuovere tr. *move, rouse* 104 |
| sgomberare tr. *evacuate* 9 | smussare tr. *smooth down* 9 |
| sgombrare tr. *clear* 9 | snazionalizzare tr. *denationalize* 9 |
| sgomentare tr. *dismay* 9 | snellire tr. *make slim, streamline* 28 |
| sgominare tr. *rout* 9 | snervare tr. *tire out* 9 |

snidare tr. *flush out* 9
snocciolare tr. *stone, blab* 9
snodare tr. *untie* 9
sobbalzare intr. *jerk* 9
socchiudere tr. *half close* 32
soccorrere tr. *aid* 41
socializzare tr. *socialize* 9
soddisfare tr. *satisfy* 75, 9
soffiare intr. *blow* 173
soffocare tr. *suffocate* 29
soffriggere tr./intr. *fry lightly* 79
soffrire tr./intr. *suffer* 165
sofisticare intr. *adulterate* 29
sogghignare intr. *sneer* 9
soggiacere intr. *be subject* 80
soggiogare tr. *subjugate* 115
soggiornare intr. *stay* 9
soggiungere tr. *add* 81
sognare tr./intr. *dream* **166**
solcare tr. *plough* 29
solidificare tr. *solidify* 29
sollecitare tr. *press for* 9
sollevare tr. *lift up* 9
somigliare tr./intr. *resemble* 173
sommare tr. *add* 9
sommergere tr. *submerge* 64
somministrare tr. *administer* 9
sopportare tr. *support, bear* 9
sopprimere tr. *abolish* 70
sopraffare tr. *overcome* 75
sopraggiungere intr. *arrive* 81
soprannominare tr. *nickname* 9
sopravvalutare tr. *overrate* 9
sopravvenire intr. *turn up* 192
sopravvivere intr. *survive* 195
sorbire tr. *sip* 28
sorgere intr. *rise* **167**
sormontare tr. *surmount* 9
sorpassare tr. *overtake* 9
sorprendere tr. *surprise* 128
sorreggere tr. *support* 138
sorridere intr. *smile* 143
sorseggiare tr. *sip* 99
sorteggiare tr. *draw* 99
sortire tr. *produce* 163
sorvegliare tr./intr. *supervise* 173
sorvolare tr. *fly over, skip* 9
sospendere tr. *suspend, hang up* 50
sospettare tr. *suspect* 9
sospingere tr. *push* 170
sospirare intr. *sigh* 9
sostare intr. *halt* 9
sostenere tr. *support* 183
sostentare tr. *maintain* 9
sostituire tr. *replace* 28
sotterrare t. *bury* 9

sottintendere tr. *imply* 91
sottolineare tr. *underline* 9
sottomettere tr. *subdue* 101
sottoporre tr. *submit* 123
sottoscrivere tr. *underwrite, sign, subscribe* 161
sottostare intr. *be under* 171
sottovalutare tr. *underestimate* 9
sottrarre tr. *take away* 183
soverchiare tr. *overpower* 173
sovrabbondare intr. *abound* 9
sovraccaricare tr. *overload* 29
sovrapporre tr. *superimpose* 123
sovrastare tr. *tower over* 171
sovvenire intr. *occur* 123
sovvenzionare tr. *subsidize* 9
sovvertire tr. *subvert* 163
spaccare tr. *cut* 29
spacciare tr. *sell off* 34
spadroneggiare intr. *be bossy* 99
spalancare tr. *open wide* 29
spalare tr. *shovel* 9
spalleggiare tr. *back up* 99
spalmare tr. *spread* 9
spandere tr. *spread, scatter* 42
sparare tr. *shoot* 9
sparecchiare tr. *clear* 173
spargere tr. *scatter, shed* 64
sparire intr. *disappear* 28
sparlare intr. *speak ill* 9
sparpagliare tr. *scatter* 173
spartire tr. *divide up* 28
spasimare intr. *long* 9
spaurire tr. *scare* 28
spaventare tr. *frighten* 9
spazientirsi r. *lose one's patience* 28
spazzare tr. *sweep* 9
spazzolare tr. *brush* 9
specchiarsi r. *look at one's reflection* 8
specializzarsi r. *specialize* 9
specificare tr. *specify* 29
speculare intr./tr. *speculate* 9
spedire tr. *send* 28
spegnere tr. *switch off, put out* **168**
spelare tr. *remove the hair from* 9
spendere tr. *spend* **169**
sperare intr. *hope* 9
spergiurare intr. *perjure* 9
sperimentare tr. *experiment* 9
sperperare tr. *dissipate* 9
spettinare tr. *dishevel (hair)* 9
spezzare tr. *break* 9
spiacere intr. *regret* 120
spianare tr. *make even* 9
spiare tr. *spy* 173

spiccare tr./intr. *take off, stand out* 29

spiegare tr. *explain, unfold* 115

spifferare intr. *blab* 9

spillare tr./intr. *tap* 9

spingere tr. *push* **170**

spirare intr. *blow, expire* 9

spodestare tr. *oust* 9

spogliare tr. *undress* 173

spolpare tr. *remove the flesh from, skin* 9

spolverare tr. *dust* 9

spolverizzare tr. *sprinkle* 9

spopolare tr./intr. *depopulate, draw the crowds* 9

sporcare tr. *dirty* 29

sporgere intr. *stick out* 122

sposare tr. *marry* 9

spostare tr. *move* 9

sprangare tr. *bar* 115

sprecare tr. *waste* 29

spremere tr. *squeeze* 42

sprigionare tr. *emit, release* 9

sprizzare tr./inr. *squirt* 9

sprofondare tr. *collapse* 9

spronare tr. *spur* 9

spruzzare tr. *spray* 9

spulciare tr. *scrutinize* 34

spumeggiare intr. *foam* 99

spuntare tr./intr. *trim, sprout, rise* 9

spurgare tr. *clear out* 115

sputare intr. *spit* 9

squadrare tr. *square* 29

squalificare tr. *disqualify* 34

squarciare t. *tear* 9

squartare tr. *quarter* 9

squillare intr. *ring* 9

sradicare tr. *uproot* 29

sragionare intr. *rave* 9

stabilire tr. *fix, decide* 28

stabilizzare tr. *stabilize* 9

staccare tr. *remove* 29

stagionare tr./intr. *season* 9

stagnare intr./tr. *solder, stagnate* 9

stampare tr. *print* 9

stancare tr. *tire* 29

stanziare tr./intr. *allocate* 173

stappare tr. *uncork* 9

stare intr. *stay, stand* **171**

starnutire intr. *sneeze* 9

stazionare intr. *stand* 9

stendere tr. *extend* 91

stentare intr. *have difficulty* 9

sterilizzare tr. *sterilize* 9

sterminare tr. *exterminate* 9

sterzare tr. *steer* 9

stilizzare tr. *stylize* 9

stillare tr. *exclude* 9

stimare tr. *esteem, estimate* 9

stimolare tr. *stimulate* 9

stingere tr./intr. *discolour* 51

stipare tr. *cram* 9

stipendiare tr. *pay* 173

stipulare tr. *draw up* 9

stiracchiare tr. *stretch* 173

stirare tr. *iron* 9

stivare tr. *stow* 9

stizzire tr./intr. *make angry* 28

stomacare intr. *sicken* 29

stonare intr. *sing flat, clash* 9

stordire tr. *daze* 28

stormire intr. *rustle* 28

stornare tr. *avert* 9

storpiare tr. *cripple* 173

strabiliare intr. *astound* 173

straboccare intr. *overflow* 29

stracciare tr. *tear* 34

stracuocere tr. *overcook* 45

strafare intr. *overdo* 75

stramazzare tr./intr. *fall, collapse* 9

strangolare tr. *strangle* 9

straparlare intr. *rave* 9

strappare tr. *tear away* 9

straripare intr. *overflow* 9

strascicare tr. *trail* 29

stravedere intr. *dote (on)* 191

stravincere intr. *defeat* 194

stravolgere tr. *contort* 197

straziare tr. *rack, torment* 173

stregare tr. *bewitch* 115

strepitare intr. *yell, shout* 9

strillare intr. *yell* 9

stringere tr. *clasp, tighten* **172**

strisciare tr./intr. *crawl* 95

stritolare tr. *crush* 9

strofinare tr. *rub* 9

stroncare tr. *break off* 29

stropicciare tr. *rub* 34

strozzare tr. *strangle* 9

stuccare tr. *plaster* 29

studiare tr. *study* 173

stupefare tr. *astound* 75

stupire intr./tr. *stupefy* 28

stuzzicare tr. *poke at* 29

subentrare intr. *succeed* 9

subire tr. *suffer, undergo* 28

subordinare tr. *subordinate* 9

succedere intr. *happen, succeed* **174**

succhiare tr. *suck* 173

sudare intr. *sweat* 9

suddividere tr. *subdivide* 58

suffragare tr. *uphold* 115

suggerire tr. *suggest* 28

suggestionare tr. *influence* 9
suicidarsi r. *commit suicide* 9
suonare tr. *play, ring, sound* 116
superare tr. *exceed* 9
supplicare tr. *implore* 29
supplire intr. *compensate* 28
supporre tr. *suppose* 123
surgelare tr. *deep-freeze* 9
suscitare tr. *cause* 9
susseguire intr. *succeed, follow* 163
sussistere intr. *exist* 90
sussultare intr. *start* 9
sussurrare intr. *murmur* 9
svagare tr. *amuse* 115
svaligiare tr. *rob, burgle* 99
svalutare tr. *devalue* 9
svanire intr. *vanish* 28
svegliare tr. *wake* 173
svelare tr. *reveal* 9
svenare tr. *cut the veins of* 9
svendere tr. *sell off* 42
svenire intr. *faint* 192
sventare tr. *foil* 9
sventolare tr. *wave* 9
svergognare tr. *disgrace* 9
svestire tr. *undress* 163
svezzare tr. *wean* 9
sviare tr. *divert* 173
svignare intr. *slip off* 9
svilire tr. *debase* 28
sviluppare tr. *develop* 9
svincolare tr. *release* 9
svisare tr. *distort* 9
svitare tr. *unscrew* 9
svolazzare intr. *flit* 9
svolgere tr. *unroll, carry out* 175
svoltare tr. *turn* 9

tacere intr./tr. *keep silent, not to say* **176**
tagliare tr. *cut* 173
tamponare tr. *ram into, plug* 9
tappare tr. *block up* 9
tappezzare tr. *paper* 9
tarare tr. *tare, calibrate* 9
tardare tr. *be late* 9
targare tr. *register* 115
tartagliare intr. *mutter* 173
tassare tr. *tax* 9
tastare tr. *touch* 9
tatuare tr. *tattoo* 9
telefonare intr. *telephone* **177**
telegrafare intr. *telegraph* 9
teletrasmettere tr. *televise* 101
temere tr. *fear* **178**
temperare tr. *sharpen* 9

tempestare intr. *storm* 173
temporeggiare intr. *linger* 99
tendere tr./intr. *stretch* 91
tenere tr. *hold, keep* **179**
tentare tr. *try* 9
tentennare intr. *totter, hesitate* 9
tergere tr. *wipe away* 64
terminare tr./intr. *finish* 9
terrorizzare tr. *terrorize* 9
tesserare tr. *enrol* 9
testimoniare tr./intr. *testify* 173
timbrare tr. *stamp* 9
tingere tr. *dye* 51
tintinnare intr. *tinkle* 29
tiranneggiare tr. *tyrannize* 99
tirare tr. *pull* 9
titubare intr. *hesitate* 9
toccare tr./intr. *touch* 29
togliere tr. *remove* **180**
tollerare tr. *bear* 9
tonificare tr. *invigorate* 29
torcere tr. *twist* 122
tormentare tr. *torment* 9
tornare intr. *return* **181**
torrefare tr. *roast* 75
torturare tr. *torture* 9
tosare tr. *shear* 9
tossire intr. *cough* 28
tostare tr. *toast* 9
totalizzare tr. *total, score* 9
traballare intr. *totter* 9
traboccare intr. *overflow* 29
tracciare tr. *trace* 34
tracollare intr. *fall over* 9
tradire tr. *betray* 28
tradurre tr. *translate* **182**
trafficare tr. *traffic* 29
traforare tr. *pierce, drill* 9
trafugare tr. *steal* 115
traghettare tr. *ferry* 9
trainare tr. *pull* 9
tralasciare tr. *omit* 95
tramandare tr. *hand down* 9
tramare tr. *plot* 9
tramezzare tr. *partition* 9
tramontare intr. *go down, set* 116
tramortire intr. *stun* 28
tramutare tr. *transform* 9
trangugiare tr. *gulp down* 99
tranquillizzare tr. *calm* 9
trapanare tr. *drill* 9
trapassare tr./intr. *pierce* 9
trapelare intr. *leak out, filter through* 9
trapiantare tr. *transplant* 9
trapuntare tr. *quilt* 9

trarre tr. *pull, draw* **183**
trasalire intr. *jump* 28
trascendere tr./intr. *exceed* 157
trascinare tr. *drag* 9
traslocare intr./tr. *move* 29
trascolorare intr. *discolour* 9
trascorrere tr./intr. *spend (time)* **184**
trascrivere tr. *transcribe* 161
trascurare tr. *neglect* 9
trasferire tr. *transfer* 28
trasfigurare tr. *transfigure* 9
trasfondere tr. *instil* 37
trasformare tr. *transform* 9
trasgredire tr./intr. *infringe* 28
trasmettere tr. *transmit* 101
trasparire intr. *shine through* 28
traspirare intr. *transpire* 9
trasporre tr. *transpose* 123
trasportare tr. *transport* 9
trastullare tr. *amuse* 9
trattare tr. *deal with, treat* 9
tratteggiare tr. *outline* 99
trattenere tr. *keep* 179
travagliare tr./intr. *trouble* 173
travasare tr. *decant* 9
traversare tr. *cross* 9
travestire tr. *disguise* 163
traviare tr. *corrupt* 173
travisare tr. *distort* 9
travolgere tr. *sweep away* 197
tremare intr. *tremble* 9
trepidare intr. *be anxious* 9
tribolare intr. *suffer* 9
trillare intr. *trill* 9
trinciare tr. *cut up* 34
trionfare intr. *triumph* 9
triplicare tr. *triple, treble* 29
tripudiare intr. *exult* 173
tritare tr. *mince* 9
tritolare tr. *crush* 9
troncare tr. *cut off* 29
troneggiare intr. *tower (over)* 99
trottare intr. *trot* 9
trovare tr. *find* 9
truccare tr. *falsify, make up* 29
trucidare tr. *slay* 9
truffare tr. *cheat* 9
tuffare tr. *dip* 9
tuffarsi r. *dive* 8
turbare tr. *trouble* 9
tutelare tr. *defend* 9

ubbidire tr. *obey* 28
ubriacarsi r. *get drunk* 29
uccidere tr. *kill* **185**
udire tr. *hear* **186**

uguagliare tr. *equalize* 173
ultimare tr. *finish* 9
ululare intr. *howl* 9
umiliare tr. *humiliate* 173
ungere tr. *grease, oil* **187**
unificare tr. *unite* 29
uniformare tr. *make even* 9
unire tr. *unite, join* **188**
urbanizzare tr. *urbanize* 9
urlare intr. *shout* 9
urtare tr./intr. *hit* 9
usare intr. *use* 9
uscire intr. *go out, come out* **189**
usufruire inte. *benefit* 28
usurpare tr. *usurp* 9
utilizzare tr. *use* 9

vaccinare tr. *vaccinate* 9
vacillare intr. *stagger* 9
vagabondare intr. *wander* 9
vagare intr. *wander* 115
vagheggiare tr. *long for* 99
vagire intr. *wail* 28
valere int. *be worth* **190**
valicare tr. *cross* 29
valorizzare tr. *exploit* 9
valutare tr. *value, evaluate* 99
vaneggiare intr. *rave* 99
vangare tr. *dig* 115
vantare tr. *brag of* 9
vaporizzare intr. *vaporize* 9
varcare tr. *cross* 29
variare tr. *vary* 173
vedere tr. *see* **191**
vegetare intr. *vegetate* 9
vegliare tr. *keep watch* 173
velare tr. *veil* 9
veleggiare intr. *sail* 173
vendemmiare intr. *harvest the grapes* 173
vendere tr. *sell* 42
vendicare tr. *revenge* 29
venerare tr. *venerate* 9
venire intr. *come* **192**
ventilare tr. *ventilate* 9
verbalizzare tr. *report* 9
vergognarsi r. *be ashamed* 8
verificare t. *verify* 29
verniciare tr. *paint* 34
versare tr. *pour* 9
verseggiare tr. *versify* 99
vezzeggiare tr. *pet* 99
viaggiare intr. *travel* **193**
vibrare tr./intr. *vibrate* 9
vidimare tr./intr. *certify* 9
vietare tr. *forbid* 9

vigilare tr./intr. *supervise* 9
vincere tr./intr. *win* 194
violare tr. *violate* 9
violentare tr. *rape* 9
virare intr. *change course* 9
visitare tr. *visit* 9
vistare tr. *mark with a visa* 9
vivacchiare intr. *manage* 173
vivere intr. *live* 195
vivificare tr. *revive* 2
viziare tr. *spoil* 173
vogare intr. *row* 115
volare intr. *fly* 9
volere tr. *want* 196
volgarizzare tr. *vulgarize* 9
volgere tr./intr. *turn* 197
voltare tr. *turn* 198
volteggiare intr. *circle* 99
vomitare tr. *vomit* 9
votare intr. *vote* 9
vuotare tr. *empty* 9

zampettare intr. *scamper* 9
zampillare intr. *spring, gush* 9
zappare tr. *hoe* 9
zittire intr./tr. *hiss, silence* 127
zoppicare intr. *limp* 199
zuccherare tr. *sweeten, sugar* 200

**English–Italian glossary**

The following glossary will help you to find some of the most common Italian verbs, using English as your starting point. It is not intended to be a comprehensive list, so sometimes you will need to refer to a dictionary. If the Italian verb you want is also listed in the main section of the book, it is a good idea to check there on how it is used.

* indicates that the verb uses **essere** to form the compound tenses (such as the perfect tense).

† indicates that the verb uses **essere** in some cases and **avere** in others to form the compound tenses.

**accept** accettare 3
**achieve** raggiungere (*a goal*) 137;
   avere successo (*to be successful*) 20
**add** aggiungere 137; sommare
   (*add up*) 9
**advise** consigliare 173
**agree** *essere d'accordo (*be in
   agreement*) 71
**allow** permettere 101, lasciare 95
**annoy** dare fastidio a 46
**answer** rispondere 150
**apologize** *scusarsi 8
**appear** *sembrare (*seem*) 9;
   *comparire 159
**arrive** *arrivare 13
**ask** chiedere 31
**avoid** evitare 74

**bath** fare il bagno 75
**be** *essere 71
**become** *diventare 56, *divenire 192
**begin** †cominciare 34, †iniziare 173
**believe** credere 42
**borrow** prendere in prestito 128
**break** rompere 152
**bring** portare 124

**build** costruire 28
**buy** comprare 35
**call** chiamare 30
**can** potere 126
**carry** portare 124
**catch** prendere 128
**celebrate** festeggiare 99
**change** †cambiare 26
**check** controllare (*verify*) 9; bloccare
   (*stop*) 9
**choose** scegliere 156
**clean** pulire 28
**climb** *salire 153; scalare (*mountain*) 9
**close** chiudere 32
**come** *venire 192
**complain** *lamentarsi 8
**cook** cucinare 9, cuocere 45
**cost** *costare 9
**count** contare 9
**create** creare 9
**cry** piangere (*weep*) 121; gridare
   (*shout*) 9
**cut** tagliare 173

**dance** ballare 9
**decide** decidere 47

destroy distruggere 55
die *morire 103
direct dirigere 63
disagree *non essere d'accordo 71;
    non fare bene (food) 75
discover scoprire 160
discuss discutere (talk about) 53
do fare 75
draw tirare (pull) 9; disegnare
    (a picture) 9
dream sognare 166
dress vestire 163
drink bere 22
drive guidare 9; *andare in macchina 10
drop lasciar cadere 95

earn guadagnare 9
eat mangiare 99
enjoy *piacere 120
enter *entrare (in) 65
excuse scusare 9
expect *aspettarsi 16

fall *cadere 25
fear aver paura di 20, temere 80
feel provare 9, sentire 163
find trovare 9
finish †finire 78
fly †volare 9; *andare in aereo 10
follow seguire 163
forbid proibire 132
forget dimenticare 49
forgive perdonare 9

give dare 46
get ottenere (obtain) 114; ricevere
    (receive) 141; prendere (catch) 128;
    portare (fetch) 124; capire
    (understand) 28; *arrivare (go,
    arrive) 13
get up *alzarsi 8
go *andare 10
go away *andar via 10
greet salutare 9
grow *crescere (plants, children) 43;
    †aumentare (increase) 19;
    *diventare (become) 56
guess indovinare 9; supporre
    (assume) 123

happen *succedere 174
hate odiare 173
have avere 20
have to dovere 61
have breakfast fare colazione 75
have lunch pranzare 9

have supper cenare 9
hear sentire 163
help aiutare 7
hire affittare 5
hit colpire (strike) 28; battere (knock)
    42; picchiare (beat) 173
hold tenere 179
hope sperare 9
hurry *affrettarsi 8
hurt ferire (injure) 28; far male (cause
    pain, be sore) 75

imagine immaginare 9
improve †migliorare 9
insult insultare 9
interest interessare 9
invent inventare 9
invite invitare 9

join unire (connect) 188;*entrare in
    (become a member of) 65; *venire
    con (company) 192
joke scherzare 9
jump †saltare 154

keep tenere (retain, store) 179;
    mantenere (a promise) 179
kill uccidere 185
kiss baciare 34
know sapere (fact) 155, conoscere
    (person, place) 38

lack *mancare (di) 9
last †durare 62
laugh ridere 143
lead condurre 182
learn imparare 84
leave *partire (depart) 117; lasciare
    (allow to remain) 95
let lasciare (allow) 95; affittare 5
    (lease)
lend prestare 9
lie, lay, lain *giacere 80
lie down *sdraiarsi 8
lie, lied, lied mentire 100
lift alzare 8, sollevare 9
like *piacere (be pleasing) 120
listen ascoltare 15
live †vivere 195, abitare 1
look guardare (look at, watch) 83;
    *sembrare (seem) 9
look after badare a 21
look for cercare 29
lose perdere 119
love amare 9

make fare 75
mean significare (*signify*) 9; intendere (*intend*) 91
meet incontrare 88; fare la conoscenza di (*be introduced to*) 75
mend aggiustare 9, riparare 9
mind badare a (*look after*) 21; *importare (*object to*) 9
miss perdere (*fail to catch*) 119; sentire la mancanza di (*feel the absence of*) 163
mix mischiare 9

need aver bisogno di 20

offer offrire 110
open aprire 12
organize organizzare 9
order ordinare 113
ought to dovrei, dovresti, ecc. 61
owe dovere (qualcosa a qualcuno) 61
own possedere 125

pay pagare 115; pay attention fare attenzione 75
phone telefonare (a) 177
pick up raccogliere 33; *passare a prendere (*collect*) 9
plan progettare 9
play giocare 29
please far piacere a 75
practise *esercitarsi a/in 8
prefer preferire 127
pretend fingere 77
prevent impedire (*forbid*) 28; prevenire (*crime, fire*) 130
promise promettere 133
pull tirare 9
push spingere 170
put mettere 101

read leggere 98
receive ricevere 141
recognize riconoscere 142
recommend raccomandare 9
record registrare 9, incidere (*music, speech*) 86
remember ricordare 9
remind ricordare (qualcosa a qualcuno) 9
remove togliere 180
rent affittare 5
reserve prenotare 9
respect rispettare 9
rest *riposarsi (*relax*) 8
return *tornare (*go/come back*) 181;

restituire (*send/give back*) 28
ride *andare in (*car, bike, etc.*) 10; *andare a cavallo (*horse*) 10
rise *alzarsi (*get up*) 8; *sorgere (*sun, moon*) 167
run †correre 41

save risparmiare (*money, time*) 9; salvare (*rescue*) 9; tenere da parte (*keep*) 179
say dire 52
say hello/goodbye salutare 9
see vedere 191
seem *sembrare 9
sell vendere 42
send mandare 9, spedire 28
serve servire 164
share dividere 58, condividere 58
shout gridare 9, urlare 9
show mostrare 9, far vedere 75
shower *farsi la doccia 75
sing cantare 9
sit down *sedersi 162
sleep dormire 60
smell sentir odore di (*notice a smell*) 163; aver odore di (*have a smell*) 20
smoke fumare 9
speak parlare 116
spend spendere (*money*) 169; passare (*time*) 9
stand (up) *alzarsi in piedi 8, *stare in piedi 171
start †cominciare 34
stay *rimanere 146, *restare 140, *stare 171
stop fermare (*block*) 76; *fermarsi (*cease moving*) 76; smettere di (*give up*) 101
study studiare 173
suggest suggerire (*propose*) 28
suspect sospettare (*have suspicions about*) 9; supporre (*imagine*) 123
swim nuotare 108

take prendere 128; portare (*to a place*) 124; *volerci (*require: time, effort, etc.*) 196
talk parlare 116, chiacchierare 9
teach insegnare 9
tell dire 52; raccontare (*a story*) 9
thank ringraziare 148
think pensare 118; credere (*believe*) 42
throw buttare 24, gettare 9, lanciare 34
touch toccare 9

travel viaggiare 99, \*andare 10
try cercare di (*attempt*) 29; provare
  (*dress, car, food, etc.*) 9
turn voltare 198, volgere 197; \*girarsi
  (*turn round*) 8
turn off spegnere (*light, gas*) 168;
  chiudere (*tap*) 32
turn on accendere (*light, gas*) 2; aprire
  (*tap*) 12

understand capire 28
use usare (*employ*) 9; \*servirsi di
  (*make use of*) 164

visit visitare (*places*) 9; \*andare a
  trovare (*people*) 10

wait aspettare 16
wake svegliare (*wake s.o. up*) 173;
  \*svegliarsi (*cease sleeping*) 173
walk camminare 27; \*andare a piedi
  (*to a place*) 10
want volere 196
wash lavare 96, \*lavarsi (*wash
  oneself*) 96
watch guardare 83
wear portare (*clothes*) 124; consumare
  (*wear out*) 9
win vincere 194
work lavorare 97; funzionare
  (*function*) 9
worry preoccupare 9, \*preoccuparsi di
  (*worry about*) 8
write scrivere 161